남들이 가지 않는 길,
혼자 가려니 외롭더라

남들이 가지 않는 길,

혼자 가려니 외롭더라

古鏡 허재관

마지원

"人生七十古來稀"(인생칠십고래희) ― 예로부터 일흔까지 사는 이는 드물다 하였지만, 이제는 그런 말도 통하지 않는 고령사회가 되었습니다. 장수와 건강의 시대에 들어서면서, 요즘은 '자기 나이에 70%를 곱하면 실제 나이다'라는 우스갯소리도 들립니다. 그렇게 계산하면, 소생의 실제 나이는 이제 마흔아홉쯤 되는 셈이지요.

소생은 군 입대 영장조차 배달되지 않는 산골에서 태어났습니다. 면서기가 찾아오는 길이 워낙 험하고 멀어서, 영장을 들고 오던 이가 중간에서 포기하고 돌아갈 정도였지요. 그 두메산골에서 태어나, 온갖 세상 풍파를 겪으며 세 번의 죽을 고비를 넘기고도 아직 살아 움직이고 있습니다.

이제 지구를 떠나기 전, 내가 살아온 이야기 중 일부라도 남겨 후세에 작은 단초가 되길 바라는 마음으로, 고뇌와 외로움이 담긴 기억을 조심스레 꺼내어 정리해보았습니다.

1969년, "자갈 논 두 마지기" 농사로는 네 아이를 키우기 힘들다고 판단한 '철의 여인' 어머니는, 지금으로 치면 벤처 정신으로 온 가족의 운명을 짊어지고 부산행 버스에 몸을 실었습니다. 여섯 식구가 탄 그 부산행 버스의 번호는 아직도 생생히 기억납니다 ― "경남 5-66."

마산에서 화장실 용무로 잠시 정차했을 때, 정류장에서 버스를 잃어버리면 고아가 된다며 아버지께서 반드시 암기하라 하셨거든요. 그때의 긴장감 때문인지, 60년이 지난 지금도 그 번호가 머릿속에 선명합니다.

삶을 돌아보면, 고독과 외로움이 켜켜이 쌓인 고요한 숲길을 홀로 걸어온 듯합니다. 타고난 성정 때문인지 항상 새로운 것, 남들이 하지 않은 것, 아직 오지 않은 미래의 것을 먼저 시도하려 하다 보니, 수없이 시행착오를 겪었습니다. 가시덤불 속을 헤쳐 나가며 남보다 먼저 길을 내보려 했지만, 고생만 하고 돈도 못 벌고, 때로는 시기와 질투의 대상이 되기도 했지요. 그래도 한번 마음먹은 길은 끝까지 가고야 마는 이 고약한 성미 때문에 외롭고 힘든 시간이 많았습니다.

이 책은 그런 인생의 단면들을, 기억나는 대로, 정리한 이야기입니다. 워낙 메모를 잘 하지 않는 성격이고, 무엇을 모으는 것도 싫어하다 보니 사진 한 장 찾기 힘듭니다. 이 몇 장의 사진도 인터넷에서 구했거나, IPMS 후배 노경섭 박사에게서 받은 것들입니다.

한동안은 '죄 없는 종이만 낭비하는 게 아닐까' 싶어 망설이기도 했지만, 언젠가 누군가에게 작은 위로와 용기가 되길 바라는 마음으로 조심스레 용기를 냅니다. 부족한 글에 자랑처럼 들리는 부분이 있더라도, 너그러이 헤아려주시길 바랍니다.

2025년 9월

古鏡

✝ 2장 친미(親美)에서 반미(反美)로 전향?

✝ 3장 흑자 전환의 명수 밑에서 경영을 배우다

4장 거물급 정치인 국가지도자 밑에서 리더십을 배우다

5장 까칠한 Freedancer(!)로 살아 온 30년, 살아 갈 20년

1장

극일(克日)은
지일(知日)로 풀어야

극일(克日)은 지일(知日)로 풀어야

1. 모르니까 당하더라.

내가 럭키금성그룹(이하 "LG")에 입사한 1984년은 일본이 세계 경제와 무역을 주도하던 시기였다. 미국은 급격히 불어나는 재정적자와 무역적자에 대처하기 위한 특별 조치로, 자국이 보유한 최고의 무기인 특허 카드를 꺼내며 특허 중시 정책을 발표하였다.

당시 한국 기업들은 독자 기술을 개발하여 신제품이나 신규 서비스를 출시하기보다는 일본, 독일 등에서 기술을 도입하는 데 치중하고 있었다. LG도 예외는 아니었다. 일본과 다수의 합작투자 사업을 진행하며 기술을 도입해 매출을 확대해 나갔다.

나는 미8군에서 군수물자관리(Logistics)를 담당하는 카투사로 복무했고, 영어 성적이 우수했다(그룹공채 연수 중 우연히 응시한 토익에서 760점 취득. 1984년 당시로는 상당히 높은 점수였다). 그래서 당시 인기 부서였던 수입부서를 희망했으나, 회사는 대정부 로비부서(업무부, 각 그룹마다 명칭이 다른 특수 업무 전담부서)로 나를 발령했고, 이에 나는 강하게 반발했다. 회사를 그만두겠다고 항의하자 본사 인사부장이 술자리를 마련하며 "조금만 참으면 부서를 바꿔주겠다"는 약속으로 나를 설득했다. 그것은 결국 지켜지지 않은 약속이었다.

당시에는 외국과의 계약에 따른 대외 지출이 수반되는 모든 업무가 정부의 허가, 신고, 등록 등을 받아야 했기에, 회사(LG)에서는 업무부가 이를 총괄했다. 부장 1명, 과장 1명, 나, 그리고 타 부서와 협업하는 여직원 1명으로 구성된 소규모 별동부대였다. 이사나 상무를 거치지 않고 본사 총괄전무가 직속 상관이었기에 부서의 영향력은 상당했다.

부서 배치 직후, 나는 곧바로 영문 계약서를 번역하는 일을 맡았다. 사실 번역 없이도 내용 파악과 검토, 대안 마련이 가능했지만, 정부에 제출하는 모든 문서는 번역본을 첨부해야 했다. 또한 외국 기업과의 텔렉스(Telex, 현재는 사용하지 않는 통신수단) 교신도 담당했다. 상급자인 부장과 과장이 있었지만, 그들의 영어는 '콩글리시' 수준의 서툰 엉어에 불괴했다.

외국 기업 관계자들과 국내외에서 여러 차례 미팅에 참석하게 되었다. 신입사원이었지만, 우리 부서는 한국 정부 허가를 획득하는 최종 관문이었기에 계약 내용의 수락 여부에 대한 최종 승인권을 가지고 있어 상당한 영향력을 행사했다. 내가 "이런 조건으로는 정부 허가가 어렵다"고 말하면 상대방은 불가피하게 재협상에 나서야 했다. 그러나 그만큼 책임의 무게도 상당했다.

때로는 경험 부족으로 가능한 것도 불가능하다고 판단하거나, 반대로 불가능한 것을 가능하다고 오판하여 여러 방면에서 비난을 받기도 했다. 외국 기업들은 항상 변호사와 법무 전문가를 회의에 동석시키거나 그들의 전문적 의견을 내세우며 자신들의 주장을 관철시키려 치밀한 논리와 이론으로 무장하고 압박해 왔다. 이에 대응하기 위해 관련 지식을 쌓아야 했지만, 참고할 만한 교재나 수강할 수 있는 강의조차 찾기 어려웠다.

후에 알게 된 사실이지만, 내가 입사하기 전에 체결된 각종 기술도입계약, 합작투자계약, 수입판매점계약 등 여러 계약에는 문제점이 산재해 있었다. 이러한 문제를 제대로 인식하는 실무진도 없었고, 외국어에 다소 능통하다는 이유로 높은 직위의 사업부장(상무, 전무, 부사장)들이 단독으로 해외 출장을 다니며 여러 문제가 내포된 계약을 체결해 두었다. 대부분 공학 전공자들이라 영문 계약의 법률적 함의를 제대로 이해하지 못했던 것이다. 신입사원인 나마저도 전문 지식이 부족하여 출장비만 소모하며 그들을 수행할 뿐이었다.

이러한 상황에 분개하여 본격적인 공부를 결심했고, 우선 일본어 관련 서적을 다수 구입했다. 그러나 일본어 실력이 전무했기에 책만 쌓아두는 헛된 노력이었다. 결국 독학으로 일본어 공부부터 시작하게 되었다.

2. 비루 니혼고의 달인?

나는 본래 독학에 적합한 기질을 지녔다. 누군가의 설명이나 강의 없이도 책만 있으면 스스로 학습할 수 있었다. 초등학교부터 대학에 이르기까지 학원이란 곳에 발을 들인 적이 없었다. 어쩌면 가난 때문이었을지도 모른다. 참으로 궁핍했던 시절이었으니...

박성원 교수(외대 여성 교수, 고인)의 중고 카세트 테이프를 구매했다. 일과 후 술자리는 있어도 공부할 시간은 없어, 그룹 공용 출근 버스 안에서

리시버를 꽂고 잠시 듣다가 잠들곤 했다. 당시에는 부장, 과장을 비롯해 누구도 개인 승용차가 없었고, 퇴근 시간이면 일상적으로 술자리가 이어져 퇴근 버스를 탈 수 없었다. 회사가 남대문 인근에 위치해 북창동 등 사방이 유명한 술집으로 둘러싸여 있었다. 그 시절에는 판공비도 풍족했고 술값도 매우 저렴했다. 대정부 로비부서였기에 업무추진비가 상당했으며, 사용하지 않으면 예산이 삭감되므로 어쩔 수 없이 사용해야 했다.

회사(LG)는 일본 기업과의 합작회사였고(현재는 합작 관계가 해소됨), 대부분의 기술이 일본에서 도입되었으며 설비와 기자재도 대부분 일본제였기에 일본어 능력이 없으면 승진도 어려웠다. 특히 공장의 기술자들에게 일본어는 필수였고, 본사에서도 높은 직책으로 올라가려면 일본어를 구사할 수 있어야 했다. 당시 본사에 일본어 초급과정을 무려 15회나 수강한 과장이 있었는데, 새해 결심을 세우는 2월 초나 가을의 정취를 느끼는 9월 말이면 일본어 수강생 명단에 이름을 올리고 두세 번 출석하다 중단하곤 했던 '일본어 초급 전문가'로 유명했다. 무려 8년 동안 일본어 초급만 반복한 것이다. 아직 생존해 계신다면 여전히 초급 단계에 머물러 있을 것이다. 영원한 초급생! 어학은 임계점 돌파가 핵심이라는 것을 보여주는 사례였다.

나의 서툰 일본어 학습이 3~4개월 지났을 무렵, 일본에서 방문객들이 왔다. 기술 수출 가능성을 타진하기 위한 방문이었고, 나도 미팅에 참석했다. 회의가 끝난 후 이어진 술자리에서 내 일본어가 통하자 그들은 어떻게 일본어를 배웠는지 물었다. 카세트 테이프로 학습했다고 답하자 그들은 놀라워했다(사실 그들은 원래 이런 칭찬으로 사람을 사로잡는 데 능한 이들이었다). 술이 몇 잔 들어가자 두려움과 부끄러움이 사라지고 대화가 술술 이어졌다. '일본어, 이 정도면 그리 어렵지 않구나'라는 자신감이 생겨 그날은 술을 흠뻑 마셨다.

그 이후로 지금까지도 술, 특히 맥주를 마시면 일본어가 유창하게 나온다. 어학은 일정 단계를 넘어서면 다음 단계로 도약할 수 있는데, 이 임계점을 넘기면서 한 단계 높은 수준으로 올라간다고 한다. 나는 술의 힘으로 용기를 얻어 그 임계점을 돌파했는지도 모른다. 그래서 나는 종종 내 일본어 실력을 "비루 니혼고"(맥주 일본어)라고 소개하곤 한다.

3. 말석에 앉아서 회의록이나 작성하다가 술자리에는
   가장 용감한 신입사원

신입사원 시절부터 나는 사업부장 등을 수행하며 해외출장에 빈번하게 동행했다. 아직 낮은 직급이었고 사업 내용에 대한 이해도 부족했으며 발언할 위치도 아니었기에, 회의실 가장 끝자리에 앉아 논의되는 내용과 주요 쟁점에 귀 기울였다. 그리고 회의가 끝나면 주요 내용을 요약한 영문 회의록을 작성하여 우리 측 단장에게 먼저 검토받은 후, 수정을 거쳐 상대방에게 제시하고 서명을 요청했다.

내가 이 업무를 맡기 전에는 공식적인 회의록 작성과 서명 절차가 거의 없었다고 한다. 이 과정에서 때로는 일본 측과 의견 충돌로 언쟁이 벌어지기도 했다. 회의록을 작성하여 서명하고 보관하지 않으면 후속 협상이 어려워지고, 협상 팀원이 교체될 경우 심각한 혼선이 빚어졌다. 더 큰 문제는 상대방이 종종 이전 합의 사항에 대해 부인하는 경우였다.

회의록 교환과 서명이 완료되면 마침내 술자리로 이동했다. 협상이 원만하게 진행된 날이면 거의 만취할 때까지 마셨고, 이럴 때면 일본어 실력도 절로 향상되었다. 일본 측 인사들은 매번 내게 일본어를 어디서 어떻게 배웠는지 물었다. 후에 알게 되었지만, 그들의 질문은 진정한 호기심에서 비롯된 것이 아니라 내게 호감을 얻고 관심을 보이려는 의도적인 행동이었다. 그들은 협상 내용이 계약서에 반영되고 그 계약서에 대한 최종 승인권이 실질적으로 내게 있다는 점을 잘 알고 있었기 때문이다.

한국어를 이해하는 일본인들이 있었기에, 우리 측끼리는 종이에 메모를 적어 테이블 아래로 전달했는데, 주로 내가 메시지를 작성했다.

"이것은 안 된다고 하세요. 한국 정부 허가 나지 않습니다."

4. 출장비 아껴서 모두 일본책을 샀다

당시 LG그룹에서는 해외출장 시 일비, 현지 교통비, 식사비 등으로 출장비가 지급되었다. 신입사원이었던 나는 이런 비용을 지출할 필요가 거의 없었다. 동행한 사업부 임원들과 부장들이 대부분의 경비를 부담했고, 호텔비도 상당 부분 남았다. 일본 2박 3일(때로는 3박 4일) 출장을 다녀오면 당시 기준으로 약 40~50만 원의 여유 자금이 생겼다. 나는 예전부터 양주 등의 선물을 구매하는 것을 탐탁지 않게 여겼다. 불필요한 외화 유출이라 생각하는 애국심의 발로였다. 다행히 입국 시 한 번도 세관 검사에 걸린 적이 없었다.

일본 출장에서 남은 출장비는 대부분 서적 구입에 사용했다. 주로 내 업무와 관련된 일본 전문가들이 저술한 실무서적들이었다. 기술계약 실무, 국제영문계약, 영문 라이선스 계약서, 기술료 협상, 국제분쟁 해결... 대체로 이런 전문 도서들이었다. 신규사업전략, 경영전략 등에 관한 책들도 상당수 구매했다.

내가 자주 찾던 서점은 동경역 근처 지상에 위치한 야에쓰북센터(2023년

3월 말 폐업), 신주쿠의 키노쿠니야서점, 동경역 마루노우치에 있는 마루젠 등이었다. 그중에서도 가장 빈번히 방문한 곳은 야에쓰북센터였다. 지상에 위치해 접근성이 좋고, 필요한 책들이 거의 모두 구비되어 있었으며, 인접 건물에 저렴한 커피숍도 있어 일본 지인들과의 만남에도 적합한 장소였기 때문이다. 시간적 여유가 있거나 찾는 책의 수가 적을 때는 키노쿠니야나 마루젠도 방문했다.

많을 때는 10권 정도, 적어도 3~4권은 항상 구매했다. 책을 사고 나면 늘 기분이 상쾌했다. 이 책들을 통해 한국에서 최고의 전문가가 되겠다고 다짐할 때마다 내심 뿌듯했다. 이렇게 구입한 서적들을 바탕으로 강의 교재를 개발하기도 했다. 지금까지 일본을 방문한 횟수가 약 200회(개인 방문 포함)에 이르니, 총 구입한 일본 서적은 약 1,000권에 달했을 것으로 추산된다. 대부분은 처분하고 일부만 보관하고 있다. 나는 종종 일본인들에게 나 자신을 '일본의 지식을 훔친 도둑'이라고 소개하곤 했다. 지식 도둑! 대일 무역역조 개선에 미약하게나마 기여한 셈이다. 금액으로 환산하면 약 3천만 원 정도에 불과하지만(3,000엔 × 1,000권 × 환율(10배)).

5. 일본 대기업 과장들의 저술을 보고 나도 책을 쓰기로

이시카와지마하리마중공업(IHI)으로부터 기술도입을 추진하던 중, 그곳의 국제법무과장을 몇 차례 만났다. 그가 자신의 저술을 은근히 자랑하는 모습을 보며 자극을 받았다. '나도 당신만큼은 충분히 써낼 수 있다.' 이런 결심이 생겼다. 서점에서 관련 서적의 저자들을 조사해보니 일본 대기업의 과장급 인사들이 저자 명단에 상당수 포함되어 있었다. 이로써 나에게도 뚜렷한 목표가 생겼고, 결과적으로 지금까지 40여 권의 저술을 남기게 되었다.

나는 LG그룹에서 최초로 일본지역 전문가과정을 수료한 인물이다. 비록 일본에 거주하며 과정을 이수한 것은 아니었지만, 인화원이라는 그룹 연수원에서 일본인 강사들을 초빙한 집체교육을 통해 일본에 대한 깊이 있는 학습을 했다. 이 과정에서 일본인들이 저술 활동에 적극적인 이유도 이해하게 되었다.

일본인들이 많은 책을 저술하는 데에는 몇 가지 이유가 있다. 첫째, 그들은 대단히 부지런한 민족이다. 가만히 앉아 있는 모습을 거의 볼 수 없을 정도로 활동적이다. 둘째, 출판 분야의 수익성이 상당히 좋았다. 출간된 책은 전국 도서관에서 의무적으로 구매하는 비율이 정해져 있어 대개 손익분기점(BEP)을 넘기기 쉬웠다. 이로 인해 출판사도 많았고, 출판사들은 경쟁적으로 저자를 물색했다. 당시 상황으로 미루어 볼 때, 대기업의 유능한 과장급 인사들 중에서 출판사의 섭외를 받지 못했다면 오히려 예외적인 경우였을 것이다. 저술 활동을 통해 자신의 가치를 높이려는 분위기도 분명히 존재했을 것이다. 마지막으로, 일본인들은 상대적으로 여유 시간이 많다고 생각한다. 일본에는 우리나라처럼 복잡한 가족관계나 족보 문화가 없다. 일본에서는 사촌 간 결혼도 허용된다. 하토야마 총리의 배우자는 이종사촌 누나에 해당하는 관계였다. 우리처럼 가족관계와 족보가 중요시되지 않는다. 한국인은 봄, 가을이면 각종 관혼상제로 전국을 분주히 오가며 시간과 비용을 소모한다. 반면 일본인들은 우리와 달리 관혼상제에 광범위하게 사람들을 초청하지 않으며, 참석 의무도 덜하다. 결혼식의 경우 양가를 합해 70~80명 정도만 참석하는 것이 일반적이다. 이는 내가 일본 결혼식에 세 차례 참석하며 직접 목격한 모습이다.

저술만큼 훌륭한 선물은 없다. 책을 증정하는 사람은 은근히 자신의 업적을 알릴 수 있어 좋고, 이를 통해 강의나 컨설팅 의뢰가 들어올 가능성도 있다. 협상 자리에서는 '나는 이런 전문성을 갖춘 사람이니 함부로 대하지 말라'는 무언의 경고가 되기도 한다. 내가 처음 일본인 저자의 책을 받았을 때도 그런 의도를 감지했다. 반면 책을 받는 사람도 기분이 좋을 수밖에 없다. 일단 무료로 지식을 얻게 되니 말이다. 특히 자신이 관심 있는 분야의 전문 서적이라면 더욱 가치 있는 선물이 될 것이다.

6. 빠찡코에 갈 때면 말리고 끌고 나올 사람과 같이 가야

한번은 출장비에 여유가 있고 시간적 여유도 있어서 빠찡코 매장에 들렀다. 사람들로 발 디딜 틈이 없었다. 행운이 깃든 자리를 찾겠다는 생각으로 실내를 한두 바퀴 둘러보았다. 마침내 자리를 잡았다.

3천 엔만 투자(혹은 잃고)하고 자리를 뜨리라 마음먹고 가볍게 시작했다. 2천 엔어치의 다마(빠찡코 코인)가 소진되었지만 별다른 소득이 없었다. '역시 나는 실력으로 살아야 하는 사람인가 보다. 나란 인간은 행운이나 요행과는 인연이 없나 봐.' 생각이 들었다. 과거 노태우 대통령 시절 신도시 분양에서 2:1의 경쟁률에서도 세 번이나 떨어진 후, 나는 어떠한 추첨 이벤트에도 기대를 걸지 않기로 다짐했었다. 오로지 실력으로만 살기로 결심하고 실력 향상을 위해 독서와 저술 활동, 그리고 수많은 무료 강의를 다니며 노력했다.

마지막 1천 엔어치 코인을 넣고 기도하는 마음으로 힘껏 레버를 당겼다. 그런데 예상치 못하게 코인이 쏟아지기 시작했다. 주체할 수 없을 정도로 코인이 쏟아져 나왔다. '역시... 마음을 비우니 된다는 말이 맞구나. 그래, 나만 불운할 리는 없지. 실력과 요령이란 게 있는 법이야.' 착각에 빠져들었다. 넘쳐흐르는 코인을 빈 그릇 두세 개에 담아도 남았다. 금액으로 환산하면 2~3만 엔 정도였다. 이것으로 책을 구매하면 10권은 살 수 있는 금액이었다.

돈이 들어오자 마음이 변했다. 온갖 생각이 머릿속을 스치는 동안에도 코인은 계속해서 쏟아졌다. '이참에 수백만 원이나 수천만 원(당시로서는 상당한 금액)을 벌어 아파트를 사볼까? 아니, 이 돈으로 회사를 그만두고 일본에서 사업을 시작해볼까?' 평소 잠재의식 속에 있던 다양한 생각들이 차례로 떠올랐다.

그런데 다른 생각에 집중하는 사이, 서서히 코인을 잃어가고 있었다. '괜찮아, 곧 회복될 거야.' 그러나 결국 처음 시작했던 자본금(3천 엔)까지 모두 날아갔다. 5천 엔어치를 추가로 구매했다. 이제는 오기가 생겼다. '끝까지 가보자. 누가 이기나?' 또다시 1만 엔어치를 더 구입했지만 모두 잃고 말았다. 주머니에는 7~8천 엔만이 남았다. 풀이 죽은 채 호텔까지 걸어 돌아왔다. '이번에는 서점에 가서 책 살 돈이 없게 되었구나. 아까 2~3만 엔을 벌었을 때 그만뒀더라면 책 10권은 충분히 살 수 있었을 텐데. 그 책들로 공부하고 또 책을 쓰고 강의를 했다면 더 큰 수익을 올릴 수도 있었을 텐데...'

7. 일본지역 전문가 1기 과정

나는 LG에서 일본지역 전문가 1기 과정에 선발되었다. LG그룹 전체에서 약 30명을 뽑아 3개월간 인화원이라는 그룹 연수 시설에서 합숙 교육을 받았다. 교육 기간 중 단 두 차례, 집에 다녀올 수 있는 기회가 주어졌을 뿐이었다.

과정은 일본의 역사, 정치, 사회, 경제, 문화 전반에 걸친 내용으로 구성되었고, 대부분 일본인 강사가 일본어로 강의했다. 당시 이런 교육은 그룹 내에서도 손꼽히는 특혜로 여겨졌고, 누구나 가고 싶어 했다. 나도 마찬가지였다. 하지만 우리 부서에는 나 혼자뿐이었기 때문에, 3개월이나 자리를 비우면 업무에 큰 지장이 생길 것이 뻔했다. 그래서 말도 꺼내지 못하고 있었다.

그러던 어느 날, 과장님이 나를 부르더니 이렇게 말씀하셨다. "우리 부장님이 말하길, 자네가 이런 데 다녀오면 펄펄 날 거라는데, 자네 생각은 어때?" 나는 표정부터 관리하며 이렇게 대답했다. "부서에 사람도 없는데 제가 3개월 비우면 누가 일하겠어요? 전무님 심부름은 또 누가 하고요?"

사실, 내가 먼저 결재를 올렸다면 아마 평생 못 갔을지도 모른다. 당시엔 과장이 반대하면 부장도, 전무도 소용없었다. 과장의 마음을 움직이는 게 관건이었다. 과장님이 웃으며 말했다. "잘 다녀오게. 단, 최고의 일본 전문가가 되어 와야 혀."

설레는 마음으로 인화원에 입소했다. 30명의 교육생 중에는 회사를 압박해서 온 이들도 있었다. 하지만 나는 과장이 보내준 거였기에 그들처럼 불안해하거나 조바심낼 이유가 없었다. 신분이 달랐다. 저녁 시간에도 마음 편히 술 한잔할 수 있었고, 이들은 회사에 전화 걸어가며 업무를 챙기느라 늘 초조해 보였다. 혹시 잘릴까 봐.

연수가 시작됐다. 일부 강사는 한국어나 영어로 강의를 했지만, 대부분은 일본어로 진행되었다. 통역은 제공되지 않았기에 눈치껏 알아들어야 했다. 솔직히 절반 정도밖에 이해하지 못했다.

그중 시모조 교수라는 분이 있었는데, 당시 인천교대에서 일본어를 가르치고 있었다. 그는 한국어로 강의를 했고, 한국에 20년 이상 거주한 덕분에 한국어도 능숙했다. 당시엔 그의 강의를 무척 좋아했지만, 나중에 일본으로 돌아간 뒤 철저한 반한 인사가 되어버렸다. 그래서 지금은 그를 '이놈'이라고 부른다. 한국을 잘 아는 일본인 중에서도 그런 식으로 돌아서는 이들이 많다.

'축소지향의 일본인'이라는 말이 있다. 고(故) 이어령 장관의 저서에 나오는 표현인데, 일본의 역사와 문화, 사회, 경제를 가장 압축적으로 설명한 말일지도 모른다.

일본은 섬나라다. 도망갈 대륙도 없고, 산이 많아 마을 간 이동도 쉽지 않았다. 오랫동안 수십 개의 제후국이 각자 할거하며 통일되지 못했고, 혈연 중심의 대가족 문화도 약했다. 민족도 단일하지 않다. 그러다 보니 하나의 커뮤니티에서 '찍히면' 버티기 힘들다. 그래서 남이 싫어할 만한 일은 애초에 하지 않는다. 네마와시(根回し)나 혼네·다테마에 같은 문화도 거기서 비롯된다. 만장일치 문화 덕분에 의사결정은 느리고, 갈등을 피하려다 보니 과감함은 부족하다. 경계심도 강해서 친구나 파트너가 되기까지 오랜 시간이 걸린다. 하지만 일단 친구가 되면 오래 간다.

이러한 일본의 문화와 특성을 제대로 이해하지 못하면 일본 비즈니스는 결코 쉬운 일이 아니다. 그래서 기업은 막대한 비용을 들여 일본지역 전문가를 양성하는 것이다.

나는 LG에서 약 10년을 근무했고, 이후 퇴사했지만 그곳에서 배운 것들과 경험은 지금도 내 인생의 버팀목이 되고 있다. 참으로 감사한 인연이었고, 고마운 기회였다.

8. 내 인생을 바꾼 한 권의 일본 책

일본은 명실상부한 출판대국이다. 책을 읽는 사람이 많고, 도서관법에 따라 전국의 수많은 도서관에서 신간을 구입하는 문화가 자리 잡았다. 책을 출판하면 판매가 보장되었고, 이러한 환경 속에서 출판사는 높은 연봉으로 우수한 인재를 영입할 수 있었다. 충분한 수익이 있었기에 과감하게 신간을 기획하고 저자를 적극적으로 발굴했다. 모바일의 확산과 인구감소로 예전만 못하지만, 지금도 일본은 여전히 출판대국의 명성을 유지하고 있다.

LG 신입사원 시절, 동경의 야에쓰북센터에서 특이한 책 한 권을 구입했다. 귀국하는 비행기 안에서 그 책을 읽었는데, 시간이 흘러 제목은 기억에서 사라졌지만 내용은 아직도 내 머리에 선명하게 남아있다. 당시 나는 주로 업무 관련 서적을 구입했지만, 때때로 다른 분야의 책에도 눈길을 두곤 했다.

그 책은 흔히 말하는 '개똥철학자'가 쓴 처세술에 관한 것이었다. 고상한 학문적 철학과는 거리가 있어, 나는 예전부터 이런 부류의 저자나 강사, 교수를 개똥철학자라고 불렀다. 지금도 이런 부류의 사람들은 많이 있지만, 인터넷과 모바일의 보급으로 그들의 인기가 시들해지고 수익성이 떨어지면서 서서히 사라져가는 추세다.

그 개똥철학자는 인생을 네 단계로 구분하여 설명했다. 물론 인생의 단계에 대해서는 공자를 비롯한 많은 현인들이 다양한 견해를 펼쳐왔지만, 그의 주장은 다음과 같았다:

• 유아기: 태어나서 부모의 보살핌을 받으며 학교에 가기 전까지의

어린 시절
- 취학기: 학교에 다니는 시기로, 선생님이 가르치고 교육하는 대학까지의 단계
- 취직기: 학교를 마치고 기업 등에 취직하여 생계를 꾸려가는 단계
- 취상기: 월급쟁이(月給取り:げっきゅとうり)의 삶을 청산하고 자신의 사업(商)을 일구는 단계

일본은 의무군대제도가 없어 군대 시기는 언급되지 않았다.

그의 핵심 주장은 앞의 세 단계가 모두 마지막 취상기(取商期)를 위해 존재한다는 것이었다. 좋은 직장에 취직하려면 명문학교를 나와야 하고, 좋은 학교에 입학하려면 우수한 유치원에 다녀야 한다는 논리였다. 한국의 맥락으로 설명하자면, 대치동의 유치원에 다니고 강남 1학군 학교를 거쳐 대치동 학원에서 공부해야 SKY에 진학할 수 있고, 이런 과정을 통해 소위 '황제직장'에 취업할 수 있다는 이야기와 같았다. 좋은 직장에 다니면 급여도 높고 교육과 연수 기회도 많으며, 업무와 출장을 통해 지식과 지혜, 경험과 실적, 그리고 인맥을 충실히 쌓을 수 있다. 그렇게 해야 인생의 마지막 단계인 취상기에서도 성공할 수 있다는 것이었다.

당시 철없던 나는 이 책을 읽고 그의 주장에 깊이 공감했다. LG에 재직하는 동안 회사의 지원으로 교육, 연수, 책 구입, 출장, 교류 모임 참가 등 가능한 모든 경험을 해보기로 마음먹었다. 40세 전에 회사를 떠나자는 목표도 세웠다. 그 전에 모든 경험을 쌓아야 했다. 그래서 국내외 출장의 기회를 적극적으로 만들었고, 특히 해외출장에 집중했다.

해외출장은 부담이 컸다. 뚜렷한 성과 없이 고액의 출장비만 사용한다

면 문제가 될 수 있었기에, 팩스와 전화로 대부분의 업무를 미리 완성해 놓고 출장을 다녔다. 사실상 출장이 불필요한 상태에서도 경험을 쌓고 인맥을 넓히기 위해 다녔던 것이다. 출장비를 아껴 책도 사곤 했다.

나는 39세에 취상기에 진입했고, 그 후로 취상과 취업을 오가며 지금에 이르렀다. 그 개똥철학자의 책이 내 인생에 이롭게 작용했는지 아니면 해롭게 작용했는지는 아직 판단하기 이르다. 만약 LG를 떠나지 않고 계속 남아있었다면, 어쩌면 지금쯤 어느 작은 계열사의 CEO가 되어 있을지도 모른다. 회사에 사표를 제출했을 때, 그 사표가 수리되기까지 9개월이 걸렸다. 회사생활을 해본 사람이라면 이것이 무엇을 의미하는지 충분히 이해할 것이다.

9. 책상을 엎어버리고 나오니 호텔까지 따라와서 사과하더라.

일본인들은 개인적 차원에서 살펴보면 대체로 겁이 많은 편이다. 강하게 나가면 움츠러든다. 이는 '축소지향의 일본 문화'와도 깊은 연관이 있다. 물론 집단적 차원에서는 다른 양상을 보이지만, 이러한 문화적 특성을 비즈니스에 활용하는 것 또한 하나의 사업 전략이 될 수 있다.

당시 일본의 어느 대기업과 협상이 진행 중이었다. ○○사업부장과 나, 단 둘이서 출장을 떠났다. 일반적으로는 세 명이 출장을 가는 경우가 가장 흔했고, 물론 홀로 가는 단독 출장도 많았다. 복잡한 사안이 있거나 현장에서 즉각적인 결정이 필요한 경우에는 주로 세 명 또는 다섯 명이 동행했다. 다섯 명이 가는 경우는 매우 드문 일이었다. 의견이 분분한 의사결정은 짝수인 두 명이나 네 명으로는 해결하기 어렵다. 그래서 홀수로 구성하는 것이 관례였다.

일본 측의 입장은 계속해서 오락가락했다. 아마도 그들 내부에서 '네마와시(ねまわし:根回し)가 아직 진행 중인 듯했다. 일본식 네마와시란 일종의 만장일치 의사결정 방식이다. 여러 부서에 걸친 업무는 관련된 모든 부서의 의견이 일치하기 전까지는 결정을 내리지 않는다. 만약 한국식으로 일방적으로 밀어붙인다면, 언젠가는 반대했거나 참여하지 못했던 상대방에게 미움을 사고 보복을 당할 우려가 있기 때문에, 시간이 오래 걸리더라도 만장일치로 의사결정을 하는 것이다.

○○사업부장은 완고하고 고집이 셌지만, 기술과 사업, 마케팅, 계약 등에 대해 골고루 해박한 지식을 갖고 있었다. 사실 그는 혼자서도 출장을 잘 소화할 수 있었는데도 굳이 나를 데리고 갔다. 일종의 보험에 가입하는 것과 같았다. 책임을 분산시키는 효과도 있고, 나를 동행시키면 여러모로 편리했기 때문이다. 나는 다양한 루트를 통해 정보를 취합하고 분석한 결과, 일본 측이 내부적으로 의견 일치를 이루기 위해서는 가격의 추가 인하가 필요하다는 사실을 파악할 수 있었다. 이러한 정보를 ○○사업부장에게 제공하면서 강공책을 제안했다. 겁 많은 그들은 강하게 밀어붙여야 할 때가 있었다.

○○사업부장은 특유의 속사포 발언과 기술, 사업, 영업을 혼합한 복합적인 논리로 일본 측을 압박했다. 마침내 그는 책상을 내리치며 이렇게 질질 끌려면 차라리 때려치우자고 선언하고 미팅을 일방적으로 종료한 후 호텔로 돌아왔다. 그날 저녁, 예상했던 대로 일본 측 담당자들이 호텔까지 찾아왔다. 그들은 화해를 청하며 우리의 제안을 그대로 수용하겠다는 소식을 가져왔고, 함께 술 한 잔을 기울이며 협상은 마침내 우리 측의 승리로 마무리되었다.

10. 상무회를 통과한 것은 밀어붙이면 된다.

일본 회사들에는 '상무회'라는 독특한 경영의사결정 기구가 존재한다. 한국의 이사회와 유사한 기능을 수행하지만, 실질적으로는 우리보다 훨씬 더 활성화되어 있다고 볼 수 있다. 한국의 이사회가 형식적인 경우가 많고 실질적인 의사결정이 CEO나 대표이사의 판단에 의해 이루어지는 것과는 대조적이다. 우리 기업문화에서는 이사회의 결정보다 개별적인 품의를 통한 결정이 더 많은 비중을 차지하는 경향이 있다.

일본 기업들은 한국보다 준법경영의식이 더 강하게 뿌리내린 듯하다. 법과 정관이 규정하는 바에 따라 대부분의 중요한 경영의사결정이 상무회를 통해 이루어진다. 그리고 상무회에서 결정된 사항은 특별한 상황이 발생하지 않는 한 번복되지 않는 것이 관례이다.

당시 나는 특정 기술제휴 건으로 일본 ×××사와의 협상을 진행하고 있었는데, 상황이 지지부진하게 이어지고 있었다. 일본은 전반적으로 경영의사결정 속도가 매우 느린 편이다. 이는 네마와시 문화에 기인한다. 반도체 라인 투자 결정에 있어 한국은 3개월이면 충분한데, 일본은 3년이 걸린다는 우스갯소리가 있을 정도였다. 이는 단순한 농담이 아닌 현실에 가까울지도 모른다. 한국은 철저한 톱다운(Top down) 문화를 가진 반면, 일본은 바텀업(Bottom up) 문화에 만장일치를 추구하는 경향까지 더해져 의사결정 속도가 느린 것은 어찌 보면 당연한 결과였다.

협상이 너무 오랫동안 진전되지 않자, 나는 여러 경로를 통해 현재 상황과 진행 단계에 대한 정보를 수집했다. 놀랍게도 이 안건은 이미 상무회에 보고되어 통과까지 된 상태였다. 그런데도 그들이 계속 미적거리는 이유는 무엇일까? 알고 보니 핵심 부품의 수출가격을 더 인상하려는 꼼수를 부리고 있었던 것이다.

나는 이 귀중한 정보를 우리 측 사업부장(상무)에게 직접 보고하고, 이미 상대방이 빼도 박도 못할 상무회 결정 단계에 이르렀으니 서두르지 말고 느긋하게 모른 척하며 버티자고 제안했다. 그들이 가격을 조금 더 올리지 못한다고 해서 상무회의 결정을 무효화할 수는 없을 것이라는 계산이었다. 예상대로 약 두 달 정도 버티자 그들이 스스로 찾아와 종전 가격으로 거래하자고 제안해왔다.

일본지역 전문가이자 국제비즈니스 전문가로서 나의 이러한 역할과 성과가 임원들 사이에서 골프 라운딩이나 간담회를 통해 소문이 퍼진 모양이었다. 어느 날 내 담당 상무가 "당신 뭐 또 한 건 했다며?"라며 미소를 지으셨을 때, 나는 내 전문성이 회사에 실질적인 기여를 하고 있다는 사실에 작은 보람을 느꼈다.

11. 007 가방을 털어라

일본에서 기술을 도입하는 과정에서 나는 세 가지 기술이 대부분 이전되지 않는다는 사실을 경험을 통해 알게 되었다. 그들 역시 한때는 미국으로부터 이러한 기술들을 습득했으면서도 다음의 핵심 영역은 좀처럼 내주지 않았다. 핵심 부품 기술, 설계 디자인(Design) 기술, 그리고 A/S(After Service) 기술이 바로 그것이다.

이러한 기술 이전 문제는 결국 협상과 계약 체결에 직결되는 사안이었기에 내가 관여했다. 끝까지 물고 늘어지면 상당 부분 개선된 조건으로 계약을 맺을 수 있다는 것이 나의 경험이었다. 당시 일본의 한 굴지의 대기업이 위 세 가지 기술 이전을 끝까지 거부하자, 나는 겉으로는 "마음대로 하라"며 통 크게 양보하는 척했다. 물론 나에게도 믿는 구석이 있었고, 언제나 그런 안전장치는 계약서에 미리 포함시켜 놓았다. 처자식을 먹여 살려야 하는 내가 회사에서 쫓겨날 위험을 감수할 리 없었다.

계약서를 번역하고 사업계획서 등 필요한 구비 서류를 갖추어 한국 정부에 등록을 신청했다. 당시에는 허가 사항이 아닌 등록 사항이었다. 정부는 법에 따라 신청을 수리하거나 등록을 거부하거나, 또는 특정 조건이 충족되면 등록을 허가하는 방식으로 진행했다. 나는 평소 잘 알고 지내던 주무관에게 "핵심부품 기술이전"을 조건으로 붙여 "조건부 등록"으로 처리해달라고 은근히 조언했다.

약 일주일 후, "조건부 등록" 안내가 공문으로 도착했다. 이를 번역하여 일본 측에 전달하자 그들은 펄펄 뛰며 법무법인을 대동하고 직접 한국 정부를 방문하겠다고 했다. 나는 그렇게 하라고 응했다. 미리 그 주무관(우리는 사석에서 호형호제하는 사이였다)에게 공정거래법 관련 조항을 보내주며 대응 논리로 활용하라고 조언했다. 공무원이 곤란한 상황에 처하게 되면 절대로 우리 일을 도와주지 않는다는 것이 철칙이었다. 결국 그들은 법무법인의 변호사를 대동하고 방문했지만 목적 달성에 실패하고 돌아갔다. 한국 법무법인만 수임료를 챙긴 셈이었다.

A/S 기술은 결국 이전받지 못해 문제가 발생할 때마다 일본 기술자를 매우 고가에 초청해야 했다. 비용도 비쌀 뿐 아니라, 오가는 날까지 포함하여 지급해야 했기에(실제 업무 일수에 2일 추가) 부담이 컸다. 한번은 A/S 기술자가 한국을 방문한다는 연락이 왔다. LG 입사 동기인 ○과장이 이

건을 책임지고 있었는데, 그는 나에게 "형님, 이 사람들 매번 부르니 손익관리가 안 됩니다. 다시는 부르지 않아도 되게 내일 작전을 실행할 테니 형님이 협조 좀 해주세요"라고 부탁했다. 나는 흔쾌히 승낙했다.

다음날 미팅에서 '007 가방 비밀번호 담당' 대리는 일본 A/S 기사 옆에 바짝 붙어 앉아 비밀번호를 파악했다. 우리는 교통 체증을 핑계로 왕복 3시간이 넘게 걸리는 식당으로 맛집이라며 능청을 떨며 그를 안내했다. 그 4시간 동안 비밀번호 담당 대리는 잠겨 있던 007 가방을 열어 도면 등 핵심 A/S 기술을 완전히 복사한 후, 다시 분해한 역순으로 정리하여 잠가 놓았다.

그로부터 몇 달이 지난 후, "○상, 요새 고장 안 나나요?"라고 물었더니 "덕분에(오카게사마데) 고장이 안 납니다"라고 대답해 함께 술 한 잔 기울였다. 그 이후로 A/S 비용은 일본으로 지출되지 않았다. 007 가방을 뒤져 기술을 확보함으로써 막대한 비용을 절감한 것이다. 기술 탈취에 성공한 셈이었다.

12. 글마 봤나?

내가 종횡무진 활동할 무렵, H 사장이 부임해 오셨다. 당시 LG그룹의 대표적인 전문 경영자였던 그는 과거 금성사 동경지사장을 지낸 인물이었다. 동경지사장이란 단순한 직책이 아니었다. 장래 사장으로 육성할 인재를 일본에 파견하여 일본어를 익히고, 일본식 경영을 체득하며, 일본 내 인적 네트워크를 구축하게 하는 핵심 꽃보직이었다. 당시 언론은 H사장에게 "흑자전환의 명수"라는 애칭을 붙여주었는데, 이는 당시 유행하던 "역전의 명수 군산상고"를 본판 표현이었다.

H 사장은 공대 출신이었지만 재무, 원가, 마케팅, 경영전략 등 모든 분야에 해박했다. 그가 가장 심하게 질책할 때 사용하는 표현은 "이 촌놈들" 정도였다. 본인도 경남 사천 출신이면서도 말이다. 일본어에는 능통했지만 영어는 완전히 "촌놈" 수준이었다. 그럼에도 미국이나 유럽에서 진행되는 현지 고객 미팅이나 대리점 사장 총회에서의 보고와 토론을 대충 다 이해하고 지시를 내리셨다. 그는 키워드 몇 개와 상대방의 표정, 태도, 자신감, 어조 등으로 내용을 파악한다고 했다.

그 당시 해외사업은 H 사장의 핵심 관심사였기에 각 사업부와 사업부장들은 항상 긴장하고 있었다. LG그룹에서 사장은 절대적인 권력을 가진 왕이나 다름없었다. 특히 H사장 같은 전문경영인은 더욱 그러했다. 이사, 상무는 단지 명단만 올리면 회장실에서 자동으로 임명했고, 전무나 부사장은 그룹 차원의 심사가 있었지만 사장의 추천이 절대적이었다. 게다가 전무나 부사장이 되어도 보직 변경권은 여전히 사장에게 있어서 하루아침에 한직으로 물러나게 할 수도 있었다. 그래서 모두가 그를 두려워했다. H 사장은 과묵했지만 카리스마가 넘치는 경영자였다.

당시 나는 소속을 옮겨 막강한 영향력을 지닌 기획심사팀에서 대리 7명을 거느리며 전략기획, 경영심사와 관리, 그리고 신규 사업을 담당하고 있었다. 기술도입 신규사업, 해외시장 개척, 해외제휴 사업은 내 관리와 심사 소관이었다. 예산편성과 관리, 사업부 경영분석과 평가 및 관리, 이사회 개최, 경영전략회의 개최 등 막강한 권한을 가진 사장 직속 부서였다.

어찌 된 일인지 나는 당시 내 소관업무에 관해 각 사업부에서 상당한 인기를 누렸다. 이는 각 사업부 사람들과 자주 술자리를 함께하는 것과도 관련이 있었고, 그들이 해결하기 어려운 업무를 내가 지원했기 때문이기도 했다. 기획심사팀 자체가 강력한 영향력을 가진 부서였고, 그러다 보니 사업부에서 나를 자주 찾았고, 덕분에 각 사업부의 현황과 공식 자료에는 없는 비밀정보까지 얻을 수 있었다. 이러한 비밀정보는 내 상관(상무)에게 은근슬쩍 전달하여 CEO 직속 임원으로서 임기응변에 대처할 수 있게 도왔다. 진정한 정보는 공개된 자료에 없는 것이라는 사실을 나는 일찍이 깨달았다.

내 소관 지원업무인 해외제휴사업은 매우 중요하면서도 숙련된 인력이 부족했고, 협상과 영문계약 등이 수반되는 복잡한 일이었다. 사업부에서 자체적으로 해결하기 어려웠고, 기획심사팀의 심사와 리뷰 서명이 필요한 업무였기에 항상 나를 경유해야 했다. 그래서 눈치 빠른 사업부장들은 아예 해외출장에 자기들 비용으로 나를 동행시켰고, 내 담당 임원의 출장 동의 서명도 그들이 직접 받아주었다. 해외계약이 수반되는 복잡한 사장 보고를 부탁하거나 그들의 보고 시 나를 배석하게 했다. 사업부 보고나 품의, 또는 사업부장 보고 때 H사장이 종종 "글마 싸인 받았나? 글마 봤나?"라고 물었다고 한다. 부장, 과장이 3~400명이나 되는 큰 조직이라 모든 이름을 기억할 수는 없었지만, 기획심사팀에 있는 '글마'는 알고 계셨다. 내가 바로 '글마'('그 아이'의 경상도 서부지방 사투리)였던 것이다.

한번은 어느 사업부의 건을 직접 사장에게 설명하고 결재를 받아달라는 부탁을 받아 사업부장(전무)과 함께 H사장 방에 들어간 적이 있다. 경쟁사 참고수치, 추세분석, 실패 시 대책 등 결재 참고자료를 잔뜩 준비해 갔지만, 그는 그 어떤 자료도 보지 않고 오직 내 얼굴 표정과 태도만 뚫어지게 바라보셨다. 아무것도 묻지 않으셨다.

"학실하제?(확실하지?) 오케이" "예, 문제될 것 하나도 없습니다."

만약 어벙벙하고 자신 없이 쥐 죽은 소리로 대답했다면 틀림없이 "촌놈들"이라는 꾸중을 들었을 것이다. 그러면 다시 해야 했다. 나는 "촌놈" 소리 한 번도 듣지 않고 그 회사를 떠났다.

13. 배우고 공부하고 경험한 것을 전파하고자 회사를 떠나다

1993년 12월 말, 송년회 자리에서 나는 담당 이사에게 사직 의사를 전했다. 그는 알겠다고 하면서, K 상무에게는 자신이 이야기할 때까지 아무 말도 하지 말라고 당부했다. 아마 내 말을 농담쯤으로 들었을지도 모른다. "설마, 네가 갈 데가 어디 있겠냐"는 듯한 반응이었다.

그러나 나는 이미 결심을 굳혔다. 한때 읽었던 '인생 4단계'라는 책에 영향을 받기도 했지만, 무엇보다 일본을 오가며 구한 수많은 책들을 통해, 한국에 아직 소개되지 않은 지식과 경험을 쌓아온 것이 내게는 결정적이었다. 이 배움과 경험을 더 많은 이들에게 전파하고, 한국의 수준을 조금이나마 끌어올리는 데 기여하고 싶었다.

신입사원 시절, 나는 배울 책도, 가르쳐줄 사람도, 체계적인 교육도 없이 시행착오를 거듭해야 했다. 나 같은 사람이라도 먼저 나서서 후배들에게 도움을 줄 수 있다면, 작게나마 의미 있는 일일 것이라 여겼다. 어쩌면 스스로 거창한 명분을 부여했던 것인지도 모르겠다. 하지만, 살아가는 데 명분이 필요한 법이다.

나는 이미 3년 전쯤부터 가족들에게도 회사를 그만둘 것이라고 말해왔다. 그러나 누구 하나 진지하게 받아들이지 않았다. 눈이 오나 비가 오나, 주말도 휴일도 없이 일하면서도 매달 고정된 월급이 나오는 직장, 더구나 매 철마다 선물이 오고, 망할 걱정 없는 LG를 왜 떠나느냐는 것이었다. 나는 더 이상 설명하지 않았다. 시간이 지나면 알게 될 것이라 믿었다.

새해가 되어 출근은 했지만, 마음은 이미 떠나 있었다. 내게 남은 과제는 어떻게 싸우지 않고 평화롭게 회사를 나설 것인가였다. 동시에 내가 맡아온 업무를 후임에게 인계할 준비도 시작했다. 이 과정이 가장 어려웠다. 내 업무는 단순한 전달로는 인계가 불가능했다. 상당한 어학 능력이 필요했으며, 영어만으로도 부족했다. 게다가 지난 10년간 다져온 광범위한 분야였고, 여러 사업부장들이 의존하고 있던 영역이라, 아무나 대신할 수 없는 상황이었다. 내가 담당했던 대외 협력, 내부 소통, 정보 수집까지 —이 모든 것은 단순한 기술 이상의 것이었다. 그래서 업무 범위를 축소하는 조건으로 인계 작업에 착수했다.

얼마 후, 이사가 나를 불렀다. "진심이냐? 그렇다면 내가 K 상무에게 이야기하겠다"고 했다. 나는 내 계획과 업무 인수인계 방안까지 상세히 설명했다. 이제 물러설 수 없는 상황이 되었다. 며칠 뒤, K 상무가 나를 호출했다. "P 이사가 한 말이 사실인가?" "그렇습니다." "만약 부서를 옮겨 준다면 계속 다닐 생각은 없나?" "없습니다."

K 상무는 나를 잘 몰랐다. 함께 일한 지는 2년쯤 되었지만, 분야가 달라 직접적인 업무 교류가 거의 없었다. 나는 보고와 결재를 받을 뿐, 상당 부분 자율적으로 일을 해왔다. 그는 회사 내 철저한 관리자로, 자신들의 인맥을 중심으로 조직을 운영하려는 의지가 강했다. 어쩌면 나를 그 틀 안으로 끌어들이려 했던 것인지도 모르겠다. 그렇게 어정쩡한 상태로 한 달이 흘렀다. 보안에 신경 썼지만, 소문은 새어 나갔다. 하루가 멀다하고 술자리가 이어졌다. 어떤 이는 나에게 "형, 나도 데려가 달라"고 하기도 했다. 어렵고 험난한 길을 함께 가자는 말이었다.

어느 날, K 상무의 뜻을 전하는 듯한 사람이 찾아왔다. 인사 부서로 옮겨 책임자 역할을 맡아볼 생각이 없냐는 제안이었다. 아마도 인사부장 직책을 염두에 둔 듯했다. 하지만 나는 단호히 거절했다. 비록 회사에 늦게 입사했지만, 그간 모든 진급에서 최초 기록을 세웠다. 이 자리까지 오면서 내 나름의 속도와 균형을 지켜왔다. 만약 인사부로 가게 된다면, 동료들보다 훨씬 앞서 진급하게 되고, 이는 오히려 나에게 독이 될 것이 분명했다. 무엇보다도, 나는 진급이나 돈을 위해 떠나는 것이 아니었다. 쌓아온 지식과 경험을 세상에 확산시키고자 했을 뿐이다.

며칠 후, K 상무 비서로부터 연락이 왔다. "상무님이 혼자 계실 때 오시랍니다." 보안을 위한 배려였다. 다음 날, 이른 아침 상무님을 찾아갔다. 특별히 준비한 차를 권하시며, 사무실을 어디에 낼 것인지, 무엇을 할 것인지 묻는다. 나는 숨기지 않았다. 서울 마포에 사무실을 내고, 그간 해왔던 대외 업무를 바탕으로 교육, 저술, 컨설팅을 할 계획이라고 말했다. K 상무는 고개를 끄덕였다. "좋다. 사표는 천천히 내고, 한두 달은 회사에 나오지 말고 사업 준비나 해라. 장기 출장 간 것으로 처리할 테니... 회사 근처에 얼씬도 하지 말고. 나가게 된다면 꼭 성공해라. 그래야 나도 네게 술 한잔 얻어마시지 않겠나?"

그로부터 3개월 후, 나는 작은 봉투 하나에 개인 서류 몇 장을 담아, 다시는 돌아오지 않을 정문을 조용히 나섰다.

14. "충격의 비즈니스모델 특허" 저자들을 만나러 일본에 홀로 가다.

LG를 떠난 후 나는 마포에 있는 후배 사무실에 잠시 둥지를 틀었다가 여의도 KBS별관 뒤로 왔다. 강의와 컨설팅을 하는 개인 연구소였다. 5년 정도를 운영하다가 개인적인 사정(어머니 별세, 진주로 이사 등)도 있어서 또 강의/저술/컨설팅이라면 굳이 세무기장이 필요한 사업체를 갖고 있을 필요도 없어서 사업자등록증을 반납했다.

나는 LG를 그만두자마자 한국능률협회(KMA), 한국과학기술정보연구원(KISTI) 등에서 국제영문계약실무, 국제기술이전실무, 기술라이선스전략, 해외사업기획 등에 대하여 강의를 하였다. 원래 이런 것 하려고 LG를 그만둔 것이다. 필요는 한데 아무도 안 하니 당연히 인기가 엄청 좋았다. 교재를 수정하고 변경해 가면서 26년 정도를 이 분야에 강의하고 저술했다. 좋은 일 했으니 설사 지옥에 가더라도 염라대왕이 용서할 것이다.

나는 내 주제와 관련된 새로운 것에 항상 관심이 많았고, 영어와 일본어 등 외국어를 하니 해외정보에도 강했다. 지금도 마찬가지다. 외국어의 힘은 맛본 사람 외에는 잘 모른다. 당시 두 개의 주제가 나를 사로잡았는데, 하나는 "충격의 비즈니스모델 특허"였고, 다른 하나는 "PLX"(Patent License and Exchange)라는 미국 회사였다. 둘 다 특허에 관계된 것이다. 나는 LG에서 특허 관련 업무도 했다.

2001년 말경, "충격의 비즈니스모델 특허"라는 일본 책을 모 출판사에서 번역 출간했는데, 그 책 뒤편에 저자 소개와 저자 메일 주소가 있었다. 당장 메일을 써서 보냈다. 나 이렇고 이런 사람인데 당신들을 한번 만나고 싶다고. 통상 일본인은 일방적인 메일이나 전화, 방문 등에 거부감을 보인다. 답도 안 온다. 중간에 믿을 수 있는 지인의 소개나 직접 대동 방문, 공동 미팅이 필요하다.

이틀 후 메일로 답변이 왔다. 만날 필요성을 인정한 것이다. 내 소개를 보고 거부할 사람은 별로 없었을 것이다. 나와 메일을 주고받은 사람은 시바타 히데토시라는 친구였는데, 와세다 대학 정경학부 출신으로서 그 당시 히타지제작소에서 시스템 엔지니어로 근무하고 있었다(저술에는 회사 소속을 밝히지 않음). 시바타상과 함께 공저자로 이하라 토모히토라는 친구가 있었는데, 둘은 같은 고등학교 동기(동해고등학교)였다. 이하라상은 도쿄대 법대를 졸업하고 일본 최고의 공무원 조직인 경제산업성(METI)에서 근무하고 있던 수재였다.

이 두 사람은 "Business IPR"이라는 연구 모임의 공동대표를 맡고 있었는데, 매월 일정 토요일 오후(2~6시)에 모임을 개최했다. 그들은 그해 봄 (2002년 4월) 어느 토요일 미팅에 나를 초대했다. 나는 들뜬 기분으로 미팅에 갔다. 톰슨사이언티픽(Thomson Scientific)이라는 특허정보 관련 세계적인 기업의 일본 본사 회의실에서 개최되었다. 50~60명 정도가 빽빽이 들어선 비교적 큰 회의실이었는데, 좁아서 복도에도 몇 사람이 서 있었다. 회장인 시바타상이 진행되던 세션 중간에 저를 소개하라고 했다.

"한국에서 날아온 James Huh입니다. 그냥 간단히 James라고 불러 주세요."

"외모와는 달리 이름 하나는 진짜 쉽습니다. James!"

"저는 일본어를 정식으로 공부하지 않아서 제 일본어에는 기스(상처, 흠집, 틀린 표현)가 많습니다. 그래서 생각나지 않는 단어나 표현은 영어로 하더라도 용서해 주세요."(뭐야, 일본어 잘하잖아)

"저는 LG에서 특허 관련 국제비즈니스 업무를 오래 하다가 지금은

freedancer로 활동하고 있습니다. freelancer가 아니라, 마음대로 놀면서 일하는 화려한 직업입니다."(일동 웃음)

"최근에 한국에서 IPMS(Intellectual Property Management Strategy. 회장인 제가 임시로 붙인 이름. 나중에 공식화됨)라는 IP 연구모임을 결성하고 제가 회장을 맡고 있습니다."

"앞으로 일본의 귀한 Business IPR과 교류하면서 양국의 IP 발전에 기여할 수 있기를 제안합니다."

"제가 술이 상당히 쎄기 때문에, 나중에 After Meeting 시 자리 배정에 참고해 주세요."(일동 박장대소)

Business session(회비/돈 거두는 세션)을 끝으로 술자리로 이동하여 3차쯤 간 것으로 기억한다. 시바타상 등 모두 술고래들이었다. 아사마데(새벽까지 술 마시는 짓)의 달인들이었다. 이후 일본과 한국을 오가며 종종 아사마데를 즐겼다.

15. Business IPR과 SMIPS와의 오랜 교류와 한일 지식재산발전

2002년 2월에 한국 최초로 발족한 IPMS(내가 2006년 11월까지 초대 회장 맡음)와 일본의 Business IPR과의 긴 정기교류는 이렇게 시작되었다. 일본 측 회장인 시바타상과 이하라상과 나는 양 단체 교류에 관한 원칙을 먼저 합의하였다. 말이 합의이지 실은 내가 제안한 것을 그들이 그렇게 해보자고 박수 친 것이다. 물론 문서로 한 것은 아니지만, 이후 10년간 잘 지켜졌다.

IPMS와 Business IPR 교류 원칙

1. 양국의 IP 발전을 위하여 양 단체는 정기적으로 교류하고 정보를 교환한다.
2. 1년에 한 번(상반기)은 한국이 일본에, 또 한 번(하반기)은 일본이 한국에 방문한다.
3. 일본이 한국에 방문할 경우는 한국 공항 도착 이후 모든 비용은 IPMS가 부담한다 (공항 픽업, 통역, 숙박, 밥/술, 국내 이동비용 등 일체).
4. 한국이 일본 방문 시는 호텔 도착(공항이 아님) 이후 귀국 시 일본 공항 출발 시까지의 모든 비용은 일본 측이 부담한다.
5. 기타 필요한 사항은 양측 회장이 긴밀히 협의하여 정한다.

이런 합의에 따라 2004년 하반기 한국 초청을 시작으로 양측의 정기 교류는 약 10년간 한 번도 빠지지 않고 계속되었다. 그런데 이런 합의 내용은 실은 일본 측에 매우 불리한 것이었다. 그 기간 동안에는 일본의 물가가 훨씬 비싸서 일본 측 멤버들의 비용 갹출이 상당히 컸다. 한번은 한국의 15명이 일본의 치바에 초청되어 갔는데 돈이 엄청 드는 바람에 일본 측이 혼이 났다. 약 10년 정도 교류가 계속되다가 여러 가지 이유로 정기 교류가 중단되었는데 일본 측의 과다 비용 부담 문제도 그중 하나다. 그렇구나. 공평한 계약(합의)이 좋은 계약이다.

IPMS와 Business IPR 교류는 양국의 IP 인재 교류, 정보 교환 및 IP 인적 네트워크 확산에 크게 기여하였다. 나중에는 SMIPS(스미쿠라 교수의 IP 네트워크 모임)와도 교류가 확대되었다. 양국 회원들은 개인적으로 상호 방문하고 연락하면서 소속 조직의 업무를 하기도 하고, 변리사 회원들은 사업의 확대 기회로 활용하기도 하였다. 나도 이러한 교류 모임을 통하여 나의 일본 IP 인맥을 확장하고 유지, 관리하는 데 큰 도움을 받았다.

한국 IPMS는 아직도 활동 중이고(7대 김길해 회장 부임), 일본 정책대학원대학의 스미쿠라 교수가 주도하는 SMIPS는 아직도 25년 넘게 활동 중이므로 다시 한번 교류를 하면 좋겠다. SMIPS는 아직도 매월 1회 온오프라인 모임을 하고 있다.

16. 일본의 "지식재산경영전략" 한국어 번역 출간

나는 1998년경부터 일본의 지식재산 동향에 큰 관심을 가졌다. 그때 일본의 지식인들(아라이 특허청장, 바바렌세이 과학저널리스트 등)이 "잊혀진 20년"을 어떻게 극복할 것인가의 큰 담론을 개시하였다. 그들은 1980년대 엄청난 무역적자, 재정적자 등으로 "죽다가 살아난" 미국에서 답을 찾으려고 하였다. 그것은 바로 특허다.

망해가던 미국이 미국을 다시 살릴 가장 큰 무기는 무엇인가를 조사, 분석한 Young Report(HP 사장 Young 씨가 주도한 보고서)를 필두로, 바이돌법 등 특허 중시 정책(Pro-Patent Policy)이 속속 발표되었다. 미국은 세계의 인재들이 미국에 유학 와서 쏟아낸 특허의 강국이었다. 특허로 창업한 실리콘밸리가 번창하면서 특허가 주목을 받았다. 그때까지 공정거래법에 눌려 있던 특허가 미국을 살릴 구원특수로 등판하였다.

미국의 이러한 특허 중시 정책과 그 효과를 주시하던 일본의 지식인들이 "일본을 살릴 구원투수"로 특허를 들고 일어났다. 일본은 세계 최고의 연구개발과 기술을 자랑하고 있지만, 20년간 잊혀져 지내고 있지 않은가? 미국처럼 특허로 다시 나라를 살리자. 그게 바로 "지식재산입국" 전략이다. 전) 특허청장관 출신인 아라이 씨를 비롯한 지식인들이 당시 고이즈미 총리를 찾아가서 설득하여 지식재산입국 전략의 추진을 허락받았다.

아라이 전 장관 및 바바렌세이 선생 등이 주도가 되어 100여 명의 인재를 모아 기사, 투고, 교육, 강의 등을 통하여 전국에 지식재산 계몽운동을 거국적으로 전개하였다. 그 인재 중에는 와세다 대학 회계학 교수이자 공인회계사였던 와타나베 쥰스케도 포함되어 있었다. 그는 일본 최초로, 아마도 세계 최초로, 지식재산을 경영 전략의 차원에서 저술하였다. 그 책이 바로 『지식재산경영전략』이다.

당시 일본을 자주 들락거리던 나는 우연히 야에스북센터에 들렀다가 그 책이 서점에 깔리던 날 첫 고객으로서 그 책을 샀다(서점 직원의 말). 뛸 듯이 기뻤다. 한국에 돌아오자마자 쥰스케 교수와 출판사에 메일을 썼다. 번역 출간하고 싶다고. 좋다고 연락이 왔다. 이제는 번역 출간할 출판사를 구해야 한다.

이전부터 내 책을 출간하던 B사장을 찾아갔다. 당시 출판사는 IMF의 여파가 가시지 않아 출판 사정이 아주 어려웠다. 나의 제안에 차마 거절은 못하고 말만 빙빙 돌리더라. 팔리는 책을 찍어야 하겠지만, 필요한 책도 찍어야 염라대왕이 용서하지 않겠느냐고 어르고 협박(?)하여 겨우 출판 승인을 받아냈다. 여러 우여곡절 끝에 그로부터 약 10개월 후에 번역 책이 세상에 나왔다.

그 우여곡절 중에 정말 기가 찬 일이 있었다. 2002년 7월경으로 기억하는데 일본에 갈 일이 있어서 가는 김에 저자인 쥰스케 교수를 한번 만나고 싶었다. 메일을 보냈더니 좋다고 답장이 왔다. 며칠 몇 시에 도쿄역 앞야에스북센터에서 만나자고 다시 메일을 보냈다. 역시 간단히 OK가 왔다. 일본 도쿄에 가서 볼 일 보고, 그 약속 장소에 갔다. 약속 시간이 되어도 안 나타났다. 난 일본인이 약속 안 지키는 것을 본 일이 없기에 필시 무슨 일이 있을 것이라고 생각하고 그 다음 날 김포공항으로 입국했다.

버릇처럼 메일을 열어보며 그동안 체크하지 못한 것들을 봤다. 아아, 이게 뭐? 준스케 회계법인의 후배(직원) CPA라고 자기를 소개한 사람이 "준스케 교수님이 어제 심장마비로 돌아가셨다"는 단 한마디. 강의, 발표, 자문, 컨설팅 등으로 엄청 바쁘다는 이야기는 몇 번 들어서(미팅 잡는 과정에서) 알고는 있었지만... 아아 그날 다른 일정 잡지 말고 나와의 약속에만 시간을 냈더라면 그런 사고가 안 났을지도.. 과로로 인한 심장마비이니까.. 그는 당시 37세 정도로서 2살, 3살 아들 두 명과 CPA인 젊은 아내만 남기고 다시는 돌아오지 못할 하늘로 갔다. 왜 귀인은 이렇게 빨리 갈까?

17. 1년 ID 한 개에 3억짜리를 영업하러 다니다.

미국의 특허 중시 정책으로 특허가 미국에서 한창 뜰 때 PLX라는 회사가 혜성과 같이 나타났다. 특허 가치를 블랙숄즈 모델로 가치평가를 하고 이를 기초로 대금 지급을 에스크로로 보증하는 특허 가치평가 거래 시스템 및 컨설팅 업체다. 설립자는 미국 특허를 수십 건 가진 미국 병원장 출신 러시아계 의사였다. 블랙숄즈 모델은 노벨상을 수상한 숄즈 등이 만든 파생상품의 옵션 가치평가 모형이다.

지식재산입국 정책으로 일본에서 특허 관련 소프트웨어 시장 등이 뜰 것 같은 느낌이 들자 일본에 바로 진출하였다. 진출 방식은 합작 투자 방식이었다. 일본 측 파트너는 미쓰비시전기 설립 회장의 6대 손자가 자기 측근과 함께 했는데, 그 측근과 나는 아주 가까운 친구 사이였다. 그는 한때 손정의의 오른팔이었는데 실적이 안 따라서 낭인 생활을 하다가 조인한 인물이다. 와세다 법대 출신의 미국 변호사인데 법보다는 경영, 사업에 훨씬 밝았다.

그가 주도하여 미국 PLX를 가져와 일본형의 거대 시스템으로 발전, 개발시켰다. 특허 가치평가, 특허 거래, 특허 관리 등 거의 모든 기능이 탑재된 것이고 아이디(ID) 1개에 1년에 3천만 엔을 받았다. 나도 그 거대 시스템을 한국에 팔아보려고 열심히 다니면서 공부도 하고 홍보 자료를 만들어 뿌렸고 회사를 찾아 다녔다. 그런 공부(특허 가치평가, 거래 시스템 등)는 한국에서는 내가 최초였다. 거의 2년을 투자했는데 1개도 못 팔았다. 오히려 미친 놈 취급도 받았다. 한국 실정과 상황에서 1년에 ID 1개에 3억 원은 미친 짓이었다. 내가 대리점을 그만두고 난 후에 L사가 아이디를 구매하여 연장하면서 몇 년을 사용하였다. 만족도는 비교적 괜찮았다고 한다.

그 일본 합작회사(PLX.KK)에서 미국 PLX는 철수하고, 그 철수한 지분의 일부를 일본 거대 소프트웨어 회사가 인수하였다(30% 지분). 일본 합작 투자회사의 경영이 어려웠던 이유는 그 시스템이 너무 비싸고 무거워서 매출이 부진했고 미국 본사가 소프트웨어 기술료를 너무 많이(매출액의 40%) 받아갔기 때문이다. 합작투자 계약(소프트웨어 라이선스 계약이 붙은) 체결에 실패한 것이다. 그가 미국변호사였음에도 계약을 엉터리로 체결했다. 미국은 3년 만에 본전 뽑고 철수했다. 역시 미국놈들이다.

나는 많은 시간과 돈을 투자했지만 참 많이 경험하고 배우고 깨달았다.

실패한 경험이 진짜 경험이다. 특히 가치평가는 한국에서 내가 가장 먼저 해 본 사람이다. 그것으로 돈은 못 벌었어도...

18. 일본어를 일본어로 통역하는 통역을 쓰는 괴짜?

나는 일본에서 일본인 청중 앞에서 일본어로 발표나 강의를 하는 기회가 몇 번 있었다. 좁은 회의실에서 발표하고 토론하며 협상하는 일은 LG 시절 실무자로 있을 때 일상이었지만, 대중 앞에서 일본어로 말한다는 것은 여전히 부담스러웠다. 특히 나처럼 일본어를 제대로 배운 적 없이 불완전한 일본어를 구사하는 경우라면 더욱 그러했다.

어느 모임에서 한국의 IP 금융전략에 관한 강의식 발표를 하게 되었다. 참석자는 30~40명 정도였다. 발표 자체는 파워포인트를 띄워 놓고 진행하면 그리 어렵지 않았다. 진짜 문제는 질의응답 시간이었다. 익숙한 일본어 문장, 특히 한자가 많은 문장은 질문과 답변에 큰 어려움이 없었지만, 한자 표현이 없는 일본어를 속사포로 쏟아내면 이해하기 어려웠다. 제대로 알아듣지 못하면 답변도 엉뚱하게 할 가능성이 컸다.

그래서 나는 소통이 원활하고 내가 이해할 수 있는 표현을 잘 사용하는 K 교수(변리사 카미죠 유끼꼬 氏)에게 종종 통역을 부탁했다. 모든 것을 통역하는 것이 아니라, 내가 신호를 보내는 경우에만—눈빛을 주거나 윙크 또는 손짓으로— 일본인의 질문을 내가 이해할 수 있는 일본어로 바꾸어 설명해 주는 방식이었다. 엄밀히 말하자면 통역이 아니라 '표현 변경'에 가까웠다. K 교수와는 2002년 이래 아직도 자주 만난다.

앞서 말한 한국 IP 금융전략 발표 때 재미있는 일이 벌어졌다. 속사포 질문을 알아들을 수 없어서 K 교수에게 신호를 보냈다. K 교수는 같은 질문 내용을 내가 알아들을 수 있는 일본어로 바꾸어 통역해 주었다. 그 순간, 회의실에는 박장대소가 터져 나왔다. 참석사들도 아마 처음 보는 광경이었을 것이다. 나는 K 교수에게 그 웃음의 이유도 설명해 달라고 손짓했다. 그가 설명하자 청중들은 배꼽을 움켜쥐며 더 크게 웃었다. 세상에 처음 보는 것은 항상 재미있는 법이다.

나는 일본에서 발표할 때마다 두 가지를 명심하고 준비한다. 첫째는 양해를 구하는 멘트다. "여러분들은 지금부터 제 발표 내용과 함께 세 가지 언어를 배우게 될 것입니다. 일본어를 주로 사용하되, 생각이 나지 않거나 모르는 표현은 영어로 말씀드릴 것이고, 영어도 떠오르지 않으면 한국어를 사용하겠습니다. 이 얼마나 좋은 기회입니까?" 이 말에 대부분은 박장대소한다. 둘째는 정해진 시간을 약 2분 정도 초과하도록 자료를 준비하고 진도를 조절하는 것이다. 질문 시간을 최소화하기 위함이다. 그래도 질문이 있는 사람에게는 이메일로 문의하라고 안내한다. 이것이 엉터리 일본어 구사 수준인 나만의 생존 방식이다.

어떤 이들은 내게 일본어를 정식으로 완벽하게 공부하라고 조언한다. 나는 그것이 미련한 일이라고 생각한다. 차라리 그 시간에 내용을 더 깊이 공부하겠다. 어학은 결국 수단에 불과하니까.

19. 명함 50개 들고 다니는 일본에서 가장 바쁜 시바타상

일본 Business IPR 회장을 지낸 시바타(H. Shibata) 씨는 참으로 특별한 경력의 인물이다. 음악, 미술, 술, 잡기, 강의, 저술 등 거의 모든 분야에서 뛰어난 재능을 발휘한다. 그의 외모마저 전형적인 일본인과는 다소 달라 미국적인 인상을 준다. 그는 과거 일본인 MBA 협회의 사무국장을 역임했는데, 당연히 미국에서 MBA를 취득했다.

시바타 씨는 약 50개의 명함을 지니고 다닌다고 한다. 월요일 아침 식사 모임 회장 명함, 화요일 저녁 술자리 모임 회장 명함, 독서클럽 모임 회장 명함, 공동저술모임 명함까지… 그는 일요일 아침을 제외하고는 집에서 식사하는 일이 없다고 말한다. 나는 그의 "아카사카 수요일 아침 식사 모임"에 여러 차례 참석했다. 신청도, 예약도 필요 없이 그저 가기만 하면 된다. 카페에 들어가 각자 먹을 것을 구매하고(대개는 빵 한 조각에 커피 한 잔), 시바타 씨 주변 자리에 앉아 서로 인사하고 대화를 나누다가 8시 30분쯤부터 하나둘 자리를 떠나 출근한다. 매주 모임마다 참석자의 절반은 그조차 모르는 사람들이라 하고, 매번 오는 고정 멤버는 없지만 가끔씩 오는 멤버는 많다고 한다. 참석자도 외제차 딜러부터 NHK PD까지 다양하며, 여성이 약 절반 정도를 차지한다.

그는 "Open School Japan"이라는 무료 "젊은이 Entrepreneurship 프로그램"을 20년 넘게 운영해 오고 있다. 매년 3월에 약 30명을 모집하여 매주 토요일 오후, 실습과 토론, 멘토링 중심의 창업 교육을 진행한다. 회사에 다니는 보조 강사(TA, Teaching Assistant)도 10명 정도 참여한다. 8월 말에 졸업하면 9월부터 시작되는 전국 Entrepreneurship 경시대회를 석권하기도 한다. 졸업생 중에는 성공한 벤처와 스타트업도 많다.

그는 저술 활동도 활발하여 15~20권 정도의 책을 집필했다. 일본 최초로 제4차 산업혁명에 관한 책을 쓰기도 했으며, 공대생을 위한 경영전략 실습이란 책도 큰 인기를 끌었다. 그 외에도 독특한 주제의 책들이 많다. 남들이 흔히 다루는 내용이나 주제의 책은 쓰지 않는다. 돌이켜 보면,

나 역시 시바타 씨를 따라 책을 쓰다 보니 지금까지 40권 정도를 출판한 것이 아닌가 싶다. 그가 나보다 연배가 낮지만, 나는 이런 일본인 후배들에게서 많은 것을 배운다.

시바타 씨는 이전 직장인 히타치제작소에 근무할 때, 진급을 거부하고 약 20년간 평사원(시스템 엔지니어)으로만 일했다. 내가 왜 진급을 거부하느냐고 물었을 때, 그는 자신의 다양한 사회활동(명함 50개)에 지장이 생길 수 있고, 회사에 부담이 될 수 있어 진급을 원치 않는다고 답했다.

이 기이한 영혼의 소유자, 시바타 씨는 4년 전(2019년) 히타치를 퇴사했다. 퇴사 이유를 묻자 그는 살짝 미소를 지으며 "자유로운 영혼이 되고 싶다"고 말했다. 그의 SNS에는 "Second Life", "Another Life"라는 문구가 자주 등장한다. 어쩌면 나도 그의 뒤를 따를지도 모르겠다.

20. 비행기타고 왔는데 차비(車代)를 주시면 어떡해요?

나는 일본의 결혼식에 세 번이나 초대받아 참석하는 영광을 누렸다. 일본 결혼식에 참석하는 일은 많은 비용과 시간이 요구되는 쉽지 않은 일이지만, 그러한 기회가 흔치 않기에 '영광'이라는 표현을 쓰지 않을 수 없다.

결혼식 규모를 살펴보니, 양가(신랑, 신부) 모두 합하여 약 80여 명이 참석하고, 한 쌍의 결혼식이 약 3시간(식후 여흥 포함) 정도 소요되었다. 일본 결혼식의 진행 방식은 한국과 매우 달랐다. 나는 메이지 기념관에서 두 번, 그리고 시나가와 근처 사유지 공원 같은 엄청나게 고급스러운 핫포엔에서 한 번, 총 세 번의 결혼식에 참석했다. 세 곳 모두 총 3시간 정도 소요되어, 한국의 30분 간격으로 치러지는 결혼식과는 확연히 달랐다.

조오사팟이라는 이탈리아 무역기구(대사관 소속)의 IP 담당관(내가 변리사회 사무총장 시절에 알게 되어 지금까지도 연락하며 지내는 사이)이 KLM 항공사의 일본인 승무원을 만나 동경에서 결혼식을 올릴 때 나를 초청했다. 이탈리아에서 친인척 30명 정도가 왔고, 중국 광저우 무역관에 근무하던 동료 1명, 그리고 나까지 총 32명이 참석했다. 일본의 신부 측에서도 비슷한 인원을 맞춘 듯했다.

신랑이 신부보다 10살 정도 많아서, 내가 한국식으로 "당신은 도둑놈이네요"라고 농담을 건넸다. 그는 그래도 싱글벙글 웃었다. 어디서 만났냐고 물으니 시베리아에서 만났다고 했다. 동경에서 암스테르담으로 가는 KLM 비행기가 시베리아 상공을 지나갈 때, 마끼꼬(신부 이름)에게 마음이 끌려 계속 물을 시켜 자신을 기억하게 했고, 암스테르담에 도착하자 신문지를 넣은 고급 봉투를 자기 좌석에 두고 내리는 척하다가, 모든 승객이 내린 후 "봉투를 가지러 간다"며 다시 비행기로 들어갔다고 한다.

가장 늦게 나오던 마끼꼬가 "어, 아까 그 분의 봉투잖아!"라고 말하는 순간, 조(애칭)가 마끼꼬의 손을 잡으며 "나는 당신을 사랑합니다. 내가 전화할 테니 호텔 이름만 알려주세요"라고 고백했다고 한다. 그렇게 시작된 인연으로 결혼에 이르렀다.

이들 부부의 외동아들 레오와 내 외손자(현재 고1)는 같은 달에 태어났는데, 레오가 2주 정도 빨랐다. 이 가족은 현재 중동 카타르에서 살고 있다. 순환근무로 다시 서울로 오면 좋겠다는 생각이 든다. 페이스북을 통해 이들의 소식을 지켜보고 있다.

메이지 기념관에서는 두 쌍의 결혼식이 있었는데, 한 쌍은 나의 일본인 동생 야마우찌와 중국 한족 신부였다. 야마우찌군은 정말 가까운 동생 같은 사이다. 한국에 오거나 일본에 가면 반드시 만난다. 그는 중국 산동성 출신 부유한 집안의 딸(일본 유학생)에게서 중국어를 배우다가 사랑에 빠져 결혼했다. 아직 두 사람 사이에는 아이가 없다.

또 다른 한 쌍은 둘 다 내가 잘 아는 사이로, 그들이 결혼할 것이라는 예언을 내가 했던 사람들이다. 살사 동호회 멤버 15명 정도가 함께 서울에 여행을 왔을 때 내가 약간의 안내를 했었는데, 그들 중 두 사람이 유독 가까워 보여서 내가 미리 짐작했던 것이다. 후에 그들의 결혼식에 초대받아 거금 백만 원(비행기/호텔 60만 원, 축의금 3만 엔-30만 원, 시내교통비 10만 원)을 들여 참석하고 왔다.

일본의 축의금은 보통 3만, 5만, 7만, 9만 엔 등으로 하는데, 나 같은 외국인은 3만 엔을 해도 별 문제가 없다고 조언을 받았다. 다만 축의금 봉투는 3천 엔(3만 원)짜리로 준비했다. 배보다 배꼽이 더 크다는 말이 딱 맞는 상황이었다.

두 번째 커플의 신랑은 아버지만 계셨고, 신부는 어머니만 계셨는데, 신부의 어머니는 10살이나 많은 남자와 결혼한다고 반대해서 결혼식장에 오지 않으셨다. 신부가 워낙 예쁘고 재능이 뛰어나 신랑의 아버지는 연신 싱글벙글 웃으셨다. 좋은 며느리를 얻었다며 기뻐하셨다.

3시간 정도의 행사가 끝나고 줄을 서서 마지막 인사를 할 때, 신랑의 아버지가 나에게만 "車代(차대)"라고 쓰인 봉투를 건네주셨다. "저는 비행기를 타고 왔는데요"라고 말하자, 줄 서서 대기하던 사람들이 배꼽을 잡고 웃었다. 웃으면 복이 온다고 하지 않는가.

21. 하토야마총리 방에 가보니... 방송국도 있고...

하토야마 전 총리는 한국에 이미 잘 알려진 인물로, 한국을 자주 방문한다. 그는 일본 총리로서는 최초로 공학박사(미국 스탠포드대) 출신이며, 할아버지 역시 총리를 지낸 정치 명문가의 후손이다. 내가 하토야마 총리를 만날 수 있도록 소개하고 주선해 준 이는 총리보다 세 살 위인 전직 언론인 출신의 원로였다. 그는 하토야마 총리가 이사장을 맡고 있는 "아시아평화우호재단"의 이사로 활동하고 있는 분이다. 한국에도 여러 번 방문했으며, 나 역시 그를 만나기 위해 오키나와와 도쿄를 몇 차례 방문했다.

어느 날, 나는 도쿄에 있는 하토야마 전 총리의 사무실을 방문했다. 당시 내가 추진 중이던 아시아기술이전협회와 "아시아평화우호재단"과의 협력 관계를 논의하고 인사를 나누는 자리였다. 사실 "아시아평화우호재단"의 이사가 먼저 내게 재단의 한국지부를 맡아볼 생각이 없는지, 그리고 재단의 이사로도 참여해보지 않겠냐는 제안을 했었다. 나는 나대로의 계획을 "아시아평화우호재단"과 연결시키고 싶었기에 그 제안에 적극적인 의사 표시를 하지 않았다. "한번 생각해 보겠습니다" 정도로 답변을 마무리했는데, 일본식으로 해석하자면 이는 사실상 거절의 의미였다. 일본인들이 "검토해 보겠습니다"라고 하면, 그것은 이미 끝난 사안을 의미한다.

그 이사가 알려준 주소의 사무실로 찾아갔다. 거물급 정치인을 만나는 자리인 만큼 실수가 없어야 한다는 생각에 나의 통역을 도와줄 Andy 선생이 동행했다. 평소에는 통역이 필요 없지만, 이번만큼은 특별했다. 하토야마 전 총리의 사무실은 세 개 정도의 공간으로 구성되어 있었다. 주소로 찾아간 빌딩 9층에는 사무국과 자료실, 그리고 방송국이 자리 잡고 있었다. 그 이사는 우리가 도착했을 때 이미 와 있었는데, 오키나와에서 특별히 이 만남을 위해 오신 것이었다.

사무국에는 노신사 한 분과 중년의 여성, 그리고 아주 젊은 남성 1명, 총 3명이 있었다. 사무실 옆에 방송국이 있는 것으로 보아 방송 관련 인력이 있을 것으로 짐작했다. 이곳에서는 마치 촬영 스튜디오처럼 하토야마 전 총리의 뉴스 해설, 발표, 대담 등을 촬영하고 편집하여 전국 300여 매체에 배포한다고 했다. 일부 매체는 스스로 사이트에 접속해 자료를 다운로드하기도 한다고 했다. 우리의 방문 당일이 미국 대통령 선거(트럼프가 당선된 선거) 전날이라, 하토야마 전 총리가 저녁 6시경 특별 해설 방송을 진행할 예정이라고 했다.

차 한 잔을 간단히 마시고 7층에 있는 하토야마 전 총리의 방으로 안내받았다. 그곳은 조용하고 넓은 공간으로, 접견실, 개인 방, 여자 비서 책상 등으로 구성되어 있었다. 5~6명이 앉을 수 있는 접견실로 안내되었고, 곧 차 한 잔이 제공되었다. 원래 접견 시간은 10~15분 정도로 예정되어 있었으나, 대화가 이어지면서 30분 정도 진행되었다. 주로 내가 이야기를 하고, 그 다음에 하토야마 전 총리가 질문하고 답하며 의견을 교환하는 방식으로 대화가 진행되었다.

나는 아시아의 평화와 우호를 위해서는 아시아 국가 간에 기술(특허, 기술, 음악, 예술, 음식, 문화 등 넓은 의미)이 자유롭게 이전되고, 특히 쌍방향으로 개발도상국에서도 음식, 문화 등의 기술이 선진국으로 이전되어야 한다고 주장했다. 기술 이전이 확산되면 분쟁과 전쟁이 줄어들고, 아시아 국가 간 경제협력과 평화, 우호가 정착될 것이라고 강조했다. 총리는 내 주장에 동의하면서 어떻게 추진할 것인지 물었고, 내 생각을 자세히 이야기했다. 이런 대화를 나누다 보니 어느새 30분이 훌쩍 지나, 다음 일정을 위해 미팅을 마무리해야 했다. 하토야마 전 총리는 엘리베이터까지 우리를 배웅하고 직접 버튼도 눌러 주는 친절함을 보여주었다.

나와 Andy 선생, 그 이사, 그리고 하토야먀 전 총리의 수행비서는 함께 저녁 식사 자리로 이동했다. 비서는 식사를 빨리 마치고 자리를 떴는데, 하토야마 전 총리가 방송 촬영을 마치고 다른 일정이 있어 가야 한다고 했다. 비서가 떠나자 이사가 흥미로운 이야기를 들려주었다.

"아까 사무국에서 명함 받은 사무국장하고 비서의 이름(성)이 같지 않았습니까?" 살펴보니 정말 같았다. 그 비서가 사무국장의 아들이라는 것이다. 더 놀라운 사실은, 사무국장의 아버지가 홋카이도의 재벌로, 도쿄 출신인 하토야마 전 총리를 홋카이도에 출마하게 하고 재정 지원과 선거 운동 등 모든 것을 도와 연속 당선되게 했다는 것이었다. 실제로 확인해 보니 하토야마 전 총리는 홋카이도에서 연이어 당선된 기록이 있었다.

그 홋카이도 재벌 할아버지는 손자가 정치를 제대로 배우도록 하토야마 전 총리 밑에서 비서로 일하게 했다고 한다. 더욱 놀라운 것은 그 비서가 미국 웨스트포인트(미국 육군사관학교) 출신이라는 점이었다. 그래서인지 그는 날렵하고 총명하며 행동에 절도가 있어 보였다. 이것이 바로 정치인도 체계적으로 키우는 일본의 모습이었다. 20년 후, 그가 총리가 될지도 모른다.

22. 아직도 그들에게서 배운다

일본을 오가며 사귄 친구들 가운데, 아직도 내 머릿속을 떠나지 않고,

지금도 종종 만나는 사람들이 있다. 그들은 하나같이 진지하고 부지런하며, 자기 일에 깊이 몰입하는 태도를 지녔다. 쉽게 포기하지 않고 오래한 길을 가며, 결국은 묵직한 성공을 이뤄냈다.

그들과의 교류가 어느덧 20년을 넘었다. 언제 만나도 한결같이 친절하고 예의 바르며, 늘 진심으로 대한다. 그저 나에게만 그런 것일까? 나는 지금도 그들에게 배운다. 그리고 가끔은, 귀찮을 법한 부탁도 서슴지 않고 한다.

이하라 씨는 고등학교를 지방에서 졸업하고, 동경대 법대를 나와 일본 최고의 엘리트 관료 조직인 경제산업성(METI)에 입사했다. 산업·에너지·지식재산 정책 수립 등 요직을 거쳐 과장보까지 지낸 뒤, 어느 날 느닷없이 그 안정된 자리에서 벤처기업 경영자로 전향했다. 그가 이끄는 벤처기업은 동경대에서 정부 자금으로 개발한 환경기술을 사업화하는 곳이었다. 과거에 한 번 그들의 미니 샘플 공장을 방문한 적이 있다. 친환경 소재를 뽑아내는 소규모 플랜트 설비로, 대량 생산보다는 샘플 제공을 통한 기술 수출과 설비 수출(Turn-key 방식)이 목적이었다. 그 회사는 2022년 동경 증시에 상장되었고, 그는 아마 스톡옵션을 듬뿍 챙겼을 것이다. 언젠가 술 얻어먹으러 한 번 갈 생각이다.

야마우치 군은 2002년부터 알고 지냈다. 그 무렵 미국 유학을 마치고, 다국적 기업 톰슨사이언티픽에서 마케팅 매니저로 일하고 있었다. 아이디어가 많고, 일에 대한 진지한 태도를 지닌 사람이었다. 그는 이후 미국계 시장조사·컨설팅 회사의 일본 현지법인 사장으로 스카우트되었다. 프린터 시장 전문 컨설팅 회사였고, 직원은 5~6명 남짓한 소규모 조직이었다. 그는 일본, 중국, 한국, 동남아시아 지역의 프린트 시장을 조사하고 보고서를 판매하며 컨설팅을 제공해왔다. 회사의 철학이 흥미로웠다. "모든 입력(input)이 출력(output)으로 나올 때, 그 출력은 프린트다. 인간의 입(mouth)조차 일종의 프린터다."라는 말이 인상 깊었다. 그가 일본 현지 사장을 맡은 지도 어느덧 17년이 넘었고, 본사로부터 깊은 신뢰를 받고 있는 것 같다. 한국 시장조사를 할 때 내가 여러 번 도운 적도 있었다. 나는 아직도 이 '아들 같은 동생'에게서 인생을 배운다.

야마모토 씨는 내가 잊을 수 없는 지인 중 한 명이다. 그는 30대 초반의 나이에 동경대 TLO(기술이전 전담조직) 사장으로 부임한 뒤, 무려 24년간 자리를 지켰고, 2023년에 정년 퇴임했다. 내가 이끄는 한국 대학·기업 벤치마킹 팀을 그를 통해 7~8차례나 동경대 TLO로 안내받았다. 그는 동경대 출신은 아니고, 주오대 졸업생이었다. 그럼에도 불구하고 동경대의 핵심 기술이전 기관을 장장 24년간 성공적으로 이끌었다는 점에서 그의 전문성과 신뢰는 단연 돋보였다. 2024년에도 나는 00대학 산학협력단 관계자 9명을 이끌고 동경대 TLO를 찾았다. 그 때는 그가 없었지만, 그의 시절에 함께 일하던 혼다 박사(의학박사)가 우리를 반갑게 맞아주었다. 모두 야마모토 씨의 덕분이었다. 정년 퇴직 이후에도 그는 동경대 자회사 사장, 리화학연구소(리켄)의 이사로 계속 일하고 있다. 진정으로 능력 있는 사람에게는, 정년이 없는 것 같다.

23. 세계를 무대로 뛰는 쿠보타상

나보다 여섯 살쯤 젊지만 친구처럼 지내는 쿠보타 씨. 지금도 페이스북이나 이메일로 자주 연락을 주고받는다. 주로 사업 기회와 관련된 얘기다. 내가 궁금해하면 그는 부지런히 조사해 주고, 사람을 소개해 준다. 그는 전 세계에 넓은 네트워크를 갖고 있고, 업무 추진 속도가 빠르며, 무엇보다 마음이 열려 있어서 소통이 아주 편한 사람이다.

쿠보타 씨는 원래 도시바에서 반도체 특허 업무를 오랫동안 맡았다. 그러나 도시바 반도체 사업이 어려워지면서 회사를 떠나야 했고, 그 후 얼마 지나지 않아 소프트뱅크 그룹 자회사 '인텍스트라'의 COO로 자리를 옮겼다. 나는 인텍스트라의 전신인 PLX KK의 한국 총판을 맡고 있었기에 자연스럽게 쿠보타 씨를 알게 되었다. PLX는 세계 최초로 특허 가치 보증(royalty guarantee)을 기반으로 한 평가·라이선스 회사였다. 1997년, 러시아 출신의 의사(병원장이자 특허권자)가 미국에서 창업한 이 회사를 일본의 미쓰비시 창업자 6세 손자와 합작으로 PLX KK라는 일본 법인을 설립하였다. 이 회사는 특허의 가치 평가, 거래, 관리 시스템을 제공했는데, 1개 ID당 연간 사용료가 무려 3억 원이었다. 세상에 없던 시스템이라 그런지, 일본에서도 1년에 겨우 두세 개 억지로 팔릴 정도였다.

그때 나는 PLX KK의 오츠야마 사장(와세다대 출신의 미국 변호사이자 소프트뱅크증권 사장 출신)과의 인연으로 2002년 2월부터 한국 총판을 맡게 되었다. 제품을 알아야 한다기에 일본에 수차례 건너가 교육을 받았고, 그 덕에 나는 한국에서 거의 최초로 블랙숄즈 모델 기반의 특허가치평가 이론을 공부한 1세대가 되었다. 하지만 결과는… 2년 동안 단 한 건도 못 팔았다. 설명서 한 장과 ID 증서만 들어 있는 종이박스를 1년에 3억 원 주고 쓸 회사는 한국에 없었다. 결국 사업은 접었지만, 나의 소개 덕분에 L사가 그 시스템을 도입했다고 들었다. 쿠보타 씨도 인텍스트라에서 2년간 COO로 고생하다가 실적 부진으로 퇴사했다. 하지만 내가 먼저 개척해 놓은 길 덕분에 그가 L사에 한 건을 판매했고, L사는 만족스러워하며 몇 년간 연장 사용했다고 한다. 쿠보타 씨가 지금도 나를 좋아하는 이유다.

나는 PLX/인텍스트라를 통해 단 한 푼도 벌지 못했지만, 한국에서 특허 가치 평가라는 새로운 영역을 진지하게 공부했고, 무엇보다 쿠보타라는 소중한 친구를 얻었다. 그와의 인연은 지금도 이어지고 있다. 그의 소개로 나는 일본 벤처기업의 기술을 한국 ○○대기업에 이전하는 컨설팅을 맡게 되었고, 시간당 70만 원, 60시간 투자로 약 4천만 원을 벌었다. 내게도 큰 경험이었다.

코로나 시기엔 그가 알선한 중국 특허(SEP) NPE의 합작회사(J/V) 설립 건을 몇 달간 검토하기도 했다. 줌(Zoom) 대신 직접 중국과 한국을 오가며 소주 한 잔 나누는 자리가 있었다면 아마 성공했을지도 모르겠다. 지금쯤 떼돈을 벌고 있었을지도…

요즘도 쿠보타 씨는 재미있는 제안을 한다. "내 친구가 브라질에서 대규모 닭 도축장을 운영 중인데, 그 닭고기를 중국 총판에 넘기고 있어. 너도 한국-브라질 닭 중계상 한번 해보지 않겠어?"

음… 내가 아무리 이 바닥에서 살아남아 왔다 해도, 그건 좀 힘들 것 같다. 하지만 그가 그렇게 말해 줄 정도로 믿고 함께할 만한 사람이라는 사실에는 변함이 없다.

24. 일본 스타트업 육성 전략의 틀을 닦은 벤처투자의 귀신

야마구치 씨는 내가 오랫동안 친하게 지낸 일본 친구 중 한 명이다. 키도 훤칠하고 외모도 준수해서 처음엔 외국인인가 싶을 정도였다. 후쿠오카 출신으로 큐슈대학 경제학과를 졸업한 후 영국 케임브리지 대학에서 경제학 박사학위를 받았다. 영어 실력도 당연히 수준급이다. 그는 일본

정책투자은행인 DBJ(Development Bank of Japan)의 유일한 자회사인 DBJ Capital에서 오랫동안 근무했다. 그가 이끈 투자 성과는 실로 놀라울 정도였다. 투자의 귀신, VC업계의 전설이라는 별명이 괜한 게 아니었다.

2006~7년쯤, 야마구치 씨는 나에게 전화를 걸어 "한국에서 투자할 곳을 두세 군데 찾아달라"고 부탁했다. 첫 번째는 민물장어(우나기) 양식 기업이었다. 그는 "6개월 정도 자란 어린 장어가 가장 맛있고, 안정적인 대량 공급이 중요하다"며, 그런 양식장을 가진 회사가 있다면 묻지도 따지지도 않고 투자하겠다고 했다. 일본의 수요는 많은데 자국 생산이 한계에 이르렀고, 대만 공급도 부족하기 때문이었다. 두 번째는 진공 식물공장용 고성능 질소(N) 감지 센서 제조기업이었다. 당시 일본에서는 진공 식물공장이 급성장 중이었고, 가장 까다로운 센서 부품 수급에 어려움을 겪고 있었다. 나는 백방으로 뛰었지만 장어는 결국 못 찾았고, 센서는 찾았으나 일본에도 유사한 기술이 있다는 피드백을 받았다.

야마구치 씨는 DBJ Capital 재직 중 무려 세 번 쫓겨났다가 세 번 다시 복귀한 사람이다. 투자 실적은 탁월했지만, 윗사람(공무원)의 지시를 잘 안 따르고 자신의 판단대로 움직이는 성격 탓이었다. 정책금융기관이다 보니, 현직 관료 국장들과 종종 부딪혔고 어느 국장은 그를 해임했다가, 다음 국장은 다시 복귀시켰다. 이런 일이 무려 세 차례나 반복됐다. 그는 담담하게 말했지만, 나는 그게 더 놀라웠다. 확신과 신념이 강한 사람만이 가질 수 있는 스토리다.

2016년, 내가 고문으로 있던 조직에서 "아시아 지식재산 금융 컨퍼런스"를 개최하게 되었다. 나는 야마구치 씨를 일본 대표 연사로 초청했다. 당시 그는 일본 VC협회 부회장을 맡고 있었고, 싱가포르와 홍콩에서도 강연을 자주 다니던 국제 금융계의 유명 인사였다.

행사 전날까지 싱가포르에서 강연을 하고 있었지만, 그는 아침 비행기로 인천에 도착해 샤워도 못한 채 바로 호텔 행사장으로 와줬다. 나와의 인연이 없었으면 불가능했을 일이다. 지금도 그때의 의리를 고맙게 생각한다.

2015년경, 그는 고향 후쿠오카의 FFG(후쿠오카 금융그룹) 회장으로부터 전화를 받는다. "야마구치 군, 이제 고향으로 돌아와 좀 봉사를 해야 하지 않겠나?" 그리하여 그는 FFG VC 부사장으로 자리를 옮기고, 후쿠오카 지역 창업 활성화를 위한 인생 2막을 시작한다.

그가 고향에 돌아가서 처음 기획한 것은 "큐슈대학 출발 벤처 진흥회의"라는 독특한 형태의 조직이었다. 재단도 아니고, 공공기관도 아니며, 지역 대학·기업·금융·정부가 참여한 복합 민관 거버넌스였다. 큐슈지역에는 연구개발이 활발한 18개 대학이 있었고, 이들의 기술로 창업한 벤처를 키우기 위한 목적이었다. 진흥회의에는 큐슈경제협의회, 상공회의소, 금융단체, 대학, AC/VC, 지방정부, 전문서비스업 등이 모두 참여했다. 간사는 당연히 야마구치 씨.

그의 뚝심과 기획력 덕분에, 진흥회의가 출범한 지 불과 4년 만에 가시적인 성과를 내기 시작했고 문부과학성(MEXT)과 경단련에서 주목하기 시작했다. MEXT는 이 모델을 참고하여 '스타트업 육성 5개년 계획(2023~2027)'을 범부처 통합정책으로 만들어 실행 중이다. 일본형 창업국가 전략의 기초 설계를 후쿠오카에서 먼저 시도한 셈이다. 그리고 그 혁신의 배후에는 기획자 야마구치가 있었다.

25. 知日이 克日이 될 수 있어야 한다

일본은 배울 점이 많은 나라다. 나는 일본에 갈 때마다 꼭 서점에 들러 책을 사 오곤 했다. 그중에서도 가장 자주 찾았던 곳은 동경역 앞의 야에스 북센터였는데, 아쉽게도 2023년 3월 31일을 끝으로 문을 닫았다.

일본은 글을 쓰는 사람이 많고, 출판도 매우 활발하다. 출판 대국이라는 말이 결코 과장이 아니다. 한 권의 책 안에 최신 정보, 실전 경험, 다양한 지혜가 오롯이 녹아 있으며, 어떤 주제든 일본 서적 한 권이 미국이나 유럽 책 열 권을 읽은 것만큼의 요약과 통찰을 담고 있는 경우도 많다.

내가 종종 참석하던 SMIPS(Sumikura IP Seminar)는 정책대학원대학의 스미쿠라 교수가 주도하는 지식재산 연구 모임이다. 2025년 4월 26일 기준으로 250회 세미나를 개최했다. 매달 빠짐없이 열린 세미나였고, 심지어 코로나 시기에도 Zoom을 활용해 멈추지 않았다.

SMIPS는 정보 교류와 인재 양성, 네트워크 형성 등 다양한 측면에서 일본 지식재산 발전에 큰 기여를 했다. 나 역시 두 번 정도 발표자로 나선 적이 있다. 우리나라에도 IPMS(지식재산전략연구회)라는 모임이 있는데, 2002년 2월에 내가 직접 설립하고 초대 회장을 맡았다. 현재도 활동은 이어지고 있지만, SMIPS만큼의 활발함에는 미치지 못한다.

일본 사회를 이해할 때 꼭 짚고 넘어가야 할 개념이 있다. 바로 혼네(本音)와 다테마에(建前)다. 혼네는 속마음이고, 다테마에는 겉으로 드러난 표현이다. 체면과 조화를 중시하는 일본 문화에서는 자신의 진심을 겉으로 드러내지 않고, 때로는 좋아도 숨기고 싫어도 표현하지 않는다. 이로 인해

진정한 감정을 읽어내는 것이 무척 어렵다.

또 하나 주목할 문화는 '네마와시(根回し)'다. 원래는 나무를 심을 때 뿌리를 골고루 펼치며 정성껏 심는다는 뜻이지만, 사회적으로는 의사결정을 내리기 전에 관계자들의 의견을 사전에 조율하는 과정을 뜻한다.

일본식 의사결정은 Top-down이 아니라 Bottom-up에 가깝다. 이 때문에 의사결정까지 시간이 오래 걸리지만, 신중하고 정밀한 결과가 나오는 장점이 있다. 하지만 반대로 시장 기회를 놓치는 경우도 적지 않다.

일본은 '보고서'와 '매뉴얼'의 나라라고 해도 과언이 아니다. 전략이나 정책 수립을 위한 사전조사 보고서, 검토보고서, 토론자료, 계획안 등이 무수히 존재한다. 이런 문서들은 외부 전문기관이나 컨설팅 업체에 맡겨 작성되며, 그 수준 또한 매우 높다. 가격도 비싸지만, 실력 있는 업체들이 경쟁을 벌이며 정제된 보고서를 낸다.

보고서가 완성되면, 그에 따라 세부 매뉴얼이나 교육자료가 제작된다. 이들 문서의 품질도 훌륭하다. 지방 정부나 하부 기관들은 이를 각자의 실정에 맞게 변형해 자체 매뉴얼로도 발전시킨다. 나는 일본 출장을 갈 때마다 이런 문서들을 입수해 업무나 강의에 자주 활용했다.

하지만 일본의 약점도 있다. 이처럼 정교한 계획과 매뉴얼이 있음에도 실행력이 부족한 경우가 많다. 시간이 지나도 실행이 지체되거나, 실제 작동이 되지 않는 사례도 많았다.

우리는 일본의 문서와 전략을 그대로 따르기보다, 우리 실정에 맞게 한국화하여 실행하고, 성과를 만들어내는 것이 중요하다고 생각한다. 보고서나 매뉴얼의 진정한 가치는 작성 자체가 아닌 실천을 통한 목적 달성에 있다. 그런 점에서 우리는 일본에서 배워야 하되, 그들을 넘어서야 한다.

2장

·

친미(親美)에서
반미(反美)로 전향?

친미(親美)에서 반미(反美)로 전향?

1. 주한미군증원군 Korean Augmentation to the US Army(KATUSA) 시험

나는 흔히 말하는 '개투사', '슈산보이' 출신이다. 이 표현이 약간의 비꼼과 질투가 담긴 말이라는 것도 잘 알고 있다. 공부를 제법 해야 들어갈 수 있는 조직에는 예외 없이 카투사 출신들이 많다. KBS 해외특파원의 약 70%가 카투사 출신이라는 이야기도 있다. 영어 능력 때문이기도 하지만, 무엇보다 치열한 경쟁시험에서 합격해야 하는데, 시험에 강하지 않으면 들어가기 어려운 것이 현실이다.

나는 카투사 시험 초기에 합격하여 서울 용산의 미8군 본부 본부사령실에서 근무했다. 시험 성적에 따라 수천 명을 선발하고(경쟁률은 무려 10:1 이상), 다시 이들을 5개 그룹으로 나누었다. 이 역시 성적순으로 부정을 방지하기 위함이었다. 나는 그 첫 번째 그룹에 속했고, 논산 훈련소를 마친 후 다시 평택에서 미군부대 적응 훈련을 받았다. 5개 그룹 중 첫 기수였으니 성적과 학벌이 결코 평범하지 않았다.

평택 KRTC(Korean Reception & Training Center)에서 훈련을 마치면 최종

적으로 자신의 근무부대로 배속이 된다. 여기서도 역시 성적순이었다. KRTC에서는 수차례 시험을 치렀고, 영어 인터뷰도 진행되었다. 퍼스컴, 미8군 본부 사령실, 개리슨용산 등 편하고 인기 있으며 중요하고 전역 후에도 도움이 되는 부대 순서대로 배치가 이루어졌다.

우리 기수 250명 중 최고 성적을 가진 K 혼자 퍼스컴에 배치되었는데, 그곳은 한국군과 함께 근무하는 곳이라 사실상 순수 미군 부대라고 볼 수는 없었다. K는 서울대 상대 출신으로 이미 행정고등고시에 합격하고 입대한 강릉 출신의 수재였다.

나는 두 번째로 인기 있는 부대인 미8군 본부 사령실에 배치받았다. 이곳은 미8군 사령관, 주한 미군사령관, 유엔군사령관, 한미연합사사령관 등 다수의 직책을 겸임하는 미군 4성 장군의 직속부대였다. 총 11명이 이곳으로 발령을 받았는데, 그중 90% 이상이 서울대, 고려대, 연세대(SKY)의 석사 출신들이었다. 물론 나는 그렇지 않았지만... 이 부대는 외출이 자유롭게 허락되어 거의 군인이 아닌 것 같은 환경이었다.

나머지 병사들도 순차적으로 배치를 받았는데, 동두천에 위치한 미육군 보병2사단으로 가는 병사들이 가장 동정을 받았다. 가장 큰 부대라서 많은 인원이 그곳으로 갔지만, 한국군 부대 못지않게 어렵고 힘들며 위험하다는 소문이 퍼져 모두가 꺼리는 배치였다.

2. 가족(아내, 딸)두고 군대로 떠나간 29세 노병?

나는 아주 늦게 군에 갔다. 1982년 8월 군에 갈 당시 벌써 29살의 아버지였다. 임신한 아내를 친가에 맡기고 아직 무덥던 늦여름 8월에 논산

훈련소로 향했다. 부산역까지 부모님과 아내가 나와 환송해 주었는데, 부모는 그렇다 치고 아내는 아무런 말도, 표정도 없었다. 해탈의 경지였을까? 참 무심한 사람이었다. 아마도 혼자 화장실에 가서 울었을지도 모른다 (부모님 모르게).

여러 가지 생각에 눈물이 시야를 가려, 뒤돌아보지도 못했고 또 눈물을 보이면 걱정할까 싶어 앞을 향한 채 손만 뒤로 들어 작별 인사를 건넸다. 임신한 아내를 친가에 머물게 하고, 살아 돌아올지 죽어서 돌아올지 모르는 군대로 향하는 남자의 심정을 어떻게 표현할 수 있을까? 눈물이 앞을 가려 전진하기조차 어려울 지경이었다. 대전으로 향하는 열차 안에 앉아서도 흐르는 눈물을 주체할 수 없었다.

카투사가 편한 군대라고 빈정대는 이들이 많지만, 우리 동기 250명 중 3명이 군 복무 중 세상을 떠났다. 미 보병 2사단에는 다양한 보직이 존재했고, 그중에는 극도로 위험하고 고된 임무도 상당했다.

논산에서의 신병훈련은 무척 고된 시간이었다. 훈련 자체의 강도도 높았지만, 늦여름의 폭염이 상황을 더 악화시켰다. 어찌 된 일인지 훈련병 중대장이 되었다. 80명의 중대원을 통솔해야 하는 위치였다. 가장 신속하게 움직여야 하는 자리였지만, 식사를 가장 먼저 마칠 수 있어 막사에 돌아와 잠시 휴식을 취할 수 있었고 조교들로부터 미미한 배려를 받을 수 있었다는 장점도 있었다. 논산훈련소를 수료할 때, 노고를 인정받아 인생에서 가장 재수 없다는 군대에서의 표창(중대장 표창)을 받았다. 훈련소에 들어가기 전의 불룩했던 배는 쏙 들어가고 날씬해진 채로, 드디어 야간 열차에 몸을 싣고 평택 KRTC(Korean Reception & Training Center)로 향했다. 군대는 항상 깊은 밤에 이동한다. 그 이유는 짐작하면 충분히 알 수 있을 것이다.

3. 편한 군대일수록 군기가 세다.

나는 용산 미8군 본부사령실 본부중대(HHC, Headquarter and Headquarter Company)에 배속되었다. 본부사령실로 배치된 11명 중 단 2명만이 HHC에 배정받았다. 이 HHC는 중요도가 높은 부대여서 통상적인 대위가 아닌 소령이 중대장을 맡고 있었다. 나와 함께 배치된 P군(현재 변호사로 활동 중)은 서울고와 S대 영문과를 졸업한 재원이었는데, 동작은 다소 느렸으나 항상 미소를 머금은 온화한 성품의 소유자였다. 그 역시 나와 같은 나이대의 늙은 노병이었다. 다만 결혼은 하지 않은 독신이었다.

HHC에 배치받자마자 소란이 일었다. 큰 형님뻘 되는 노병들이 도착했다는 소문이 중대 전체에 급속도로 퍼졌다. 막사에 짐을 풀자마자 "집합"이 선언되었다. 이른바 신고식이란 의례였다. 신고식은 본래 새로 전입한 병사들이 기존 조직에 신고 인사를 하는 형식적 절차지만, 이곳에서는 특별한 방식으로 운영되고 있었다. 신고를 명목으로 신병들을 괴롭히는 한국군 특유의 불건전한 관행이자 폐습이었다.

미군 부대에는 원래 이러한 물리적 신고식은 존재하지 않으며, 서류상으로만 배속 전입절차(Processing)를 진행한다. 카투사는 미군과 한국군의 이중적 관리 체계 아래 있다. 기합 형식의 신고식은 전형적인 한국군 방식이었다. 군기를 잡고 질서를 유지한다는 명목이었다. 나이 든 노병들은 초기에 확실히 제압해야 어린 고참들이 자신들의 위계질서를 유지할 수 있다는 논리였다.

신고식은 그 자체보다 오히려 신고식 준비 과정이 더 고된 경험이었다. 미군 규정에는 사고 위험이 있는 이러한 신고식을 명시적으로 금지하고 있었다. 그럼에도 커튼을 내리고 카투사 전용 막사와 같은 폐쇄된 공간에서 은밀히 진행되었다. 바로 위 기수들이 자신들의 지위 보전을 위해 신병들을 괴롭혔지만, 정작 신고식에 참석한 고참들(병장, 상병)은 점잖은 척 행동했다. HHC에서는 우리 기수가 일병으로 진급하는 순간부터 이런 불건전한 신고식을 완전히 폐지했다. 그 대신 식당이나 방에 모아놓고 라면이나 과자를 대접하거나, 이태원 술집에 데려가 맥주와 함께 군 생활의 요령을 전수해 주었다.

신고식에 이어 신병을 괴롭히는 또 하나의 불량한 관행은 새벽 집합(모임)이었다. 대개 악의적인 고참들(주로 상병)이 심야에 술에 취해 돌아와, 자신보다 우수한 후배들을 시기하며 집합을 명령하고 시비를 걸었다. 깊은 잠에 빠져있다가 군복을 갖춰 입고 술에 취한 고참의 방으로 끌려가는 경험은 견디기 어려운 폐단이었다. 우리 기수가 상병으로 진급하면서 이 악습도 완전히 근절시켰다.

4. 4 Coffee 2 Milk 사건

그때 대부분의 미군들은 학력 수준이 높지 않았다. 미군은 직업군인이며 하사관 중심의 군대 구조 특성상 병사들은 대부분 중졸, 고졸 학력 소지자였다. 반면 시험을 통해 선발된 카투사들은 상당수가 대학원까지 마친 석사 학위자들이었고, 학부 졸업자들도 대부분 명문대 출신이었다. 지휘권은 갖고 있으나 학식이 부족한 미군과, 학식은 풍부하나 권한과 힘이 결여된 카투사 사이의 갈등은 끊임없이 이어졌다.

내가 배치받은 부서는 Supply Room(보급실)이었는데, 상사(E-8, Master Sergeant)가 전체 책임자였고 실질적인 지휘통솔은 하사(E-6, Staff Sergeant)

가 담당했다. 이 하사가 바로 악명 높은 인물이었다. 폴란드, 독일계 혈통으로 카투사들을 철저히 괴롭혔다. 교양은 부족했으나 군대 생활의 노하우는 상당한 수준이었다. 베트남전까지 참전했던 인물이었다(정복에 해외참전 표시 strip이 부착되어 있었다).

내가 아직 이병(Private) 신분이던 어느 겨울 12월 아침, 이 하사가 내게 "미안하지만 스낵바에 가서, '4커피 2밀크'를 좀 사다 줄 수 있겠느냐?"라고 요청했다. 내 몫 하나까지 포함해서였다. 미군들은 커피를 마실 때 블랙을 선호하는 경향이 있었다. 바로 옆 건물의 스낵바로 가서 커피 4잔과 우유 2잔을 구매해 왔다. 그들이 웃음을 터뜨렸다. 분명히 "4 coffee 2 Milk"라고 말했는데… 나중에야 깨달았지만, "4잔의 커피를 구매하되 그중 2잔은 밀크(프림)를 첨가한 것"을 가져오라는 의미였던 것이다. 오해로 인해 초과 구매된 커피와 우유는 카투사들끼리 나누어 마셨다.

교훈을 얻었지만, 이러한 심부름 지시는 미군 규정에 위배되는 행위였다. 이병이라는 낮은 계급 때문에 잘 알지 못했고, 한 잔을 얻어 마시는 조건으로 내가 자발적으로 동의한 것처럼 처리되어 문제 없이 넘어갔으나… 우리가 문법적으로 학습한 표현이 미군 부대 현장에서는 통용되지 않는 경우가 빈번했다. 우리에게 생소한 표현(문장, 단어, 어구)이 무수히 많았고, 사전에도 등재되지 않은 단어들이 일상적으로 오갔다.

5. 하필이면 왜 화장실에서 파티를 하나?

미군 생활에 적응이 안 된 이병 시절의 이야기다. 한국군과 마찬가지로 이병은 사실상 인간 취급을 받지 못한다. 그러나 거의 모든 실수에 대해 이해받는 유일한 특권을 가졌다. 군대에서 벌어지는 일들은 민간사회와 근본적으로 다르다. 군 생활을 오래 경험한 이들만이 아는 세계가 별도로 존재한다. 특히 미군부대는 한국군보다 이러한 괴리가 더욱 심했다.

어느 날 NCOIC(책임하사관, Non-commissioned Officer in Charge)가 "이번 주 금요일 오후 5시에 화장실(Latrine)에서 GI 파티를 할 테니 반드시 참석하라"고 통보했다. "이 녀석들 정말 황당하군. 식당, 휴게실 등 좋은 장소가 넘쳐나는데 하필이면 화장실에서 파티를 한다고?" 투덜거리며 향했다. 그러나 현장에 도착하자 실상이 드러났다. 화장실 대청소를 'GI Party'라고 부르는 것이었다. (*GI란 Government Issue의 약자로, 2차대전 당시 전장에서 미군들에게 지급하던 밥표/식권을 의미하며, 이후 미국 군인을 지칭하는 표현으로 자리 잡았다)

일병으로, 그리고 상병으로 진급하면서는 요령이 생겨, 각종 명분이나 출장을 핑계로 이런 '파티'에는 가급적 불참하는 방법을 터득했다. 지금도 그 화장실 파티 사건을 회상하면 미소가 떠오른다. 아마도 누구나 기피하는 고된 업무(화장실 청소)를 유쾌하게 표현함으로써 군 생활의 고단함을 조금이나마 덜어보려 누군가 고안해낸 표현일 것이다. 역경이 깊을수록 유머와 재치(Humor and Wit)가 더욱 절실해진다.

6. 가장 겁내는 "Article 15"

어느 날 사무실의 폭군이자 군기반장인 하사가 흑인 일병을 불러놓고 "OK, I will give you article 15"라고 말하자, 그 흑인 일병이 꼼짝 못하는 모습을 보았다.

"알았어, 나는 너에게 15조를 주겠다."

주면 무엇인지 모르지만 받으면 되는 것 아닌가? 돈도 아니고 선물도 아닌데 대체 무엇일까? 이병인 내가 당연히 알 수 없는 일이었다. 이런 것은 토익 만점자라도 쉽게 알 수 없는 미군 특유의 용어였다.

우리 사무실에는 고졸 출신으로 시험 대신에 논산에서 차출된 J병장이 있었다. 그 당시 병장쯤 되면 사무실에 거의 나오지 않았다. 할 일이 없고 심심해서 간간이 놀러 나오는 정도였다. 비록 병장이었지만 나보다 한참 어려 사석에서는 나에게 깍듯이 예의를 갖추었다. 고졸이라 영어 실력은 부족했지만 군대에서 쌓인 경험은 무시할 수 없었다.

"J병장님, 저 15조란 것이 무엇인가요? 저 흑인 일병이 꼼짝 못하는 것을 보니 무언가 두려운 것 같은데..."
"나도 자세히는 모르겠어요. 뭐 처벌 규정 같은데... 저게 몇 개 쌓이면 월급 깎이고 영창도 가는 것 같아요."

15조(Article 15)란 미군법 15조에 근거한 정식 군사법원을 거치지 않고 지휘관이 직접 처벌할 수 있는 비(非)사법적/소송적 처벌(Nonjudicial Punishment)을 의미한다. 주로 시말서(특정 군법 위반행위, 예컨대 명령불복종 등에 대해 그 경위와 반성을 기록하는 문서, Counselling Statement라고 함)를 축적하는데, 이 시말서가 5~6회 쌓이면 월급삭감, 계급강등 등 심각한 처벌을 중대장 등 지휘관이 직권으로 내릴 수 있었다. 직업군인(생계를 위해 군에 복무하는 군인)인 미군에게 월급삭감과 계급강등은 치명적인 처벌이었다.

나는 이후에도 저 무시무시한 "15조" 사건을 여러 차례 목격했다. 자신의 과오를 인정한 시말서가 다수 누적되면 추후 징계의 확실한 증거로 활용된다. 민간 기업에서도 징계 절차를 밟기 위해 시말서를 우선적으로 수집하는 것과 같은 원리다. 흥미롭게도 이 15조는 카투사에게는 적용되지 않았다. 근무에 관해서는 미군의 통제와 지휘를 받지만, 처벌 등 신분에 관한 사항은 한국군 소관이기 때문이었다. 이러한 사실을 모르고 미군에게 부당하게 협박(?)당하는 카투사도 간혹 있다고 전해 들었다.

7. 귀관은 무엇을 하시는 분입니까?

나는 결혼한 상태로 군대에 입대했기에 다른 병사들과는 달리 아내와 자식(딸)이 있는 친가에 자주 방문해야 했다. 더 정확히는 방문하고 싶었다. 일병 시절에 딸이 태어났는데 그 딸의 얼굴도 보고 싶었고... 주말이면 대부분의 병사들이 외출이나 외박으로 자신의 집으로 향했고, 일요일 저녁이나 월요일 이른 아침에 조용히 귀대하여 샤워 후 근무에 복귀했다.

당시 용산은 카투사에게 있어 근무 환경의 천국이나 다름없었다. 물론 일부 부대는 예외였지만... 대체로 근무시간 외에는 외출이 항상 자유로웠고 출퇴근도 가능했다. 면회도 언제든 자유롭게 할 수 있었으며, 연인을 불러 술집에 가거나 심지어 막사로 초대해 즐기는 병사들도 있었다.

나는 종종 금요일 오후 4~5시경이면 일찍 퇴근하여 용산역으로 서둘러 갔다. 용산역에서는 무료로 군용열차를 이용할 수 있었기 때문이다. 원칙적으로는 TMO에서 절차를 밟아야 했지만, 나는 관행적으로 군용열차에 직접 탑승했다. 무료인 군용열차에는 종종 의심스러운 탑승자를 대상으로 휴가증, 외출증 등을 점검하는 수송관이 순찰했다. 수송관은 대부분 중위, 중사 등이었고 드물게 병장도 있었다. 상당히 편안한 보직이었다. 카투사보다는 조금 더 수고스럽겠지만...

나는 항상 영문으로 작성된 휴가증(영어로 한 페이지 가득 빽빽하게 기재되어 있었음)을 소지했다. 카투사의 휴가증은 미군이 발급했다. 다만 카투사도 정기휴가증은 한국군 연락장교단(퍼스콤)에서 발급받았다. 나는 미군소령(중대장)이 영어로 발급한 원본의 날짜 등을 수정하여 소지하고 다니며, 한국군 수송관이 제시를 요구하면 이를 보여주었다. 영어에 능숙하지 않으면 그 내용을 이해하기 어려웠고, 체면상 추가 질문을 하지 않는 경우가 대부분이었다.

한번은 몇 차례 마주친 적이 있는 중사가 조심스럽게 다가와 물었다. 수송관들은 전국을 순회하며 근무하기 때문에 수송관이 탑승하는 열차는 자주 변경되었다. 카투사는 군복 차림으로 외출하는 경우가 거의 없었고, 나 역시 군용열차 이용 시에는 항상 사복 차림이었다.

"귀관은 무슨 임무를 수행하시기에 자주 뵙니다."
"뭐, 상당히 중요한... 임무 자체가 군사기밀이라 언급하기가 곤란하고..."
"알겠습니다. 안전한 여정 되십시오."

내 친가가 위치한 부산까지는 정말 멀었다. 무궁화호로 5시간 남짓 소요됐다. 집으로 향하는 설렘에 대전까지는 순식간에 도착한 것 같았다. 동대구까지도 비교적 수월하게 느껴졌다. 가장 길게 체감되는 구간은 동대구에서 부산까지였다. 실제로는 1시간 20분 정도 소요되었지만, 집이 가까워질수록 더욱 서둘러 귀가하고 싶은 마음 때문이었을 것이다. 당시 내가 자주 하던 말은 "대전·대구는 거꾸로 매달아 놓아도 간다"였다.

8. 미군 똥별(준장, One Star)을 직접 오게 하다

해마다 두세 차례, 개인화기(소총이나 권총)를 지급받고 소시해야 하는 '비상(Alert)' 상황이 발령된다. 평소엔 껌을 씹으며 느긋하게 지내는 듯한 미군들이지만, 일단 비상이 걸리면 눈빛부터 달라진다. 말 그대로 칼같이 움직인다.

지휘부도 체면이 있는지, 크리스마스 휴가나 미 전역 소프트볼 결승 기간에는 절대 비상을 발령하지 않는다. 저 사람들은 전쟁이 나도 소프트볼 결승엔 모이지 않을 것이다. 그만큼 소프트볼에 진심이다.

비상이 걸리면 우리 사무실은 눈코 뜰 새 없이 바빠진다. 당시 용산 기지에 근무하는 미군들 —한미연합사를 포함해 육·해·공군, 해병대까지— 모두 HHC에서 전입·전출 절차를 밟아야 했고, 비상 시에는 방독면이나 총기 등 개인장비를 수령하러 직접 우리 사무실로 찾아왔다. 별도의 절차 없이 대리 수령은 절대 불가능하다.

물론 비상이 발령되었다고 해서 실제 전투가 벌어지는 건 아니다. 부대나 임무에 따라 다르긴 하지만, 대부분의 경우는 사무실에서 대기하다가 해제되면 다시 장비를 반납하러 온다. 반납은 지급받은 순서의 역순으로 진행된다. 개인 보관함에 보관해 두었던 ID카드를 총기와 맞바꾸고, 반납 기록에 서명까지 받아야 한다. 총기처럼 민감한 장비는 본인이 직접 와야 하는 것이 원칙이다.

한번은 별 하나(준장)를 단 장군이 직접 오지 않고, 중령을 대신 보내 반납을 시도한 적이 있다. 중령은 이 핑계 저 핑계를 대며 막무가내로

우기기 시작했다. 이상하게도 막 진급한 '똥별'들이 그런 식으로 절차를 무시하려는 경우가 잦았다. 하지만 용산에는 별 셋짜리 중장도 직접 장비를 반납하러 오는 곳이다.

이럴 때 카투사인 내가 나설 필요는 없다. 사무실 책임자인 NCOIC 상사를 부르면 된다. 그는 베트남전에 참전했던 베테랑으로, 한국인 아내를 둔 덕에 카투사 사정을 잘 이해하고 있었다. 다만 술을 좀 과하게 마신 탓에 손이 약간 떨렸다. 그 상사는 조용히 중령 앞에 다가가 거수경례를 하며 말했다.

"장교님, 미 육군 규정 ○○조에 따라, 모든 개인화기는 본인이 직접 수령하고 반납하게 되어 있습니다."

당황한 중령은 머쓱하게 물러났고, 잠시 뒤 붉은 별판을 단 리무진이 사무실 앞에 멈춰 섰다. 곧이어 장군 본인이 내렸다. "미안하오." 짧게 사과한 그는 정해진 절차대로 총기를 반납하고 돌아갔다.

9. Mr. EO로 등극?

미국은 인공(人工)의 국가다. 여러 나라, 다양한 민족이 모여 형성한 혼성 국가, 혼합 사회다. 이러한 구조 속에서 인종 간 차별을 방지하는 것은 사회질서 유지의 필수 조건이다. 물론 오늘날에도 흑백 갈등이나 아시아인을 겨냥한 혐오 범죄가 여전히 발생하지만, 미국은 이를 막기 위해 여러 제도적 장치를 마련해왔다. 그러나 현실은 그리 녹록지 않다.

미군 부대 내에는 EO(Equal Opportunity) 병이라는 제도가 있다. 보통

연대급 부대(대령급 지휘관)에 한 팀씩 존재하며, 팀장은 하사관, 구성원은 병사 1~2명으로 이루어진 소규모 조직이다. 규모는 작지만, 영향력은 결코 작지 않다. EO 지침을 위반하면 계급 고하를 막론하고 조사와 처벌이 이루어진다. 진급은 물론 군 경력 전체가 영향을 받을 수 있다.

EO는 인종, 성별, 출신 지역 등에 따른 차별 없이 모든 구성원이 동등한 기회를 갖고—대우, 업무, 훈련, 진급 등 모든 면에서—공정하게 대우받도록 하기 위한 제도다. 단결된 조직으로서 군의 일체감을 유지하기 위한 기반이며, EO를 위반하는 행위는 곧 군법 위반으로 간주된다. 이 조직은 차별 사례를 상담하고, 사실관계를 조사한 뒤 판단하여, 필요한 경우 처벌과 예방, 계몽 활동까지 담당한다. 특히 상급자들이 EO를 두려워하는 이유다. EO는 누구에게나 열려 있다. 차별을 당했다고 느낀 사람은 누구든지 EO에 상담이나 신고를 요청할 수 있다.

카투사는 대체로 똑똑하고 영리하다. 특히 시험을 거쳐 입대한 고학력자들이 많다. 나도 그 부류에 속했다. 영어 실력도 쌓고, 사회 진출에 도움이 될 것이라는 판단 아래 치열한 경쟁을 뚫고 입대한 이들이다. 그러나 그중에는 미국이나 미군의 존재 자체를 곱게 보지 않는 젊은이들도 적지 않다.

나 역시 입대 전에는 미국을 '좋은 나라', '우리를 도와주는 우방', '미국 없이는 당장 망할 수 있는 나라' 정도로 받아들이는 쪽에 가까웠다. 리영희의 『전환시대의 논리』를 읽고 나름대로 왼쪽으로 기울었지만, 마음 한켠은 여전히 오른쪽이었다고 보는 것이 맞다.

용산 근무 시절 내내, 나는 미군이 카투사를 차별하는 문제에 민감하게 대응했다. 규정에 근거해 논리적으로 따졌고, 차별한 당사자의 상급자에게 문제를 제기했다. 예컨대 E-6 하사관이 부당한 대우를 하면 E-8 상사에게, 하사관 전체가 묵인하면 곧장 중대장을 찾아갔다. 그래도 해결되지 않으면 EO에 가면 된다. 실제로 EO까지 가면 일이 커진다. 그래서 EO로 향하겠다는 강한 의사 표현만으로도 문제는 쉽게 해결되곤 했다. EO 상담을 이유로 비근무(off-duty)를 신청하는 행동 하나만으로도 충분한 압력이 되었다. EO를 방조하거나 부당하게 처리하는 것 자체도 EO 위반이기 때문이다.

어느 날부터인가 사무실과 주변에서는 나를 'Mr. EO'라 부르기 시작했다. 약간 빈정대는 말투였지만, 나는 그 별명이 나쁘지 않았다. 그 말 속엔 경계심과 존중이 동시에 담겨 있었기 때문이다. 새로 부대에 배치된 미군 병사들도 나에 대해 함부로 굴지 못했다. 논리나 규정, 이론으로 맞서면—그리고 우리가 더 배우고, 더 영리하다면—미군이라도 카투사를 얕잡아볼 수 없다는 것을 그들도 알게 된다.

나는 EO 제도를 적절히 활용해 카투사의 대우를 많이 개선했다고 자부한다. 카투사가 EO를 기반으로 미군과 신뢰와 존중을 쌓아간다면, 그것이야말로 한미동맹의 기초가 되고, 튼튼한 안보의 토대가 될 것이다.

10. IG에 근무했던 걸출한(?) 인물 오 일병!

IG(Inspector General, 감찰부)는 무서운 존재다. 부정한 일을 저지른 자들에게는 그야말로 공포의 대상이다. 그런 IG 부서에 배치되어 근무하던 인물이 있었는데, 우리보다 3~4개월 먼저 군 생활을 시작한 오 일병이었다. 입대 시기가 조금 빨랐을 뿐, 실상은 대학 2학년을 마치고 입대한 둘째 동생뻘이었다. 하지만 군대에서 3~4개월 선임은 가장 애매하고 또 가장 신경 쓰이는 존재였다.

그는 국내의 모 대학에서 포르투갈어를 전공했지만, 정작 포르투갈어는 1도 모른다고 했다. 키도 작고 얼굴도 그리 잘생긴 편은 아니라며, 결국 자신은 '입 하나로' 먹고살 수밖에 없다고 판단해 대학 입학과 동시에 종로나 명동 등 외국인이 자주 출몰하는 지역에서 외국인을 상대로 말걸기 실습을 시작했다고 한다. 그렇게 '길거리 영어'를 통해 실전 감각을 키웠고, 듣고 말하는 능력은 타의 추종을 불허했다. 대학 1학년 때는 아예 영어회화책을 집필해 출간하기까지 했다. 나도 그 책을 서점에서 사서 본 기억이 있다. 설마 그 책의 저자가 이렇게 앳된 얼굴의 군인이었을 줄이야. 꼬마는 정말 대단했다.

오 일병은 미군 부대 안에서 '영어도사'로 통했다. 그러나 정작 토익 같은 시험 점수는 처참했다. 당시에 미군 부대 내에서는 토익 유사 시험을 치르곤 했는데, 그의 점수는 60~70점대. 반면 우리 동기 중에는 행정고시 수석 합격자도 있었고 외무고시를 통과한 이도 있었다. 시험에 관해서라면 신의 경지에 이른 이들이었다.

우리는 종종 오 일병을 요긴하게 써먹었다. 사무실로 불러 미군 책임자에게 소개하면서, 그가 IG 소속이라는 점을 넌지시 암시하곤 했다. 괜히 까불거나 귀찮게 굴면 감찰부에 찍힐 수 있다는 무언의 경고였다. 오 일병은 선임이긴 했지만, 우리에게는 늘 예의를 갖췄고 사석에서는 '형님'이라 부르기도 했다. 인세 수입도 제법 있어 종종 우리에게 소주 한잔씩 쏘기도 했다. 그는 군 복무 중에 영어책을 무려 세 권이나 집필한 인물이었다.

한 번은 우리 사무실(Supply Room)이 IG 검열을 받게 되었다. 비리나 부정 때문은 아니었고, 예방 차원에서 무작위로 실시되는 점검이었다. 그래도 미군들은 긴장했다. 검열 준비는 책임 하사관(NCOIC)의 지휘 아래 대부분 카투사가 맡았다. 장비 숫자 맞추고, 규정에 따라 검열관의 질문에 답변하려면 제법 머리가 좋아야 했다.

나는 그때 검열관(E-7 중사)에게 슬쩍 오 일병 이야기를 꺼냈다. 영어책을 집필한 아주 스마트한 병사라고 살짝 치켜세웠다. 그 말을 들은 중사는 웃으며 가볍게 고개를 끄덕였고, 검열은 예상보다 훨씬 수월하게 끝났다. 검열도 결국 사람이 하는 일이니, 원칙대로만 움직이는 기계보다 사람을 상대하는 편이 나을 때가 많다.

11. 흑인 병사의 피는 검은 것이 아니라, 붉었다.

나는 막사에서 흑인 병사와 함께 빙을 썼다. 우리 사무실 소속이었고, 룸메이트로 배정되었다. 대부분의 카투사들은 같은 한국인끼리 방을 쓰지만, 나는 예외였다. 물론 장단점은 있었다. 흑인이든 백인이든, 미군들은 특유의 체취가 있어 처음엔 조금 불편했지만, 근무를 마치고 돌아오면 다들 곧장 샤워를 하고 향수를 뿌리고 외출하곤 했기에, 실상 방은 거의 나 혼자 쓰는 셈이었다. 마음껏 쓸 수 있으니 오히려 쾌적했다.

내 룸메이트였던 흑인 병사는 처음에는 SPEC 4(Specialist 4, 한국군 상병급)였고, 이후 SPEC 5(병장급)로 진급한 성실하고 다정한 친구였다. 이 계급들은 지휘 계통에 있지는 않지만 전문직이라서, 전투병과의 상병(Corporal)이나 병장과는 조금 다르다. 전투병과에서 상병쯤 되면 이미 제법 위엄이 있고, 병장쯤 되면 마치 소대장처럼 행동하는 경우도 있었다. 특히 해병대의 상병이나 병장은 체격이 탄탄하고 절도가 있어, 한눈에 봐도 '훈련으로 다져진 군인'이라는 느낌이 들었다. 반면 사고는 주로 이병, 일병, 또는 Specialist 계열에서 나곤 했다.

내 룸메이트였던 그 흑인 병사는 키는 크지 않았지만(약 165cm), 부지런하고 인정 많은 사람이었다. 크리스마스나 설, 추석 같은 명절이 되면 꼭 위스키 같은 선물을 챙겨주었다. 그 시절 그 친구의 월급은 해외 근무수당 등을 포함해 월 2,500~~3,000달러에 달했는데, 당시 환율로는 한국 돈 250~~300만 원 수준이었다. 반면 나는 제대 후 LG에 입사해 18~20만 원 정도의 월급을 받았으니, 그들의 급여 수준은 상상 이상이었다. 게다가 PX에서는 모든 물건을 면세로 살 수 있으니, 소비 수준이나 생활의 질은 비교가 되지 않았다. 냉장고에는 맥주와 간식이 항상 가득했고, 그는 언제든 마음껏 꺼내 먹으라고 했다.

어느 날, 그 친구가 칼로 뭔가를 깎다가 손을 베었다. 내가 급히 응급처치를 도왔다. 그의 손끝에서 흐르는 피는 놀라울 만큼 선명하고 붉었다. 아마 검은 피부색과의 대비 때문이었을 것이다. 나는 그때까지 막연히 흑인의 피는 검붉을 것이라 생각했다. 그 순간, 그는 나와 다를 바 없는, 어쩌면 더 따뜻하고 인간적인 사람일지도 모른다는 생각이 들었다. 단지, 그들의 역사가 더 고통스럽고 불행했을 뿐.

그 친구는 Supply Specialist로 근무했는데, 운전이 잦았고 출장을 갈 때마다 나를 함께 데리고 갔다. 사무실을 벗어나고 싶어하는 건 누구나 마찬가지였다. 내부에 있으면 전입·전출 병력의 프로세싱을 담당해야 해서 정신이 없었다. 미군과 의견 다툼을 벌이기도 하고, 카투사들 간의 업무 조율도 쉽지 않았다. 물류창고가 있는 부평 등지에 한 번 다녀오면 하루 근무는 사실상 끝이었다. 출장지에서는 식사며 음료며 모두 그가 사주었다. 나보다 계급도 높았고, 배려심도 깊었다.

12. 닭똥 같은 눈물을 흘린 흑인 병사

같은 방을 쓰고 사무실에서도 함께 근무하던 흑인 병사의 어머니가 미국에서 세상을 떠나셨다. 미군도 한국군과 마찬가지로 가까운 가족이 사망하면 경조휴가가 주어진다. 그는 갑작스레 미국으로 떠나 장례식에 참석하게 되었다.

그는 카투사들 사이에서도 인기가 좋았다. 한 번은 나를 포함해 카투사 4~5명이 함께 술값이 싸고 분위기 좋다는 소문을 듣고 천호동 시장통을 찾은 적이 있었다. 그런데 어찌하다 보니 옆자리의 젊은 손님들과 시비가 붙었고, 결국 주인의 신고로 경찰이 출동했다. 평소 조용하고 온화하던 그가 갑자기 우리 카투사들을 뒤로 물리고 경찰 앞으로 나서더니, 마치 기관총을 쏘듯 영어로 강하게 말했다.

"나는 미 육군 병장이다. 이들은 내 동료들이다. 내가 책임지고 보호해야 할 사람들이다. 내가 모든 책임을 질 테니, 우리 모두 경찰서로 가자. 그리고 미군 헌병과 CID(범죄수사대)를 부르겠다."

그 말에 경찰은 당황했다. 무슨 말인지도 잘 못 알아듣고, 일이 커질까 겁이 난 듯했다. 결국 우리를 건드린 상대방만 데리고 경찰서로 가는 시늉을 했고, 우리는 그 틈을 타 택시를 타고 조용히 빠져나왔다. 말하자면 도망친 셈이었다.

그가 어머니 장례식으로 미국에 가게 되었을 때, 우리 카투사들은 조의의 뜻을 전하고 싶었다. 나는 동기 P와 상의해 부조를 제안했고, 모두가 흔쾌히 동참했다. 당시 카투사 월급은 고작 만 원 남짓으로, 대부분의 생활비는 집에서 가져다 쓰던 시절이었다. 그럼에도 열 명 정도가 정성을 모아 20만 원 정도를 마련했고, 그 돈을 달러로 바꿔 봉투에 넣어 전달했다. 카투사들에겐 결코 적은 금액이 아니었다. 미군들은 보통 조화 한 송이나 짤막한 위로의 말로 애도를 전할 뿐이었다. 나는 봉투를 건네며 말했다.

"얼마나 마음이 아프겠나. 금액은 크지 않지만, 우리 카투사들의 진심이 담긴 정성이네. 한국에서는 이런 식으로 마음을 전하네. 부디 잘 다녀오시게."

그 순간, 그는 말없이 봉투를 받아 들더니, 갑자기 커다란 눈망울에서 닭똥 같은 눈물을 뚝뚝 흘렸다. 말없이 울던 그의 모습에 사무실은 숙연해졌고, 미군들 사이에선 박수가 터져 나왔다. 그날 이후, 서로 티격태격하던 미군과 카투사들은 이전보다 서로를 더 깊이 이해하고 존중하게 되었다. 이 이야기는 입소문을 타고 다른 사무실과 중대로까지 퍼져나갔다.

13. 의가사 제대를 거부하다

당시 미8군 본부 사령실에는 한국군 연락장교로 S 중사가 파견 근무 중이었다. 일반적으로 중사 계급이 그곳에 배치되는 일은 드물었지만, 뭔가 특별한 배경이나 능력이 있었던 모양이다. S 중사는 나와 동갑내기였고, 아직 장가를 가지 않은 젊은 하사관이었다. 그가 나를 알게 된 계기는 우연한 만남에서였다. 내가 근무하던 부대에 가족—아내와 딸—이 면회를 온 날, 식당에서 마주쳤고, 그 일로 내 개인사에 대해 어느 정도 알게 되었다. 무엇보다도 나는 결혼에 자식까지 둔, 부대 내에서 유일무이한 병사였기에 대부분의 간부들이 내 존재를 익히 알고 있었다.

어느 날, 내가 상병으로 복무하던 시절, S 중사와의 정기 면담 중 그는 의가사제대 제도를 설명하며 조심스럽게 권유의 말을 건넸다. 의가사제대란 가족 부양 등 개인적인 사정으로 군 복무를 조기 종료할 수 있는 제도다. 일정한 요건이 충족되면 허용된다.

당시 나는 이미 딸이 있었고, 아내가 둘째 아이를 임신 중이었다. 중사에 따르면, 법률상 임신 6개월이 지나면 태아도 가족 수에 포함되기 때문에, 아내의 부양가족 수가 1명을 넘게 되어 제대 요건이 충족된다고 했다. 즉, 나 역시 정식으로 신청하면 군 복무를 조기 종료할 수 있는 대상이었다. 하지만 나는 그 자리에서 단호하게 말했다.

"좋은 말씀 감사합니다. 하지만 저는 그렇게 하고 싶지 않습니다. 제도적으로 가능하더라도, 저는 의가사제대로 제대를 할 생각이 없습니다."

이미 병장 진급을 앞두고 있었고, 병장이 되면 큰 탈 없이 무사히 군 생활을 마칠 수 있다는 판단도 있었지만, 무엇보다 나는 병사로서 끝까지 책임을 다하고 싶었다. '병의 장군'이라 불리는 병장으로 퇴역해야, 내 나름의 인간적 자존심과 책임이 완성된다고 생각했다.

다행히 나는 2개월 앞당겨 모범사병 진급(Accelerated Promotion)을 받았고, 병사라면 누구나 꿈꾸는 병장(Sergeant)의 계급장을 달 수 있었다. 병장이 되면, 미군들도 함부로 대하지 않는다. 게다가 나는 Mr. EO(Equal

Opportunity Staff)로서 인사행정 관련 권한까지 갖고 있었기에, 나를 함부로 대할 수 있는 사람은 더더욱 없었다.

14. 보안사의 유혹을 뿌리치다

내가 근무하던 사무실 바로 옆에는 한미연합사령부가 자리하고 있었다. 연합사 소속의 모든 미군과 외국군은 우리 사무실을 거쳐 전입 및 전출 처리를 받아야 했지만, 한국군 파견 장교들은 한국군 자체적으로 인사 처리를 하기 때문에, 우리와는 별다른 관계가 없었다.

그런데도 한미연합사에 파견왔다는 육군 중령 한 사람이 종종 우리 사무실에 들르곤 했다. 사무실로 와서 커피 한 잔을 청하거나, 때로는 이것저것 미군 보급품을 요청했다. 콘돔, 모기약, 무좀약, 심지어 야구 배트까지 요구한 적도 있었다. 당시 미군 보급품은 품질이 워낙 뛰어나기로 유명했고, 입소문을 타고 은근히 '구걸 리스트'로까지 취급될 만큼 인기가 있었다.

장교 체면 때문인지 그는 항상 미군이 없는 점심시간에 사복 차림으로 슬쩍 들렀다. 그러나 가끔은 중령 계급장이 달린 정복을 입고 오기도 했는데, 계급은 분명했지만 소속은 애매모호했다.

그러던 어느 날, 그 중령이 나를 한국군 스낵바로 초대해 라면에 소주한 잔을 사주었다. 나는 그때까지도 그의 정확한 소속이나 역할에 대해 별다른 관심을 갖지 않았지만, 그 자리에서 그는 스스로를 '보안사에서 파견된 중령'이라고 밝혔다. 그리고 느닷없이 묘한 제안을 건넸다.

"허 상병, 보안준위 달고 한미연합사로 올 생각 없나? 내가 추진하면 바로 될 거야. 영어 잘하지, 미군 시스템 잘 알지… 자네 같은 부하가 꼭 필요하네."

그 말에 나는 순간 당황스러웠다. 하지만 곧바로 정중히 사양했다.

"고맙지만, 제 사정상 어렵습니다. 특히 제 형님이 가장 강하게 반대하실 겁니다."

그는 집요하게 설득하지는 않았다. 다만 언뜻 보아도 그 제안이 완전히 허황된 이야기는 아닌 듯 보였다. 진짜로 그런 경로가 존재하는 것인지, 아니면 나를 시험한 것인지 지금도 확신할 수 없다.

제대한 후에도, 그리고 지금까지도 가끔 그 제안이 떠오르곤 한다.

"왜 나였을까?"
"그게 정말 가능했던 것일까?"
"만약 그때 '예'라고 했더라면 내 인생은 어떻게 달라졌을까?"

숲 속에 두 갈래 길이 나타났고, 나는 그 중 하나를 택해 지금 이 자리에 와 있다. 그러나 때때로, 내가 고르지 않은 그 다른 길, B의 길을 생각하지 않을 수 없다.

15. 김치 GI는 한국인이 아니다

GI는 Government Issue(2차대전 때 미국 정부가 군인에게만 발행하던 식권, 밥표)의 약자로, 미국 군인(병사)을 의미한다. 김치 GI는 김치를 먹던 한국계 미군을 일컫는, 다소 부정적인 표현이다. 하지만 어쨌든 그렇게 통용된다. 그런데 왜 한국계 미국인(정확히 말하자면, 한국계 영주권자)들은 그 힘들다는 군대에 자원해서 들어갈까? 한국군 입영은 미꾸라지처럼 피해 다니면서 말이다.

미국 군대는 직업이다. 군대가 곧 직장이다. 회사는 파산하면 실직하지만, 군대는 파산하지 않는다. 월급도 꼬박꼬박 나오고, PX 등 복지 혜택도 많다. 그리고 Specialist 계급으로 입대하면 전투병과가 아니기 때문에 덜 위험한, 비교적 안전한 직장이다. 한국계가 미군에 들어오는 또 하나의 중요한 이유는 미국 시민권(US Citizen)을 얻기 위해서다. 영주권자가 시민권을 따는 일은 쉽지 않다. 의사, 과학자, 저명한 교수, 예술가, 발명가처럼 미국이 필요로 하는 인재라면 조금 수월하지만, 그 외 일반인은 그림의 떡이다.

영주권자와 시민권자는 하늘과 땅 차이다. 영주권자는 한국인이고, 시민권자는 미국인이기 때문에 미국 내에서도, 한국에서도 차별이 심하다. 시민권자가 한국에 와서 사고를 치면, 한국 경찰이 미국 대사관의 동의 없이 체포하거나 구금하는 것이 불가능하다. 왜냐하면 그 사람은 미국인이기 때문이다. 다만 피만 한국 피일 뿐이다. 그래서 그런 사람들 중에는 자신을 한국인이라 소개하지 않는 이들도 많다.

영주권자 한국인이 미군에 입대해 사고만 치지 않고 병장까지 무사히 복무를 마치면 시민권을 따는 데 매우 유리하다. 거의 대부분 시민권을 얻는다. 병장까지 가는 데는 대략 5~6년이 걸리지만, 사람마다 다르다. 군대에서는 월급도 안정적으로 나오고, 근무 배치만 잘 받으면 병장까지 비교적 편하게 갈 수 있다.

그들이 가장 선호하는 근무지는 한국, 그중에서도 서울, 특히 용산 미8군 본부다. 그곳에 배치되면 출퇴근이 가능하고, 대부분 자기 집이나 부모집에서 생활할 수 있기 때문이다. 그리고 그들 부모나 형제들은 대체로 금수저들이다. 머리는 없는 부자들이 대부분이다.

우리 부대, 내 사무실에도 그런 김치 GI가 2~3명 있었다. 대부분 나이가 40세가 넘었는데도 군대에 들어왔고, 대부분 고졸이라 영어 실력이 형편 없었다. 눈치와 경험으로 영어를 알아듣기는 하지만, 표현은 그저 단어 나열 수준이었다. 영어로 고급 문장, 예를 들어 모범사병 진급 추천서 같은 문서를 쓰는 건 거의 불가능했고, 심지어 간단한 보고서조차 영어로 제대로 못 썼다.

그들은 진급을 위해 미군 하사관에게 한국식 접대를 할 때는 '한국 사람'이고, 카투사를 이용하고 활용할 때는 '미국 사람'이다. 카투사에게 보고서 작성이나 행정 업무 도움을 청하고자 할 때는 항상 며칠 전에 밥과 술을 산다. 항상 돈은 많기 때문이다.

16. 카투사 동기들과 나누는 추억 한 조각

돌이켜보면, 나는 우리 기수 중에서도 입대가 꽤 빠른 편에 속했다. 5개 사이클로 나뉘어 약 두 달 간격으로 입대와 배치가 이루어졌는데, 그 첫 번째 물결에 몸을 실었던 것이다. 그렇게 전국 각지의 미군기지에 흩어진 동기들은 약 250명. 그중 가장 많은 이들이 동두천 미 보병 2사단으로 향했고, 그 다음이 대구 19지원사령부였다.

주로 용산에서 군 생활을 했던 동기들을 중심으로, 우리는 가끔 소주잔을 기울이며 지난날의 무용담을 안주 삼곤 한다. 총 11명의 멤버 중 연락과 모임 관리를 도맡는 것은 나의 몫이다. 남들보다 조금 더 시간이 넉넉하고, 부지런한 덕분일 테다. 놀라운 것은 그 11명 면면인데, 대학교수, 변호사, KBS 간부는 물론이고 장관 한 명, 차관급 두 명, 차관보급 두 명 등 사회 각 분야에서 쟁쟁한 활약을 펼치는 이들이 속해 있다.

우리가 만나면 으레 아내, 군 미필자들이 질색하는 군대 이야기가 주를 이룬다. 하지만 우리에게는 아무리 들어도 흥미진진하고, 배꼽을 잡는 추억의 향연이다. 도대체 누가 군대 이야기를 싫어하는 걸까? 그들에게 감히 묻고 싶다. 소주라도 한잔 사주며 진솔한 이야기를 나눠본 적 있느냐고.

나는 간사로서 모임을 주선할 때, 그날 술값이나 밥값을 낼 사람을 항상 두 명 이상 미리 정해두었다. "오늘은 누가 쏘시게?" 하고 너스레를 떨며, 혹시나 당번이 불참하거나 사정이 생길 경우를 대비해 다른 동기에게 미리 귀띔해두는 것이다. "오늘은 ○○○가 계산하기로 했는데, 혹시 못 오거나 일이 생기면 자네가 카드를 긁어주게나." 나의 부탁에 'No'라고 답하는 이는 단 한 번도 없었다. 심지어 계산 당번이 아닌 친구가 화장실에 가는 척하며 슬쩍 계산을 해버리는 멋진 장면을 연출하기도 하고, 고위직 동기의 수행비서가 알아서 계산하는 경우도 많았다. 덕분에 나는 단 한 번도 내 돈으로 계산한 적이 없다.

우리가 주로 찾는 곳은 우리끼리 오붓하게 앉아 시끌벅적하게 떠들 수 있는 독립된 공간이었다. 조금 가격이 있는 곳이었지만, 밥과 함께 소주 한 병씩 기울이는 정도라 10명(항상 한 명 정도는 개인 사정으로 빠진다)이 모이면 50~60만 원 정도 나왔다. 코로나 때문에 오랫동안 만나지 못했는데, 조만간 한번 소집해야겠다. 그 시절의 웃음과 활력을 다시 한번 느껴 보고 싶다.

17. 130대 1의 벽을 넘어서

11명의 동기 중에는 S 장관이라는 특별한 존재가 있었다. 최종 학력이 학사임에도 불구하고 장관 자리에 오른 입지전적인 인물이었다. 대다수의 공무원들이 국비 유학을 통해 석사 학위 이상을 소지하고, 박사 학위 소지자도 흔한 세상에서 그의 S대 경제학과 학사 졸업은 더욱 도드라졌다. 놀랍게도 그는 행정고시 수석 합격자였다.

그의 장관 인사청문회 당시, 국회에서 야당 의원들이 꽤나 당황했다는 후문이다. (당시 국회 사무차장 출신인 또 다른 동기가 술자리에서 귀띔해준 이야기다.) 통상 장관 청문회는 병역 문제, 부동산 투기, 위장전입, 자녀 취업 청탁, 이권 개입 등의 의혹들이 단골 메뉴처럼 등장하기 마련인데, S 장관에게는 그 어떤 흠결도 찾을 수 없었으니 야당 의원들로서는 맥이 빠질 수밖에. 청문회는 으레 '까발리는' 재미로 하는 것인데 말이다.

겨우겨우 찾아낸 것이 두 가지 정도였다고 한다. 하나는 모 재계 인사들의 조찬 모임에서 정부 정책 강연을 하고 받은 150만 원의 강연료였는데, 이마저도 수행비서관이 S 장관의 계좌번호를 알려주어 원천징수 후 입금된 것이라 S 장관은 전혀 알지 못했던 일이었다고 한다. 어쨌든 그는 죄송하다고 사과하고 다음 날 바로 사회에 환원했다고 한다. (어딘가에 기부한 모양이다.) 또 다른 하나는 왜 법무담당관실 예산을 전용했느냐는 의혹이었다고 한다. 이 역시 S 장관은 전혀 모르는 일이었다고 한다. 다만 소관 부서의 각 과나 팀 등에서 일부 예산을 조금씩 융통해 사용하는 관행이 가끔 있다는 이야기는 들었던 터라, "부하들이 한 일이라서 잘 모릅니다." 라고 둘러대려다, "에잇, 치사하게 부하 핑계 대지 말고 내가 책임지고 말자"라고 마음먹으며, "죄송합니다. 다시는 그런 일이 없도록 하겠습니다."라고 답변했다고 한다. 그렇게 청문회는 마무리되고, 청문보고서가 채택되었다.

S 장관이 마침내 취임했다. 그의 오랜 노력이 결실을 맺는 순간, 우리 동기들이 가만히 있을 수 없었다. 축하 난이라도 하나 보내기로 뜻을 모았다. 마침 내가 과거 사무총장으로 재직했던 조직에 내가 천거한 사무국장이 근무하고 있었다. 30만 원 상당의 고급 난을 20만 원에 맞춰 거래하는 농원에 부탁해도 되겠느냐고 물으니 흔쾌히 '그렇게 하겠다'고 했다.

문제는 난의 종류나 가격이 아니었다. S 장관의 집무실에 그 난이 놓여야 비로소 동기들의 마음이 전달될 텐데, 난 리본에 도대체 어떤 문구를 써야 그 치열한 경쟁을 뚫고 장관 자리에 오른 그의 업적을 제대로 축하할 수 있을까? 흔한 "축 취임"이나 "영전을 축하드립니다" 따위의 문구는 100만 원짜리, 1000만 원짜리 난을 보낸다 해도 장관실에 들어갈 난을 고르는 비서(직원)의 마음을 움직이지 못할 것이 분명했다.

나는 밤새 고민에 빠졌다. 그리고 마침내 번뜩이는 아이디어가 떠올랐다. 리본에 이렇게 쓰기로 한 것이다. "앗싸 ○○○!, 역쉬 ○○○! 미8군 동기 일동". 일부러 격식 없는 반말을 사용했다.

장관이란 1분 1초를 쪼개 쓸 정도로 바쁜 사람이다. 특히 갓 취임한 터라 얼마나 정신없을까. 열흘쯤 지났을까, S 장관에게서 문자가 왔다. ○○○날 저녁 ○○○에서 동기들과 식사를 함께하고 싶다는 내용이었다.

그날, 11명 동기 모두가 한자리에 모였다. 역시나 P 변호사에게 "오늘은 자네가 스폰서 해줘야겠네." 하고 농담을 건네니, 흔쾌히 "알았네." 하고 답한다.

"야아, 역시 우리 허 프로! 비서관이 내 방에 여섯 개의 난을 들여놨는데... 130대 1의 경쟁을 뚫고 들어온 거야. 정말 대단한 발상이야. 고맙네!"

그날 S 장관의 집무실에는 800개가 넘는 축하 난이 배달되었다고 한다. 그중에 우리의 난이 그의 책상 위에 놓여 있었다! 그날 우리는 장관 친구의 체면에 누가 되지 않도록, 점잖게 그리고 푸근하게 취하도록 술잔을 기울였다. P 변호사가 계산을 하려는데, 이미 장관 수행비서관이 먼저 계산을 마친 후였다. 우리는 S 장관의 취임 턱을 거하게 얻어먹은 셈이다. 이후로도 그는 종종 그런 식으로 동기들에게 식사를 대접하곤 했다. 물론, 우리는 항상 계산할 준비를 하고 있었지만 말이다.

18. 죽을 때까지 따라다니려나? KATUSA 인연

남자들이 모이면 가장 많이 하는 이야기가 군대 이야기라고 하는데, 나 역시 예외가 아니다. 최전방 수색대 같은 부대에서 고생한 경험이나 해외파병과 같은 유별난 경험은 아니지만, 나이가 아주 들어서(만 28세 입대) 입대했고 더구나 결혼을 한 두 식구(배우자, 딸)의 가장으로서 군대 생활을 했고, 가장 편하고(?) 배치받기 가장 어려운 서울 한복판(용산)의 미8군 본부사령실에서 근무했기에 할 이야기도 많은 것이다.

사회생활을 하면서, KATUSA 출신의 선후배를 많이 만나게 되고(나의 경우는 주로 후배들) KATUSA 출신이라고 하면 갑자기 친근해지고 안 될 일도 되고 서로 도움도 주고받게 된다. 다른 군부대 출신도 마찬가지일 것이다. 해병대 동우회는 유명하지 않은가? 특히 고생을 많이 하거나 특이한 업무에 종사한 경우는 더욱 그럴 것이다. 이스라엘의 경우는 대학교와 같은 학벌, 학연보다는 출신 군부대를 중심으로 사회생활이 연결되고 네트워크가 형성, 유지된다고 한다. "당신 어느 대학 출신이냐?"가 아니라 "당신 어느 부대 출신인가?"가 더 중요하고 인맥 편입의 기준이 된다고 한다. 이스라엘 8200부대 출신들은 창업할 때 멤버나 직원을 같은 8200부대 출신 중에서 선택한다고 한다. 이 부대 출신들의 창업기업이 현재 1,000개가 넘고 그 중에서 세계적인 기업이 된 사례도 많다고 한다.

KATUSA(Korean Augmentation To United States Army, 주한미군증원군)제도는 한국전쟁(6·25동란) 중에 한국에 파견된 미육군을 통역, 군수 등의 여러 방면에서 지원, 협력하기 위하여 편성된 부대인데, 아직도 그 제도가 유지되고 있다. 미군과 같이 근무하려면 영어가 가능하여야 하니 아마도 처음에는 영어가 되는 사람을 중심으로 차출했을 것이다. 그러다가 KATUSA가 안전하고 편하고 영어를 마스터하여 제대하면 여러 가지로 유리하고 심지어 큰 돈까지 벌어서 제대할 수도 있다(?)는 소문에 논산 훈련소에서 고위층(장관, 국회의원, 군장성, 경찰청장 등 권력자) 자제를 중심으로 앞뒤 병사를 차출하여 KATUSA로 근무하고 병역을 필하게 하였다. 이것이 불공평, 부정 등의 문제가 되자 1980년대 초반부터 시험을 쳐서 합격한 장정을 육군 훈련소에서 기본 훈련을 수료한 뒤 평택 미군기지 KRTC(Korean Reception and Training Center)에서 미육군 기본 교육을 마친 뒤 전국의 각 미군기지에 배치하여 미육군과 같이 근무하게 하는 제도로 바뀌어 아직도 계속되는 모양이다.

우리 기수들은 이런 KATUSA 시험의 선두기로서 그 중에서도 가장 먼저 입소하여 훈련을 마치고 미 육군에 배속된 소위 시험의 달인(?)들이 었는데 대부분이 석사로서 출신 대학도 SKY출신이 중심. 그 중에서도 용산 미육군 본부사령실에 온 내 동기들은 시험 합격자 0000명 중에서 0.5% 이내에 드는 시험 선수들만이 왔다. 그만큼 자존심도 강하고 똑똑한 병사들이었지만 미군과의 갈등, 앞기수와의 분쟁 및 갈등, 극도의 개인주의로 인한 군기 문란 문제 등 많은 문제를 일으켰다. 그러나 제대 후 사회에서 만났을 때는 기수, 지역, 근무부대 등을 떠나서 "매우 쎈 경쟁(시험)에서 이긴 자들만의 자존심 같은 우쭐함" 때문인지 모르겠으나 쉽게 친하고 상부상조하는 힘이 강했다.

19. 불편한 동거? 대등으로 극복해야지 도우러 온 것이 아니다.

주한미군의 존재를 어떻게 보느냐는 물음에 대하여는 대답하는 사람 수 만큼이나 많은 생각이 있을 수 있다고 본다. 미군이 한국을 도우러 주둔하는 것이냐? 아니면 미국 자체의 국익을 지키려고 한국에 주둔하는 것인가? 둘 다 모두에 해당하는 것인가? 친미 성향의 사람들은 전자에 동의할 것이고 반미 성향 또는 현실주의 정치에 대하여 생각이 깊은 사람은 후자이거나 모두에 해당한다고 중도론을 펼 것이다.

나는 어찌하다보니 철두철미한 현실주의 정치론자에 속한다. 정치는 도덕, 윤리, 자비, 사랑, 은혜, 도움 등과 같은 이상을 기반으로 하는 것이 아니라 총과 칼로 권력을 장악하고 지배하는 권력 그 자체가 정치라고 생각하는 사람이다. 국제정치는 더욱 그렇다고 생각한다. 국가 간의 권력(Power)장악 및 유지를 둘러싼 파워 게임이 국제정치이다. 국제정치는 자국의 국가이익을 지키기 위한 권력 장악 및 유지를 위한 전쟁의 연속이다.

미국은 자국의 국가이익을 지키기 위하여 한국에 주둔하는 것이다.

　미국이 한반도에서 가지는 미국의 국가이익은 무엇일까? 미국의 국가이익이란 미국의 한국에서의 존재 목적 및 이에 관계되는 모든 이익을 말할 것이다. 미국의 한국에서의 존재 목적은 경제, 군사, 정치, 문화 등의 측면에서 미국이 원하는(목표로 하는) 것을 지키는 것이다. 미국이 한국에서 갖는 경제적 이익도 지켜야 하고 중국이나 러시아가 한국을 점령, 지배하면 미국의 안보에 큰 위협이 된다. 미국이 자국의 목적인 세계 지배의 권력을 세계에 걸쳐서 계속 유지하려면 중국과 러시아와 북한과 최전선에서 인접한 한국에서 미국의 영향력과 권력을 계속 유지해야 미국의 세계적 이익과 목적을 지킬 수 있다.

　미국은 한국이 불쌍하고 측은하여 인류애 차원에서 도와주러 온 존재, 주둔하는 것이 아니다. 미국은 한국에서 반드시 지켜야 할 미국의 국가이익이 한국에 있는 것이다. 물론 한국도 미국이 한국에 주둔함으로써 지키거나 보존할 한국의 국가이익도 있다. 그런 측면에서 미군 주둔 비용의 상당 부분을 부담하고 KATUSA와 같은 제도도 계속하여 운영하고 있는 것이다. 한국이나 미국이나 "미국이 한국을 도우러 왔다. 한국은 미국이 없으면 망한다. 미군이 철수하지 않으려면 미국이 요구하는 대로 해야 한다"라는 생각은 버려야 한다. 미국은 미국의 국가이익을 지키기 위하여 한국에 주둔하고 한국도 미국이 한국에 주둔함으로써 한국의 국가안보에 기여함이 있으니 상호 협력한다는 생각이 필요하다. 상호의 국가이익을 지키기 위하여 상호 협력한다는 자세가 필요하고 이것이 한미 외교정책 및 군사정책에 반영되어야 한다고 생각한다.

3장
·

흑자 전환의 명수 밑에서
경영을 배우다

3장

흑자 전환의 명수 밑에서 경영을 배우다

1. 패기 넘치던 신입사원, 인사부장에게 맞서다

서른이라는 다소 늦은 나이에, 나는 마침내 럭키금성그룹(훗날의 LG그룹) 공채에 합격하며 사회생활의 첫발을 내딛게 되었다. 카투사 복무를 마치고 가족의 생계를 책임져야 했던 나는, 조속한 취업이 절실했다. 절박한 심정으로 총 여덟 곳에 지원했고, 놀랍게도 일곱 곳으로부터 합격 통지서를 받았다. 심지어 모두가 두려워하는 모 기관의 최종 합격 통지서까지 손에 쥐었으니, 당시 나의 간절함이 얼마나 컸는지 짐작할 수 있으리라.

유일한 고배는 MBC 편성PD 공채였다. 지방대학 출신의 순박한 청년이었던 나는, 필기시험에서는 좋은 성적을 거두었지만, 면접의 벽을 넘지 못했다. 주변에서는 촌에서 올라온 지방대생이라 차별을 받은 것 같다는 안타까운 이야기가 흘러나왔다. 하지만 일곱 곳의 합격은 그러한 아쉬움을 덮고도 남을 만큼 값진 결과였다. 나는 새로운 희망을 품고 럭키금성그룹으로 향했다.

마침내 일곱 곳의 합격 통지서 중 나의 최종 선택은 LG였다. 그룹 공채

98

였기에, 우리는 먼저 그룹 전체 신입사원들과 함께하는 연수를 받았다. 이후 배치 결과가 발표되었는데, 희망하는 회사로 배치된 사람은 드물었던 탓인지, 대부분 '뺑뺑이'로 결정되었다고 짐작했다. 그렇게 나는 금성전선(주)(현재의 LS그룹, 이하 "LS")에 배치받았다. 1,500명에 달하는 그룹 공채 동기들과 두 달여의 그룹 공통 연수를 마치고, 내가 속하게 된 곳은 바로 그 당시의 금성전선이었다.

LS로 함께 배치받은 동기는 150명 남짓이었다. 그중 내가 가장 나이가 많았다. 대부분 서너 살 어린 동생들과 함께, 우리는 또다시 LS 자체 교육을 두 달 정도 받아야 했다. 서울 본사(남대문 근처), 안양 공장, 군포 공장, 그리고 멀리 구미 공장까지 오가며 지루한 교육이 이어졌다. 매일 저녁 동기들과 술잔을 기울이며 힘든 시간을 달랬다. 그래도 어린 동기들은 나를 '형님'이라 부르며 깍듯이 대해주었다.

기나긴 자사 연수를 마치고, 드디어 부서 배치 날이 밝았다. 나는 미8군에서 카투사로 복무하며 군수물자관리(Logistics) 업무를 담당했었고, 그룹 공채 연수 시절 얼떨결에 얻은 토익 점수가 760점(1984년 당시로서는 상당히 높은 점수였다)이나 되었기에, 당연히 모두가 선망하던 수입 부서를 희망했다. 수입 부서는 당시 인기였던 오퍼상을 염두에 두고 경력을 쌓기에 좋기 때문이다.

그러나 회사는 나를 대정부로비 부서(각 그룹마다 명칭은 다르지만, 특수한 업무를 수행하는 별동 부서였다)로 발령했고, 나는 강력하게 반발했다. 심지어 회사를 그만두겠다고까지 항의하자, 본사 인사부장이 술을 사주며 나를 달랬다. 조금만 참으면 부서를 바꿔주겠다고 감언이설을 늘어놓았지만, 나중에 알고 보니 그것은 새빨간 거짓말이었다.

결국 나는 그 부서에서 7년이라는 긴 시간을 보내야 했고, 이후 기획심 사팀으로 옮겨 신규 사업 개발 등의 업무를 맡게 되었다. 돌이켜보면, 한 부서에 오래 근무하는 것이 전문성을 키우는 데는 도움이 될지 모르나, 폭넓은 경력 개발에는 다양한 부서에서 근무하는 것이 도움이 된다.

2. "나? 장 선생이오. 합격 포기 각서 내용증명으로 보내시오."

카투사 제대를 앞둔 어느 날, 나는 우연히 ○○기관 채용 공고를 보게 되었고, 호기심 반 기대 반으로 시험에 응시했다. 놀랍게도 1차 시험에 합격했지만, 최종 합격 통지서를 받기까지는 무려 6~7개월이라는 긴 시간이 걸렸다. 그 기간 동안 체력 검증, 영어 회화 시험은 물론이고, 과학 반응 테스트, 운동 신경 테스트 등 생전 처음 들어보는 다양한 종류의 테스트와 검증을 거쳐야 했다. 우여곡절 끝에, 그해 12월 말경, 마침내 최종 합격 통지서를 손에 넣을 수 있었다.

그와 동시에, 하반기 정기 공채에서 나는 총 일곱 장의 합격 통지서를 받았다. 여러 곳에 지원했던 이유는 혹시나 하는 불안감 때문이었다. 당시 각 그룹의 공채는 비슷한 시기에 집중적으로 진행되었기에, 특별히 가고 싶은 곳이 아니더라도 일단 지원하고 보자는 심정이었다. 그렇게 일곱 곳의 합격 중에서, 최종적으로 두 군데로 압축되었다. 이 결정 과정에는 맏형인 형님의 강력한 영향력이 작용했다.

할아버지와 아버지가 외아들로 자란 우리 집안은, 우리 세대에 이르러 비로소 3남 1녀의 가정을 이루었다. 내가 카투사 상병 시절에 아버지가 갑작스럽게 세상을 떠나셨으니, 형님은 어린 나이에 부모의 역할을 대신 해야 했던 것이다. 게다가 당시 나는 이미 처자식이 있는 몸이었기에,

형님은 내가 위험한 직장에는 발을 들여놓지 않기를 간절히 바랐다.

"우리 때 겨우 3남 1녀가 생겼으니, 오순도순 살아야 하지 않겠느냐? 그 위험한 곳에 가서 뭘 하겠다는 거냐? 더구나 처자식도 있는데... 그만 LG로 가는 것이 좋겠다. 거기서도 네가 충분히 실력 발휘하고 행복하게 살 수 있다. 우리 오순도순 같이 살자."

형님의 진심 어린 설득에, 나의 마음은 순식간에 LG로 기울었다.

사실 젊은 시절의 나는 권력 지향적인 사람이었다(지금은 아닌 척하지만). 내가 취업도 잘 되고 평판도 좋은 상대, 법대 등에 모두 합격할 수 있었음에도 굳이 정치학과를 선택했던 이유 역시, 권력에 대한 은밀한 욕망과 무관하지 않다. 이러한 권력 지향적인 성향은 K고등학교 시절부터 싹트기 시작했다고 봐야 한다. 당시 전국 5대 명문고 중 하나였던 우리 학교에는, 소위 출세한 고위 공무원, 정치인, 권력자들이 수시로 찾아와 강연을 하며 어린 후배들의 가슴에 야망의 불씨를 지피고 가곤 했다.

대학교 시절, 내가 유일하게 존경했던 Y 교수님은 철저한 현실주의 정치학자셨다. 그의 명성이 워낙 높았던 탓에, 신군부에서 사람을 보내 회유하려 하자, "호박 줄기에 수박이 열리겠냐!"라고 호통을 치며 단칼에 거절했던 강직한 분이셨다. 술로 세월을 보내시다 안타깝게도 일찍 세상을 떠나셨지만, 그분의 현실주의 정치 철학은 총과 칼, 즉 권력의 냉혹한 현실에 기반을 두고 있었다.

나의 본래 의도와는 달리, 결국 나는 형님의 뜻에 따라 LG를 선택했고, LS에서 교육과 연수를 받으며 새로운 직장 생활에 적응해 나가고 있었다.

각 사업장을 순화하며 정신없이 신입사원 연수를 받던 어느 날, 안양 공장에서 회계 기초 교육을 받던 중, 공장의 비상기획실(그때는 그런 조직이 있었고, 예비역 소령 정도가 실장을 맡고 있었다)에서 얼굴이 새파랗게 질린 채 나를 찾는다는 연락이 왔다. 강사(당시 안양 공장 경리과장이었던 ○○○ 씨)의 허락을 받고 비상기획실로 걸어가는데, 대위 계급의 부장이 불안한 표정으로 계속해서 물었다. "무슨 큰 죄를 지었어요?" "아닙니다. 그런 일 없습니다."

그때까지 끊임없이 울려대던 비상 연락망 전화기를 드는 순간, 저 너머로 묵직하게 가라앉은 목소리가 들려왔다. "나 장이오. 허 선생, 정말 이러기요?" 아, 그 사람! 이름도, 부서도, 직위도, 하는 일도 모른 채, 최종 면접 때 우리를 ○○○ 지하 벙커로 안내했던, 오직 '장'이라는 성으로만 소개받았던 바로 그 사람이었다! 순간 모든 기억이 되살아났다.

"죄송합니다. 개인적인 사정이 있어서 이 회사로 오게 되었습니다."

"지금 당장 오세요! 국가에서 많은 돈을 들여서 뽑아놓았는데 정말 이러실 겁니까? 안 오시면 파면되고, 파면되면 영원히 공무원이 될 수 없습니다!"

"죄송하지만 갈 수 없습니다. 이미 이곳에서 서약서도 쓰고, 월급도 받고 있습니다."

"아아... 정말 큰일 났네... 후유... 허 선생! 내 사정도 좀 봐주시오. 정말 안 되겠으면 우체국에 가서 합격 포기 각서를 내용증명 등기로 보내주시오. 그래야 내가 다치지 않소."

3. 부서 배치 이틀 만에 총괄전무의 시험대에 오르다

　세 곳의 공장교육과 본사교육을 마치고 나는 '업무부'라는 이름의 특수 별동부대에 강제 배치되었다. 인사부장과 실랑이 끝에 겨우 타협을 이루어 이 부서에 합류했지만, 나중에 알게 된 사실은 내 배치가 단순한 우연이 아니었다.

　그 배후에는 ○○ 총괄전무가 있었다. 당시 회사 내 인사권, 회계·자금 집행권 등 사실상 전권을 가진 단 한 명의 실세였다. 그는 32세에 과기처 국장을 지낸 전설적인 로비스트 출신으로, 막강한 영향력을 행사하고 있었다. 무려 150명의 신입사원 명부를 손수 검토하고, 그 중에서 자신의 '전용비서'처럼 활용할 특공대원을 직접 선발했다고 한다. 나이, 출신지역, 고등학교, 영어 실력, 술주량, 흡연 여부, 성격, 그룹 입사 성적, 연수 성적 등 갖가지 기준을 종합적으로 고려했다고 하니, 나도 그 기준에 어쩌다 부합되었나 보다. 인사부장조차 그의 선택을 뒤집을 수 없었다고 한다.

　배치 첫날은 다른 부서를 돌며 인사를 다녔고, 곧바로 환영 식사 자리도 마련되었다. 본사 내 20여 개 부서를 순회하며 얼굴을 익혀야 했지만, 사실 누가 누군지 도무지 구분도 되지 않았고, 솔직히 알고 싶지도 않았다. 그냥 술이나 마시자는 생각뿐이었다. 업무부 사람들은 하나같이 주량이 센 편이었고, 나 역시 중학교 시절부터 빼갈을 마셨던 이력이 있으니 결코 뒤지지 않았다.

　출근 이틀날, 그룹에서 운영하는 80개 노선의 출근 버스 중 하나를 타고 사무실에 도착했다. 출근 버스는 9시 정시 근무를 맞추기 위해 항상 조금 일찍 도착하게 되어 있었다. 하루 종일 각종 업무에 대한 설명을 듣고 관련 자료들을 인수인계 받았다. 특히 정부 허가가 필요한 모든 해외 계약은 우리 부서의 담당이었다. 카투사 복무 시절 영어로 일했던 경험이 있었기에 처음에는 큰 어려움이 없을 거라 생각했다. 그러나, 나중에 그 생각이 착각이었음을 곧 깨닫게 된다.

오후 4시쯤, 낯선 번호로 전화가 걸려왔다. 상대는 전무 비서였고, 전무님이 지금 당장 오라고 한다는 내용이었다. 입사한 지 겨우 이틀, 정식으로 인사도 나눈 적 없는 상황이라 어리둥절할 수밖에 없었다. 전날 부장이 전무실에 데려가 간단히 인사만 시킨 것이 전부였다. 전무실 앞에는 결재를 기다리는 사람들이 줄을 서 있었고, 그 틈을 비집고 인사만 건넸을 뿐이었다.

당시 전무 비서는 상당한 미인이었고, 나를 전무실 안으로 안내했다. 전무는 영어로 전화 통화를 하고 있었는데, 후에 알게 된 사실로는 영국 유학파인 그가 미국식 영어를 쓰는 이들을 그다지 탐탁지 않게 여긴다는 것이었다. 잠시 후, 그가 마시던 차 한 잔이 내게도 나왔다. 우리가 평소에 마시던 차와는 맛이 전혀 달랐다. 전무가 통화를 마치고 나를 보며 말했다.

"허 박사, 자네 '슈샤인 보이'(Shoeshine Boy, 카투사 속어로 구두닦이 출신) 출신이라 영어 잘하겠군."
"아닙니다. 뭐, 조금 합니다."
"이거 말이야, 별건 아닌데... 내일 아침 출근하자마자 내 방에 와서 5분 이내로 요약 브리핑을 해봐. 문제가 뭔지도 한번 이야기해보자고. 오늘 저녁에 약주 한잔 한다며? 너무 많이 마시지 말고, 이 숙제 확실히 해와."

그가 건넨 것은 영어로 된 약 30페이지 분량의 계약서 서류 묶음이었다. 그런데 그는 왜 나를 '박사'라고 불렀을까? 나는 박사도 아니고, 그 호칭을 별로 좋아하지도 않았다. 또, 우리가 술 마시러 가는 걸 어떻게 알고 있었을까? 술 마실 걸 뻔히 알면서 문서까지 줘가며 다음 날 아침 보고를 시키다니... 머릿속에 온갖 생각이 스쳐갔다. 자리로 돌아오니 이번에는 부장이 날 불렀다.

"전무님이 뭐라고 하시던가요? 기대가 크신 것 같던데."

나는 전무에게 받은 문서를 보여주며 말했다.

"이것을 읽어보고, 내일 아침 출근하자마자 요약 보고를 하라고 하셨습니다."
"전무님이 당신 테스트하는 거야. 잘해보게."

문서를 훑어보니, 독일 X사에서 보내온 기술이전계약서 초안이었다. 비교적 쉬운 영어로 작성되어 있어 사전 없이도 내용을 대강 파악할 수 있었다. 이 문서는 아직 부서에도 배포되지 않은 것으로, 전무만 가지고 있던 자료였다. 그 시절에는 외국에서 온 주요 문서들을 전무가 먼저 열람한 뒤 각 부서에 배정하는 시스템이었다. 전무는 자신의 영어 실력을 과시하고 싶었던 것일까, 이번에도 그렇게 '한 수' 던진 셈이었다.

그날 밤, 우리는 예정대로 술을 진탕 마셨다. 인천행 고속버스가 끊겨 결국 총알택시를 타고 귀가했는데, 택시비는 부장이 봉투에 넣어 챙겨주었다. 다음 날 아침, 숙취가 가시지 않은 채 출근버스에 몸을 실었다. 버스 안에서 전날 받은 계약서를 다시 꺼내 읽어보며, 대략적인 문제점과 쟁점을 정리해보았다.

사무실에 도착해 약 20분간 키워드 위주로 메모를 정리하던 중, 전무 비서로부터 전화가 왔다. 전무가 출근하셨단다. 숙취로 술 냄새를 풍기며 전무실로 들어갔다. 짧게 2분 남짓, 핵심 사항을 설명하자 전부는 말했다.

"어이, 허 박사. 됐어. 그만해. 이거 말이야, 다음 주에 독일에서 손님이 오니까 과장, 부장이랑 협의해서 조항별 문제점과 협상 전략을 정리하게."

4. "당신이 왜 거기서 근무하나?"

그 시절엔 점심시간에도 당직 근무를 서야 했다. 휴대전화가 없던 시절이라, 긴급 전화를 대신 받아야 했고, 우편물 수령이나 혹시 모를 도난 방지까지 당직자의 몫이었다. 내 자리는 본관 서편, 다섯 개 부서에서 총 50여 명이 근무하는 구역에 있었지만, 인력이 부족했던 동쪽 편으로 건너가 당직을 서고 있었다. 입사한 지 약 3주쯤 되었던 무렵이었다. 전화 벨이 찌르르 울렸다. 카투사 시절부터 전화 응대에 익숙했던 나는 자연스럽게 수화기를 들었다.

"예, ○○○부 허재관입니다. 무엇을 도와드릴까요?"

그러자 수화기 너머로 낮고 단호한 목소리가 들려왔다.

"어이, 자네가 왜 거기 있어? 나 ○○○상무야. 수고해."

그 목소리의 주인공은 전략기획·회계·자금을 총괄하는 ○○○ 상무였다. 그는 S대 법대를 졸업한 공채 출신의 선두주자로, 사내에서 '마피아'라 불릴 만큼 막강한 영향력을 가진 인물이었다. 나는 직접 인사를 나눈 적은

106

없었지만, 그의 존재를 모를 수 없었다. 이후에는 그룹 회장실 소속 사장 직까지 역임한, 명실상부한 핵심 인사였다.

그런데 그와 우리 부서의 총괄전무는 사사건건 충돌하는 관계였다. 상무는 전무를 거치지 않는 구조였음에도 불구하고, 상호간에 말 한마디 섞지 않을 정도로 불화가 심했다. 심지어 그룹 사장까지 이 둘 사이를 중재하느라 애를 먹었다고 한다. 두 사람 모두 S대를 나왔지만, 출신 배경이 달랐다. 상무는 정통 공채 출신, 전무는 고위 공무원 출신 낙하산이었다. 공채 라인은 본능적으로 낙하산을 꺼렸다. 그로 인해 우리 부서와 나는, 자연히 상무의 눈 밖에 나 있는 셈이었다.

그런데도 상무는 나 같은 신입의 이름과 소속을 정확히 기억하고 있었다. '왜 거기 있느냐'는 질문이 단순한 호기심일 리 없었다. 나는 본래 서편에 근무하며 총괄전무의 비서 역할까지 겸하고 있었고, 전무실에 수시로 드나드는 입장이었다. 전무실로 기기 위해선 상무실 앞을 반드시 지나야 했으니, 그의 눈에 자주 띄었을 것이다.

순간, 등줄기에 소름이 돋았다. 어쩌자고, 그 높은 사람이 신입 하나의 이름과 소속까지 일일이 기억하고 있었을까? 후에 들은 이야기로는, ○○○ 상무는 본사 전 직원의 이름, 소속, 담당 업무를 모두 외우고 있는 천재적 기억력을 가진 인물이었다. 그의 관찰은 정밀했고, 관심은 냉정했다.

나는 전무 지시에 따라 사적인 심부름까지 도맡으며 바쁘게 움직이고 있었지만, 그것이 상무의 입장에서는 마땅치 않았을지도 모른다. 그 무렵 우리 부서장 역시 S대를 나왔고, 업무 실적도 출중했으나, 총괄전무가 타 계열사 부사장으로 전출된 뒤 결국 임원 승진에 실패했다. 나 역시 전무가 있을 때는 괜찮았지만, 그가 떠난 이후로는 한순간에 무력한 존재가 되어버렸다.

그때부터 나는 절실히 깨달았다. 조직에서 '라인'은 단순한 인맥 그 이상이었다. 누구 밑에 있었는가, 누구와 함께 움직였는가에 따라 운명이 갈렸다. 그래서, 나만의 길을 개척해야겠다고 마음먹었다. 남의 라인 속에 머물러선 결국, 내 자리는 없다는 걸 알게 되었기 때문이다.

5. 텔렉스실에서 고참 여직원에게 '군기' 잡히다

그 시절, 외국으로 전문을 송신할 때는 텔렉스(Telex)를 사용했다. 지금은 완전히 사라진 방식이지만, 당시 본사에서는 한 군데 텔렉스실에서 전 세계와 통신을 주고받았다. 이곳은 수출부, 수입부, 그리고 우리 부서 직원들이 자주 드나들었다. 전문을 직접 기안하고 결재를 받은 후, 텔렉스실에 접수해 송신을 요청하는 방식이었다.

그 텔렉스실엔 K라는 고참 여직원이 있었다. 나와 동갑이었고, 비교적 늦게 입사한 덕에 여직원들 중에서는 최고령에 속했다. 사내 연애와 결혼이 잦았던 시절이라 신입이 들어오면 노처녀(?) 여직원들은 이미 그 신입의 신상정보를 훤히 꿰고 있었다. 인사과에도 고참 여직원이 있었는데, 이 모든 정보의 출처는 그쪽이 아닐까 싶었다. 다행히 나는 이미 유부남이었고, 그들에게는 '관심 밖'이었지만, 동갑내기 아재로서 적당한 유머와 인간미는 통했다.

텔렉스실은 일종의 금남(禁男) 구역이었다. 여직원들만 출입하는 보안 지역으로, 신입 남직원은 총무과의 허가를 받아야만 출입이 가능했다.

그곳은 고참 여직원들의 작은 쉼터이자 비밀 아지트였다. 점심시간이나 퇴근 무렵이면 이들은 삼삼오오 모여 수다를 떨며 여유를 즐기곤 했다.

신입 남직원이 들어오면, 일종의 '신고식'이 있었다. "개인기 하나 보여 달라", "노래 한 곡 불러봐라", "이상형이 누구냐" 등 다양한 레퍼토리가 준비되어 있었다. 이들에게 잘못 보이면, 사내 생활이 순탄치 않았다. 많은 업무에서 여직원들의 협조가 필수적이었기 때문이다.

나 역시 그 신고식을 피해갈 수 없었다. '노털 아저씨'라고 불리던 나에게도 예외는 없었다. 하지만 미군식 신고 흉내로 가볍게 웃기고, 날을 잡아 '초원의 집 무랑루즈(이주일 공연)'에 초대하겠노라 약속하며 상황을 무난히 넘겼다. 실제로 그 약속은 지켰고, 우리 부서 판공비로 비용을 처리했다. 그녀들은 무척이나 만족해했다.

나는 본래 유머감각이 있는 편이었다. 임기응변에도 강했고, 눈치 하나로 살아남은 인생이었다. 결혼한 중년 사원이었지만, 오히려 그 점 때문에 부담이 없었는지 여직원들과도 좋은 관계를 유지할 수 있었다. 내가 급히 송신을 요청하면 순서를 바꿔가며 우선 처리해주기도 했다.

결국은, 회사에서도 '재미있는 사람'이 이긴다. 유머와 재치, 그리고 윗트(wit)는 조직 생활의 또 다른 실력이다. 실무 능력만큼이나 사람을 웃게 하는 능력이 중요하다는 걸, 나는 텔렉스실에서 배웠다.

6. 500만 원을 30분 만에 새 돈(신권)으로 바꿔오자, 다들 놀라 자빠지다

부서 배치 후 두 달쯤 지났을 무렵, 구정이 다가오고 있었다. 어느 날,

전무가 부른다기에 방으로 갔더니 수표 다발을 건네며 말씀하셨다.

"이거, 1만 원권 새 돈(신권) 500장으로 좀 바꿔오게."

총 500만 원. 아마도 세뱃돈 봉투에 넣어 돌릴 계획이었을 것이다. 당시만 해도 고위 임원들은 명절이면 세배 봉투를 돌리는 관례가 있었다. 낙하산으로 온 고위 공무원 출신 전무였기에, 그 문화에 익숙했던 것 같다.

회사 건물은 남대문 옆 도쿄호텔빌딩에 있어 명동까지는 도보 5분 거리였다. 그 길목에 외환은행과 제일은행 본점이 있었다. 공교롭게도 카투사시절 동기 두 명이 외환은행 본점과 명동지점에 각각 근무 중이있다. 서울상대를 나온 수재들이었고, 입행 초기에는 당좌계에서 돈 세고 마감하는 일에 배정돼 있었다.

나는 수표를 들고 외환은행으로 향했다. 마침 당직 중이던 동기에게 새 돈으로 바꿔줄 수 있느냐고 부탁했더니, 흔쾌히 차 한잔을 건넨 뒤 여직원 몇 명을 불러 면도날처럼 칼칼한 새 돈 두세 뭉치를 즉석에서 바꾸어 주었다. 그 동기들은 1년쯤 후 은행을 떠났지만, 애초에 평생 은행에 붙어 있을 인물들이 아니었다.

그렇게 순식간에 화려한(?) 임무를 마친 나는 전무실로 가기 전, 먼저 부서에 들렀다. 부장과 과장이 다소 걱정스러운 표정으로 말한다.

"자금부에 부탁해보지 그랬어."
"아뇨, 다 바꿨습니다. 명동 본점과 지점에 제 동기들이 있어서, 부탁하니 바로 주던데요."

나중에 들은 이야기지만, 이전 담당자는 며칠에 걸쳐 수소문하며 겨우 새 돈을 바꾸어 왔다고 했다. 명절을 앞두고 면도날 같은 새 돈 500장을 구하는 일이 결코 쉽지 않았다는 것이다.

나는 의기양양하게 전무실 문을 두드렸다. 전무 역시 깜짝 놀란 눈치로 물으셨다.

"새 돈 바꾸기 쉽지 않던데, 자네 어떻게 했나?"
"제가 돈을 빌리러 간 것도 아니고, 수표 들고 돈 바꿔달라고 한 건데요. 카투사 동기 둘이 근처 은행에 있어서 금방 됐습니다."

어깨에 힘이 절로 들어갔다. 돌아서며 속으로 중얼거렸다.
'진짜 날 촌놈으로 보는 건가? 나 여기 오기 전엔 거기(○○ 기관) 갈 뻔했거든. 그래도 천사 같은 마음으로 여기 와서 도와주고 있는데…'

일이란 결국, 누가 얼마나 빠르게 해결하느냐가 관건이다. 그리고 그 빠름의 뿌리는 결국 사람이다.

7. 토요일만 되면 '로열 프린스'를 타고 유유히 사라지다

나는 본업 외에도 전무의 개인 심부름을 자주 했다. 신입사원 입사 초기, 150명 전원의 신상명세서를 일일이 검토한 전무는 나이, 주량, 순발력, 입단속 능력 등을 기준으로 자신만의 '픽'을 정했던 것 같다. 어쨌든 나는 그의 선택을 받았고, 상당한 신뢰를 얻고 있었다.

당시에는 토요일도 정상 출근일이었다. 봄과 가을의 토요일이면 거의 예외 없이 개인 심부름을 맡았다. 가장 흔한 것은 부조금 봉투를 들고 결혼식장에 다녀오는 일이었다. 방명록에 전무 이름을 쓰고, 혼주에게 "○○○ 전무님께서는 외국 손님을 맞이하시느라 대신 참석했습니다"라는 말을 전하는 것이 전부였다. 물론 이 멘트는 내가 임의로 지어낸 것이었다.

대부분 전무의 전용차를 타고 다녔다. 당시 회사에 있던 대우자동차의 '로열 프린스'는 단 세 대뿐이었고, 사장, 부사장(일본인), 그리고 전무의 전용차였다. 차량에는 카폰까지 달려 있었는데, 당시만 해도 그게 얼마나 '폼 나는 장비'였는지 모른다.

어느 토요일에는 춘천까지 다녀온 적도 있다. 전무의 부동산 관련 서류를 떼러 관할 등기소까지 직접 가야 했기 때문이다. 지금 보면, 이는 순전히 개인적인 용무였다. 이런 일은 과장이나 부장에게도 말하지 않았다. 그냥 "전무 심부름 다녀오겠습니다" 하고 나가면 그만이었다. 특수임무 수행자는 특히 입이 무거워야 한다.

또 다른 날엔, ○○구청에 가서 공해방지설비 보완 서류를 접수하고 담당 공무원에게 인사와 메시지를 전한 적도 있었다. 전무의 부인, 즉 사모님이 운영하던 목욕탕이 벙커C유 사용 문제로 경고와 보완 지시를 받았고, 내가 그 이행 보고를 맡아 처리했던 것이다. 이런 일들은 오직 나만 알고 있었다. 누군가에게 말할 이유도, 말할 필요도 없고, 말을 해서도 안된다.

하지만 전무의 이런 '전폭적 신뢰'는, 동시에 타인의 시샘과 의심도 불러왔다. 특히, 총괄전무와 앙숙이었던 상무는 내가 전무의 사적 심부름까지 도맡고 있다는 사실을 알고 있었을 것이다. 총무과를 통해 차량 운행

일지만 들여다봐도 확인이 가능했으니까. 어쩌면 그때부터 그런 일 때문에 내가 그 상무에게 찍힌 것이었는지도 모른다.

입을 다무는 것, 말을 아끼는 것. 당시 나에게는 가장 중요한 생존 전략이었다.

8. 86 아시안게임과 88 서울올림픽에 차출되다

내가 다니던 회사의 사장이 대한카누협회 회장을 맡고 있었기에, 1986년 아시안게임과 1988년 서울올림픽 두 대형 국제행사에 차출되어 활동하게 되었다. 카누(Canoe)는 진행 방향을 향해 노를 젓는 종목으로, 진행 방향을 등지고 노를 젓는 조정(Rowling)과는 구분된다. 카누는 메달 수가 많아 국제대회에서 주목받는 종목이지만, 우리나라에게는 상대적으로 취약한 분야였다. 회사는 많은 찬조금을 기탁했고, 사장 역시 종목에 깊은 관심을 갖고 있었다.

나는 86 아시안게임에서 카누 종목의 검증요원으로 차출되었다. 검증요원이란, 경기 시작 전에는 참가 선수의 신원, 복장, 배(카누) 및 패들 등에 부정 요소가 없는지를 확인하고, 경기가 끝난 후에는 출발 전과 비교해 배의 무게나 구조 등에 변화가 있었는지를 다시 체크해 판정하는 역할이다. 부정이 발견되면 실격 처리된다. 자연히, 영어로 의사소통이 가능한 인원이 우선 선발되었고, 나는 그 요건에 부합했다.

86 아시안게임은 단순한 국제대회가 아니라, 88 서울올림픽의 리허설이라는 성격이 강했다. 종목 운영, 경기 진행, 선수단 관리, 의전, 언론 대응, 보안 등 전반적인 시스템이 거의 동일하게 적용되었고, 참가국과 선수단

규모만 축소된 수준이었다. 특히, 테러 가능성에 대비한 보안은 매우 철저했다. 다행히 별다른 사고 없이 대회는 성공적으로 마무리되었다.

2년 뒤, 나는 다시 88 서울올림픽에 차출되었다. 이번에는 준비 기간도 훨씬 길고, 시스템도 보다 정교하게 구성되었다. 특히 흥미로웠던 점은 소련, 동구권, 중국 등 공산권 국가들이 대거 참가했다는 사실이었다. 이들 선수단은 조직적으로 움직였고, 일부는 영어 소통이 어려워서 애를 먹기도 했다. 그들은 항상 조용히 단체로만 행동했는데, 혹시 감시받고 있는 게 아닐까 하는 생각이 들 정도였다. 실제로 그들 사이에 망명을 방지하기 위한 비밀경찰이 포함되어 있다는 소문도 돌았고, 우리는 심심풀이로 "누가 감시요원인지 맞혀보자"며 장난을 치기도 했다. 나로서는 공산국가 사람을 실제로 접한 첫 경험이었기에, 호기심 반, 두려움 반의 감정이 교차했다.

이 두 번의 대형 국제행사는 나에게도 귀중한 경험이 되었다. 국제 이벤트의 준비, 운영, 의전, 보안까지 현장에서 전체 흐름을 직접 체험할 수 있었던 뜻깊은 기회였다. 대회 종료 후, 감사패, 기념메달, 표창장 등을 받았지만, 몇 해 지나 버려졌다. 회사에 돌아오니, 책상 위에는 쌓여 있던 업무들이 나를 기다리고 있었다.

9. 허박사, 약주나 한 사발 하소

어느 날, 우연히 전무와 함께 같은 엘리베이터를 타게 되었다. 수출부를 비롯해 여러 부서 직원들까지 총 7~8명이 함께 있었고, 공기가 묘하게 팽팽했다. 다들 몸을 바짝 조이고 있었고, 몇몇 부장들은 눈에 띄게 아부성 멘트를 던졌다. 회사의 인사권을 포함해 막강한 권한을 쥐고 있던 총괄

전무였기에, 눈에 들거나 눈 밖에 나는 게 생사를 가르는 일이었다.

엘리베이터가 거의 1층에 도착했을 즈음, 전무가 갑자기 내게 말을 걸었다.

"어이, 허박사, 약주나 한 사발 하게."

그러면서 수표 두 장, 20만 원을 건넸다. 엉겁결에 돈을 받긴 했지만, 마음이 편치 않았다. 박사도 아닌 나를 '허박사'라 부르고, 공개된 자리에서 거금을 건네는 장면은 나에게 전혀 득이 되지 않았다. 이미 신입사원 주제에 전무 방에 자주 드나든다고 눈총을 받고 있던 터였다. 당시에는 왜 그랬는지 몰랐고, 지금도 가끔은 생각하게 된다. 혹시, 일부러 '찍히게' 만들어 본인의 권위를 강화하려 했던 건 아닐까? 혹은 진심으로 나를 높게 평가한 표시였을까?

그날은 옆 부서 선배와 함께 코가 비틀어지도록 마셨다. 그래도 돈이 남았다. 며칠 후엔 전무 비서를 불러 저녁을 대접하며 그 돈을 다 썼다.

전무는 나를 꽤나 아껴주셨고, 실제로 여러 모로 배려를 해주셨다. 하지만 그분이 다른 계열사 부사장으로 옮기면서 상황은 달라졌다. 내가 받았던 '과보호'는 곧 내게 돌아오는 부메랑이 되었다. 아무리 내가 아부를 한 것도, 스스로 나섰던 것도 아니라 해도, 조직 안에서는 '유별난 관계'가 곧 표적이 된다.

그 일을 통해 얻은 교훈은 명확하다. 과한 배려나 차별은 결국 조직 속에서 따돌림이나 독이 될 수 있다. 공평한 대우 속에서, 자신의 몫을 스스로 해내며 인정받는 게 가장 바람직한 방식이다.

10. 교도소 담벼락 위를 걷는 월급쟁이

그 시절은 달러가 절대적으로 부족했던 시기였다. 외국환거래에 대한 통제가 극히 엄격했고, 모든 대외거래 및 지급은 외국환거래법의 지배를 받았다. 당시 법의 핵심은 단 하나였다. 모든 해외지급은 불허. 단, 지정거래은행의 '허가'를 받으면 된다. 그리고 바로 그 '허가'를 받는 일, 그것이 내 업무였다.

"남들이 가지 않는 길을 혼자 걷자니, 외롭더라."

그때나 지금이나, 눈에 보이는 물건의 수출입에 따른 지급은 크게 어렵지 않았다. 절차만 제대로 지키면 되는 일이었고, 당시는 거래 금액이 적더라도 신용장(L/C) 방식이 일반적이어서 조작의 여지도 적었다. 조작하는 법조차 몰랐다.

문제는 '보이지 않는 것', 즉, 무역외 거래에 대한 해외 대가 지급이었다. 무역외 지급에는 기술료, 배당금, 커미션, 용역대가, 유학생 비용, 해외지사 운영비 등이 포함됐다. 이들은 물건을 실은 선하증권 같은 물적 증거가 없어 신용장 방식이 불가능했고, 따라서 '무역외 지급 인증'이라는 이름의 특별 허가가 필요했다. 이 인증을 받고, 해외로 송금까지 처리하는 것 역시 내 몫이었다.

어느 날, 부장이 "큰 건"을 하나 들고 왔다. 보통은 통신지 양식에 결재를 받아서 업무처리를 의뢰하는 것이 원칙이지만, 이날은 쪽지 하나를 조심스레 내밀었다.

오너인 ○○전무의 미국 거주 친구에게 2년간 용역비를 지급해달라는 내용이었다. 금액은 반기마다 5천 달러씩 총 2만 달러. 당시로서는 큰 금액이었고, 아무런 용역 수행 증빙도 없었다.

부장이 직접 받아온 이 부탁을 거절하면, 부장이 옷을 벗어야 할 상황이었을 것이다. 나 역시 머리를 싸매고 처리 방법을 찾아야 했다. 하지만 그건 엄연히 외국환거래법 위반이었다. 걸리면 구속되는 사안이었다. 그렇다면 누가 구속될까? 사장? 전무? 부장? 아니면… 나?

또 한 번은, 회사 자금을 횡령하고 남미로 도주한 직원을 잡으러 간 팀의 요청을 부장이 다시 수주(?)해 왔다. 이번엔 5천 달러였다. 큰 금액은 아니었지만, 처리 근거가 전혀 없었다. '칠레 교민회에 감사의 뜻으로 전달해달라'는 식의 해외 기부금이었다.

나는 또다시 어떻게든 방법을 찾아 처리해주었다. 그 결과, 우리 부서는 사내에서 "안 되는 것도 되게 만드는 특공대"라는 별명을 얻었다. 하지만 그 말이 고맙게만 들리진 않았다. 그 일 역시 적발되면 구속될 수 있는 중대 사안이었다.

나는 그 무렵, 매일같이 외국환거래법이라는 가장 무서운 법의 경계선을 밟고 있었던 셈이다. 교도소 담벼락 위를 걷는 기분. 까딱하면 구속이었다. 바로 그것이 그 시절, 내 직장생활의 일부 장면이었다.

11. 혼자서 국세심판소까지

'관세(關稅)'라는 것이 있다. 국경을 넘어 수출입되는 물품에 부과되는 세금이다. 대부분의 국가는 수출을 장려하기 위해 수출에는 관세를 부과하지 않고, 수입에만 관세를 매긴다. 관세는 '물품'에 부과되는 것이 원칙이다. 하지만 세금 줄이기(절세)의 달인인 기업들은 물품 가격 일부를 관세가 부과되지 않는 기술료, 용역비 등으로 분리해 신고한다.

예를 들어, 1,000원짜리 물건을 수입하면서 400원을 기술용역비로, 600원을 물품 가격으로 나누어 신고하면 관세는 1,000원이 아닌 600원에만 적용되어, (400원×관세율)만큼 절세가 된다.

어느 날, 우리 부서에 관세청에서 난생처음 보는 '이상한 고지서'가 도착했다. 이런 건 늘 그렇다. 아무도 모르는 건 무조건 우리 부서 몫이다. 정부, 법, 제도, 정책과 관련된 복잡한 일이라면 뭐든지 다 우리 부서의 일이었다. 그게 바로 고위 공무원 출신 로비스트를 모셔와 대단한 직책을 주는 이유이기도 하다. 지금도 그렇다.

그 고지서는 당시 국내에 갓 도입된 GATT 관세평가세칙에 따른 것이었다. 새로 생긴 제도였기 때문에 누구도 명확히 아는 사람이 없었다. 결국, 그 뜨거운 감자(Hot Potato)는 나에게 넘어왔다. (*GATT: General Agreement on Tariffs and Trade, 관세 및 무역에 관한 일반협정)

국내에 정보가 없자 나는 일본 자료를 뒤지기 시작했다. 일본은 이런 새 제도에 관해 공공기관, 협회, 민간 기업들이 친절하게 정리한 자료와 해설서가 많았다. 내가 어설프게나마 일본어를 할 줄 알아 참 다행이었다. 일본 협회들은 진짜 회원사들을 위해 열심히 일한다.

2주간 밤낮으로 매달려 분석한 결과, 관세청이 부과한 추가 관세는 부당하다는 결론을 냈다. 나는 이에 대한 문제제기 보고서를 작성했다. 하지만 부장은 겁을 먹은 눈치였다. 세관 업무를 담당하는 조달3과장과 조달부장은 새파래진 얼굴로 부장에게 달려와 심각한 대화를 나눴다. 나는 속으로 즐겼다.

그들은 겁이 났고, 나는 물러설 생각이 없었다. 결국 타협안으로 유명 로펌에 자문을 받기로 했다. 그 로펌도 내가 직접 찾아가야 했다. 광화문에 있는 대형 ○○로펌에서 그 후에 대표변호사가 된 ○○○ 변호사를 만났다.

토론을 시작하자, 온갖 법률을 두루 아는 변호사와 이 주제 하나만 파고든 내가 붙었다. 결국, 받은 의견서의 90%는 내가 준 자료와 논리였다. 그나마 미안했는지 수임료는 싸게 받았다.

전무에게 보고하고, 관세청과 싸움을 시작할 승인을 얻었다. 우리는 이의신청 → 국세심판소 → 필요시 행정소송까지 갈 준비를 했다. 변호사를 쓰지 않고 회사 자체 대응을 택한 이유는 단순하다. 최초 사례였기에 이길지 질지 불확실했고, 로펌 비용은 비쌌다. 배보다 배꼽이 컸다. 그래서 결국 내가 모든 서류를 쓰고, 전략을 세우고, 보고까지 했다. 세관 두 곳과 국세심판소까지 혼자서 상대했다.

국세심판소는 결국 관세청의 손을 들어주었다. 이제 행정소송이 가능해졌다. 이 때부터는 전무의 시간이었다. 행정소송으로 갈지 말지를 전무가 정책적으로 결정해야 했다. 그는 결국 소송은 하지 않기로 결정했다. 우리는 결과적으로 행정소송은 하지 않았지만, 우리의 문제제기 덕분에 관세청의 기준이 합리화되고 세련화되었다. 그 덕분에 우리 회사는 물론, 다른 기업들도 혜택을 보았다. 초기에 걱정했던 세관이나 관세청의 보복도 없었다. 오히려 감사 인사를 들었다.

"관세행정의 합리화에 기여해주셔서 감사합니다."

12. 그룹 부회장 수행비서 기회?

고참 대리 시절이던 어느 날, 인사부장의 호출을 받았다. 인사부서에서 부른다고 하면 좋은 일이든 껄끄러운 일이든 대개 심상치 않은 일이기 마련이다. 인사부장 방에 들어갔더니 툭 내뱉듯 말했다.

"허창수 그룹 부회장 비서로 너를 추천했으니, 그렇게 알아둬."

당사자와 협의해서 인사이동을 하는 문화도 아니었고, 뭐 대꾸할 것도 없었다. "알겠습니다" 하고 나왔다. 그룹 부회장 비서는 과장급이었다. 그때 허창수 부회장은 LG상사(LG International)에 있었다. 당시만 해도 LG 상사에는 똑똑한 인재들이 즐비했다. "그 많은 인재들 놔두고 왜 굳이 우리 회사에서 사람을 뽑나?" 하는 의문이 들었다.

LG전선에는 특이하게 회장 제도가 있었다. 허창수 부회장의 아버지인 허준구 회장이 그 자리에 있었다. 그는 LG그룹 공동창업자 허만정의 셋째 아들이었고, 그의 장남이 바로 허창수 부회장, 그리고 나와는 K고등학교 8년 선후배 사이였다. 아버지가 회장으로 있는 LG전선에서 비서를 뽑는 건 충분히 이해할 만한 일이었고, 언젠가는 부회장도 회장이 될 사람이라고 생각하면, 그 시점에서 비서를 뽑아두는 것도 납득이 갔다. 아마도 내가 K고 동문이라서, 그런 배경이 작용했을지도 모른다. 그렇다 해도, 내겐 "돼도 좋고, 안 돼도 그만"인 일이었다. 한편으로는 젊을 때는 다양한 경험을 해보는 게 필요하다는 생각도 들었고, 기회가 되면 새로운 세상을 배울 수도 있겠다는 기대도 있었다. 들리는 말로는 후보로 2명이 추천되었고, 나머지 한 명은 LG상사 소속이라고 했다.

한두 달이 지나도 아무런 말이 없었다. 물어볼 생각도 없었다. '떨어졌구나' 싶었다. 뭐… 지방대 출신에 키도 작고, 성격도 강성인데 누가 쓰겠나. 그게 현실이었다. 나는 지금까지도 '지방대 출신'이라는 배경이 내 인생에서 마이너스로 작용한 경우가 많았다고 느낀다. 내가 대학에 들어갈 무렵은 제2차 오일쇼크의 여파로 경제가 아주 어려워 서울로 진학하기가 쉽지 않은 시기였다.

그런 시대의 공기를, 그 시대의 개인사를, 누군들 쉽게 벗어날 수 있었을까.

13. 담당임원 협박(?)으로 두 명 동시 승진 - 사내 희대의 기록

나는 어찌어찌 3년 만에 대리로 진급했다. 당시 우리 기수 중에는 몇 명만 가능했고, 대부분은 선배 기수들과 함께 진급했다. 내 진급에 전무가 어떻게 관여했는지는 모른다. 아마 인사부장이 알아서 올리면 전무는 마지못해 도장을 찍었겠지. 요즘은 진급을 서로 피한다고도 하지만, 그 시절엔 조기 진급이 자랑이었다.

나를 아끼던 전무는 그룹의 다른 회사로 부사장으로 영전했고, 그와 사이가 좋지 않던 상무가 전무로 진급해 그룹 기획조정실, 일명 '회장실'로 파견되었다. 비록 파견 중이라도 그의 라인은 여전히 살아 있었다. 꺼진 불도 다시 보랬다.

2년이 지나 과장 진급 시기가 다가왔다. 입사 5년 차였다. 전무가 떠난 후 나는 여러모로 핍박을 받았다. 우리 부서도 마찬가지였다. 부장은 S대 경영학과에 행정고시 출신으로 정말 스마트한 사람이었지만, 공채 기수가 아니었고 전무의 라인으로 분류되어 진급에서 번번이 탈락했다. 결국 자원하여 공장 자재부장으로 자리를 옮겼다. 과장은 부장으로 승진해 다른 부서로 갔고, 나는 홀로 부서에 남았다.

이후 새로 온 부장과 과장. 하지만 부서는 정형화된 일이 없는 특수부대 성격이라 업무 파악이 어려웠다. 몇 달 후, 부장은 미국 이민을 이유로 사직했다. 부서장은 공석이 되었고, 어정쩡하게 K상무 산하에 배속되었다. 우유부단한 K상무 아래선 필요한 총알도, 지원도 제대로 공급되지 않았다.

그 무렵 새로 부임한 사람이 M상무였다. 한국 최고의 명문 경기고, S대 출신. 오랫동안 수출 부문에서 일한 신사형 리더였다. 그러나 신사형은 사내 정치에선 별로 쓸모가 없다. 일도 잘하고 사람도 챙기고 정치도 잘해야 부하들의 진급도 보장된다. 신사형 M상무 역시 사내 투쟁에서 밀려난 케이스였다.

진급 시즌이 돌아왔다. 공채 동기들이 사내 곳곳에 퍼져 있어 정보가 빠르고 정확하다. 우리 동기 중엔 인사부에도 있었다. 우리 과장은 너무나 천하태평이었다. Y대 법대 수석 입학, 수석 졸업. 사람도 착하고 신사였지만 전투력이 없었다. 학벌이 워낙 좋았기에 본사 근무만 했지만 대부분 한직이었다. 진급도 다소 늦은 편이었다.

어느 날, 나는 과장에게 솔직하게 말했다.

"과장님이나 저나 진급할 때입니다. 둘 다 되면 좋겠지만, 현실적으로 어렵지 않겠습니까? 둘 다 떨어지면 저는 회사를 그만두겠습니다. 만약 저만 진급하면 과장 둘이 있는 기형적 부서가 되니, 과장님은 자리를 비워야 합니다."

이 말을 들은 과장은 술만 마시고 한숨만 쉬었다. 대책도, 힘도 없었던 것이다.

다음 날, 우리는 M상무를 찾아가 자초지종을 털어놓았다. "두 사람 다 진급할 시기인데, 전무가 떠난 이후 아무도 관심을 두지 않는다"는 말과 함께, 나는 "이 상태로는 부서를 운영할 수 없다"며 과감히 사표를 던졌다.

"부서에 부장도 없이 졸병 둘이서 어떻게 일을 하라는 말입니까?"

강공의 압박이었다. M상무도 잘 알고 있었다. 이제 갓 맡은 부서에서 반란이 일어나면, 자신도 오래 버티기 어렵다는 것을.

그리고 보름 뒤, 인사 발표가 났다. 우리 회사 역사상 최초이자 마지막으로 과장과 대리가 동시에 승진하는 진기한 기록이 세워졌다. 과장은 부장으로, 나는 과장으로 자연스럽게 진급했다. 그리고 우리는 사이좋게 3년을 더 함께 근무했다.

14. 세 명이 보름간 사라져도 아무도 몰라 – 극비 프로젝트의 뒷이야기

나는 한때 기획심사팀에서 신규사업을 맡아 일했다. '팀'이라는 명칭이 무색하게, 2~3개 부서를 통합한 대규모 조직이었다. 기존의 고유 업무를 병행하면서, 신규사업을 병행해야 했기에 상당히 바쁜 시절이었다.

신규사업은 회사의 미래와 직결된다. 기존 사업은 시간이 지나면 수명 주기를 마치고, 매출과 수익성이 하락하기 마련이다. 최근 3년간 신제품이나 신규사업에서 창출된 매출 및 이익 비중이 20~25%를 밑돌면 그 기업은 위험하다고 봐야 한다.

당시엔 자체 기술개발보다는 미국, 독일, 일본, 영국 등 선진국의 검증된 기술을 도입하여 신제품 및 신규사업을 추진하는 방식이 일반적이었다. 나는 기술도입 조건 협상, 계약서 작성과 검토, 정부 인허가, 기술도입 계약 사후관리뿐 아니라 시장조사, 사업 타당성 검토, 전략 수립까지 폭넓게 관여했다. 이러한 배경 덕분에 어느 날 나는 '극비 프로젝트'를 맡게 되었다. 사장의 특명으로 구성된 임시 별동팀의 팀장이 된 것이다.

프로젝트 내용은 다음과 같았다.

- ○○○사업의 시장을 조사하고,
- 사업계획서를 작성하며,
- 사업의 타당성을 분석하고,
- 성공 조건을 도출한 뒤,
- 해당 조건에 맞는 해외 기술 도입선을 발굴, 협상, 계약까지 하는 것.

당시 기존 신규사업추진 조직은 줄줄이 실패하고 있었기에, 사장은 기획심사팀에 이 프로젝트를 맡겼다. 겉으로는 "가장 똑똑한 부서가 한 번 제대로 해보라"는 취지였지만, 나는 속으로 이렇게도 해석했다.

"그래, 잘난 너희가 한 번 직접 해봐라."

내 아래에는 공대 출신으로 기술과 경영 전략을 모두 아우르는 유능한 대리 3명이 배치되었다. 우리 팀은 보름 동안 전국 주요 도시를 돌며 시장을 직접 조사했고, 사업계획서를 작성하는 데 몰두했다.

이 프로젝트는 나와 상무, 이사 두 사람만 알고 있는 극비 사안이었다. 그 당시 회사는 '흑자전환의 명수'로 불리던 H사장이 취임한 지 2년이 되어 가던 시점이었고, 그 역시 이 프로젝트에 큰 관심을 두고 있었다.

H사장은 어느 날 이런 말을 했다. "촌놈들 같으니라고…" 하며 자신의 신규사업 원칙 세 가지를 다음과 같이 밝혔다.

1. 국내 시장 규모가 최소 ○○○○억 원 이상일 것
   – 시상이 너무 작으면 대기업이 할 이유가 없다.
2. 이미 강력한 경쟁자가 있는 사업은 피할 것
   – 피만 흘리고 소득은 없을 것이다.
3. 3년 내에 BEP(Break Even Point)에 도달할 수 있을 것
   – 장기투자만으론 안 된다. 빠르게 성과를 내야 한다.

우리가 맡은 ○○○사업은 이 조건을 대체로 충족하고 있었다. 하지만 기술 도입의 핵심이었던 일본의 ○○○사가 기술이전을 거부하면서 문제가 생겼다. 대체 도입선을 찾지 못했고, 자체 개발을 하기엔 3년 내 BEP 달성이 불확실했다. 결국 우리는 사업 포기라는 결론을 내렸다.

회사의 돈으로, 나는 또 하나의 귀중한 경험을 했다. 경험은 자산(Assets)

이다. 사업이 성사되지는 않았지만, 신규 사업 전략의 본질과 의사결정의 기준, 그리고 기술도입의 현실을 온몸으로 배운 값진 시간이었다.

15. 그러면 옷을 벗겠습니다

1990년대 초반이었다. 당시만 해도 국내는 물론 국제적으로도 특허침해 소송이 드문 시절이었다. 신문에서 간혹 미국의 특허소송 사례가 보도되기는 했지만, 막상 그런 일이 닥치면 어떻게 대응해야 하는지 아는 이가 거의 없었다.

그러던 어느 날, 영문 특허침해 경고장이 내 책상 위에 놓였다. 도착한 지는 이미 몇 주가 지난 문서였다. 수신 부서를 찾지 못한 채 이부서에서 저부서로 돌다 결국 내게까지 흘러들어온 것이다. 처음 보는 내용이라 모두가 난감해하며 핑퐁을 쳤고, 경고장을 받은 날로부터 시간이 꽤 흘러 있었다. 특허침해 경고장은 무시하면 정식 소송으로 이어질 수 있는 문서다. 회사는 이미 법적 대응 기한을 넘긴 셈이었다.

경고장을 보낸 쪽은 전 미국 특허청 심사관 출신 발명가 J. 레멜슨의 대리 로펌이었다. 우리 회사가 미국 시카고 전시회에 출품한 제품 안에 내장된 ○○○ 콘트롤 장치가 자사의 특허(번호 ○○○○)를 침해했다는 주장이다. 기한 내 화해하면 기술료 3%로 마무리하지만, 시간이 지날수록 매 2개월마다 1%씩 인상된다는 위협적인 문구도 적혀 있었다.

레멜슨은 미국 내에서만 500건이 넘는 특허를 보유한 인물로, 각 특허마다 로펌을 지정해 기업에 경고장을 보내고 기술료를 받아 분배하는 일종의 특허괴물(Patent Troll)이었다. 우리 회사가 그물에 걸려든 것이었다.

그 시절 미국 특허소송 경험이 있는 한국 기업은 삼성과 금성사(현 LG전자)뿐이었다. 나는 다음 날 금성사로 달려가 조언을 구했다.

"일단 시간을 벌며 침해 여부를 판단하라. 침해를 인정하지 말고, 특히 고의 침해로 몰리지 않게 조심하라."

지금이야 상식이지만, 당시에는 귀한 조언이었다.

회사로 돌아온 나는 장문의 영문 편지를 작성했다. 미국 LA 지사를 경유해 등기로 보냈다. 내용은 이랬다.

"당사 제품이 귀사 특허를 침해한 사실이 확인된다면 기꺼이 기술료를 지급하겠습니다. 귀사 특허 중 어떤 부분이 당사 제품의 어느 부분을 침해하고 있는지 상세히 알려주시기 바랍니다."

설계실에 확인하니, 우리 독자 기술이라 절대 침해가 "아니다"라고 하면서 펄쩍 뛰었다. 시간을 벌기 위해 LA지사를 경유하니 답장을 주고받는 데만 3~4개월이 걸렸고, 그렇게 2년간이나 핑퐁이 이어졌다.

그 사이 여러 정보들이 수집됐다. 레멜슨 측은 전 세계 24개 기업에 동일한 경고장을 발송했고, 21개 기업은 이미 기술료를 지불하고 화해를 마쳤다. 일본 미쓰비시는 1% 수준으로 협상해 마무리했다고 한다. 한때 미국의 어느 기업이 20만 달러씩 모아 공동 대응하자는 제안도 했지만 우리는 거절했다. 결국 그 미국 기업도 항복했고, 우리 회사와 일본 N사만 이 끝까지 버텼다.

그 사이 내 상관인 K상무는 자주 물었다. "어떻게 할 건가? 이대로 가면 우리 둘 다 위험하다."

사업부는 침해가 아니라고 주장하고, 레멜슨 측은 터무니없는 기술료를 요구하고 있었다. 나는 마침내 결단을 내리고 품의서를 올렸다. 품의 내용은 다음과 같았다.

"설계실의 '비침해' 의견, 소장이 접수되지 않은 지난 2년간의 경과, 제품의 열악한 수익성 등을 고려할 때 화해 없이 대응하되, 만약 패소하면 미국 수출을 중단하고 미국 지사를 철수하는 것으로 대응하겠습니다."

해당 특허는 미국 특허였기에, 미국 수출만 포기하면 되는 일이었다. 일개 과장이 겁 없이 사업철수라는 엄청난 대안을 제시한 것이다.

이사 결재까지 받은 문서를 들고 나는 비장한 마음으로 K상무 방으로 향했다. 품의서를 한참 보던 K상무가 한숨을 내쉬며 말했다.
"야… 이거 잘못되면 너 어떻게 할 거야? 너만 다치는 게 아니라 나도 날아가."

나는 대답했다.
"저는 잘못될 거라고 보지 않습니다. 만일 그렇다 해도, 제가 책임지고 옷을 벗겠습니다."

그러자 상무는 헛웃음을 지으며 말했다.
"네 옷이 얼마나 해? 겨우 30~40만 원짜리 아니냐. 회사 하나가 망할 수도 있는데… 에이, 그래. 같이 벗자. 대신 사장에겐 보고하지 말자."

그렇게 그는 자신의 전결로 종료 처리했다.

약 두 달 후, 출근해 보니 내 책상 위에 〈니혼게이자이신문〉 1면이 놓여 있었다. 톱기사 제목은 다음과 같았다.

"니세이(일본 N사), 레멜슨 특허 무효화 성공!"

나는 그 신문을 들고 곧장 K상무 방으로 향했다. 그리고 말했다.

"옷, 안 벗어도 됩니다."

그날 이후 K상무는 나를 전폭적으로 신뢰했다. 내가 H사장에게 '글마 작품'으로 회자되었다는 소문도 들려왔다. 행운일까, 어부지리일까. 아니면, 단호한 신념이 불러온 결과였을까. 니세이 덕분에 살았다.

16. 코피를 흘리며 외대 독일어 학당(대학원)에 다니다

1991~1992년경, 독일 통일은 산업계에서 가장 뜨거운 이슈 중 하나였다. "통일 독일의 경제 규모가 어떻고, 유럽의 중심이 될 것이고…" 그 기대감이 실로 컸다.

나는 독일어를 어느 정도 해 본 사람이었다. 고등학교(K고) 시절 제2외국어가 독일어였고, 당시 S대 입시에서는 제2외국어의 반영 비중이 높아 꽤 열심히 공부했던 기억이 있다. 성적도 잘 나왔고, 재미도 있었다. 대학교에서도 독일어 과목을 선택해 6학점 정도 수강했을 만큼, 나름 애정을 가진 외국어였다.

그러다 어느 날 이런 생각이 들었다.

"그래, 독일어로 유럽을 한번 누벼보자. 독일어 주특기를 살려 럭키금성 상사 같은 계열사로 옮겨보는 것도 괜찮겠군."

지금 생각하면 참 철없는 발상이었다. 하지만 그땐 용감했다. 곧장 한국 외대 대학원 독일어회화과정에 등록해버렸다. 1년 과정이었다.

첫 수업 날, 등록한 수강생은 열 명 남짓. 은행원 5명, 판검사 2명, 감사원 공무원 1명, 대기업 직원 2명. 은행원이 많은 건 당시 여러 은행들이 독일 지점을 개설하던 시기였기 때문이다. 또 독일은 원래부터 법학이 강한 나라라, 법조계 공무원들의 유학 준비 코스이기도 했다. 같이 수업을 들은 다른 대기업 직원은 독일 지점 발령을 앞두고 실전 회화를 배우러 온 경우였다.

수업은 주 2회 화·목 저녁 6시 30분부터 9시 30분까지, 매주 총 6시간. 원어민 강사 직강이라 봐주는 법이 없었고, 과제를 안 해 가면 바로 창피를 당하기 일쑤였다. 그래서 전철 안에서도 책을 펴야 했다. 회사 일은 회사 일대로 처리하고, 독일어 수업 없는 날은 미뤄둔 술자리를 치러야 했다.

그러다 결국, 코피를 흘리기 시작했다. 지쳐 쓰러질 지경이었다. 그럼에도 끝까지 버틴 건 누가 시켜서가 아니라 내가 선택한 길이었기 때문이다. 게다가 등록금도 사비로 낸 터라, 중간에 포기할 수는 없었다. 그렇게 아슬아슬하게 버텨서 겨우겨우 수료는 했다.

문제는 그다음이었다. 그렇게 죽어라 배운 독일어, 결국 딱 세 번 써먹었다. 그마저도 영양가 없는 일들이었다.

- 한 번은 ○○사업부장이 독일어 팩스를 해석해 달라며 찾아왔다.
- 또 한 번은 입사 동기 놈이 오스트리아 출장에서 주워온 카탈로그를 번역해 달라고 들고 왔다.
- 마지막은 독일 기술자가 출장을 왔을 때. 내가 몇 마디 독일어를 건넸더니 영어로 답하더라.

그게 다였다. 지금 돌아보면 그 시간, 중국어를 배웠더라면 훨씬 나았을 텐데. 아직도 그게 아쉽고, 스스로 "참 멍청한 짓을 했구나" 싶은 생각이 든다. 고생은 고생대로 하고, 돈은 돈대로 들고, 기회비용은 또 얼마나 컸던가.

지금도 후회된다. 내가 독일어 대신 중국어를 하지 않았던 것이.

17. 절대로 공무원을 다치게 하면 안 된다

'잃어버린 20년'이 시작되기 전, 일본의 제조업, 특히 기계공업의 경쟁력은 압도적이었다. 한국의 산업 현장은 일본의 기계, 설비에 잠식되었고, 그로 인한 대일무역적자는 만성적인 골칫거리였다. 그 연장선상에서 한국 산업의 소부장(소재·부품·장비) 대일 의존도는 오랜 세월 논란이 되었고, 몇 년 전까지도 정부와 언론이 시끄럽게 다뤘던 주제다.

당시에는 이를 막기 위한 정책으로 수입선 다변화 제도라는 것이 있었다. 이 제도는 WTO 체제가 정착되면서 폐지되었지만, 내가 LG에서 일하던 시절엔 핵심 업무 중 하나였다.

이 업무는 두 가지 방향으로 나뉘었다. 첫째는, 우리 회사가 필요로 하는 일본산 핵심 장비나 부품을 정부의 특례수입허가를 받아 정식으로 들여오는 것. 둘째는, 우리 제품과 경쟁하는 일본산 제품의 수입 자체를 막는 것, 즉, 수입금지 품목으로 지정되도록 정부의 부령을 개정하게 만드는 일이었다.

첫 번째 일은 스트레스가 어마어마했다. 수입허가를 내가 못 받아내면 부품이 통관되지 못하고, 그럼 생산이 중단되고 공장이 멈춘다. 공장이 놀아도 임금은 나가야 하고, 영업은 발만 동동 구를 수밖에 없다. 내가 특례수입허가서를 못 받아오면 회사가 난리가 나는 것이다. 그래서 스트레스 해소를 위하여 술과 담배는 필수였다. 두 번째 일, 즉 경쟁 일본제품의 수입을 금지시키는 작업은 직접적인 스트레스는 덜했지만, 회사 경영에 있어서는 훨씬 중요한 전략적 작업이었다. 당시에는 일본 제품과 정면으로 싸워서 한국 제품이 이긴다는 건 거의 불가능했다. 따라서 이길 수 있는 유일한 방법은 아예 들어오지 못하게 하는 것뿐이었다.

그 중에서도 가장 기억에 남는 프로젝트가 있다. 바로 사출성형기 수입금지 작전이다. 그중에서도 3,500~4,000톤 대형 사출성형기는 자동차 범퍼를 찍어내는 데 필수적인 설비였다. 한국 자동차 산업이 성장하면서 이 시장이 급격히 커지고 있었고, 당연히 일본 제품이 장악하고 있었다. 영업부는 수입을 막아달라고 아우성이었다. 무리라는 걸 알면서도, 우리 부서에서는 말했다.

"우리가 못 하면 아무도 못 한다."
"우리는 최후의 보루, 특공부대다."

작전은 다음과 같이 짰다.

- 수입 급증과 산업 피해 가능성을 정량적으로 증명하는 자료는 내가 직접 만든다.
- 국산 공급이 충분해 수입을 금지해도 피해가 없다는 근거는 설계실에서 작성한다.

나는 한국과 일본의 수출입 통계 자료를 구해 최근 3년간의 수입량, 가격, 무게, 크기, 톤수 등을 전수 조사하여 설득력 있는 보고서를 만들어 냈다. 그야말로 밤을 새워 만든 작품이었다. 설계실에서 가져온 자료는 몇 번 퇴짜를 놓은 끝에 감사원 감사를 받아도 무방할 수준으로 끌어올렸다. 그 이유는 단 하나였다. 공무원과 같이 일할 때의 철칙이다.

"공무원을 다치게 하면 안 된다."

정부가 우리 편을 들어주는 것도 위험한 일이다. 그게 만약 뇌물이나 술자리 로비로 엮이면, 우리는 물론, 그 공무원 인생도 끝장난다. 그래서 모든 자료는 객관적·정량적·비교가능성을 갖춘 명백한 근거 중심으로 준비해야 했다. 누가봐도 완벽해야 한다.

결과는 대성공. 4,000톤급 대형 사출성형기까지 수입금지 품목으로 지정되었다. 영업부장은 술도 사고, 하사금도 챙겨주었다. 내가 회사를 떠난 후에는 5,000톤급까지 확대되었고, 이로 인해 영업부서가 엄청난 수혜를 입었다고 들었다.

정부에 제출했던 설득자료 포맷은 그 후 표준양식처럼 사용되었을 것이다.

뭐든 처음 만드는 것이 어렵다. 한번 모범사례가 생기면, 이후는 쉬워진다.

18. 우리 기술료 떼어 먹었습니까?

해외에서 기술을 도입하면, 그 사용 대가인 기술료(Royalty)를 지급해야 한다. 기술료는 크게 두 가지 방식으로 나뉜다. 하나는 정액 기술료로, 처음부터 고정된 금액을 계약서에 명시하는 방식. 다른 하나는 매출액, 생산량, 판매량 등과 연동해 비율로 산출하는 방식이다.

나는 기술도입 계약을 체결하는 일뿐 아니라, 계약 체결 후 기술료를 정산하고 지급하는 업무까지 겸했다. 실무자로 있을 때만 해도 30~40개 해외기술도입계약을 동시에 관리하고 있었다. 이 기술료 정산 및 지급 업무라는 것이 참 묘하다.

- 귀찮다.
- 티가 안 난다.
- 칭찬은 못 받는다.
- 문제 생기면 처벌은 확실하다.

회사란 곳은 참 이중적이다. 돈을 벌어오는 사람은 무조건 칭찬하고, 돈을 쓰는 사람은 아무리 정당해도 일단 눈치를 준다. 수금은 빠르게, 지급은 느리게, 혹은 안 하는 게 미덕처럼 여겨지기도 한다.

나는 나름대로 회사 충성파였다. 기술료도 가능하면 적게, 그리고 늦게 지급하려고 애썼다. 물론 무작정 그러는 건 아니다. 계약서에 근거한 해석 범위 내에서였다. 문제는, 내가 관여하지 않은 예전 계약서들에 모호한 조항이 많았다는 점이다. 해석에 따라 넓게도, 좁게도 볼 수 있었다.

나는 좁게 해석했다. 그리고 회사에 유리한 방향으로 기준을 만들고 적용했다. 그 결과, 솔직히 말하면 기술료가 적게 지급되는 경향이 있었다. 기술료가 정확하게 산출·지급되고 있는지 사내외적으로 검토할 수 있는 장치들은 존재했다. 하지만 그 구조상, 실무자 외에는 세부 내용을 파악하기 어렵다. 해외 기술제공처도 마찬가지다.

내가 LG에 근무할 당시, 기술료 관련해서 해외 기술제공자의 감사(Audit)를 총 3번 받았다. 그중 두 번은 내가 작성한 보고서와 설명으로 잘 넘어갔다. 하지만 한 번은 일본 회사 감사팀에게 걸렸다. 감사는 계약서에 명시된 Audit 조항에 근거해 이루어진 것이었고, 당연히 거절할 수 없었다. 그 일본 회사는 내가 사전에 보낸 Royalty Statement(기술료 정산보고서)를 바탕으로 상당히 철저하게 준비해왔다. 관련 자료를 거의 뒤집어 보듯 조사해왔다. 결국, 내 실수가 드러났다. 나는 그것을 솔직히 인정했다.

"실수가 있었고, 다음 회기의 기술료 정산 시 그 금액을 추가 지급하겠다."

이것으로 건은 조용히 마무리되었다.

기술료 정산 및 지급 업무는 눈에 띄지 않지만, 계약과 신뢰의 경계선을 걷는 민감한 작업이다.

'너무 많이 주면 손해, 너무 적게 주면 분쟁. 그 사이를 걷는 게 실무자의 일이다.'

19. 기술료(로열티, Royalty) 산정방식 다 바꾸다

기술을 도입하면, 그에 대한 대가(기술료, Royalty)를 어떻게 산정하고 지급할 것인지는 양 당사자에게 가장 민감한 문제가 된다. 돈에 관한 일이기 때문이다. 그런데 이 중요한 기술료 산정 방식에는 국제적으로 통일된 기준이 없다. 법률도, 조약도, 통일된 규칙도 없다. 민간영역의 계약사항이기 때문에, 결국은 '합의'가 전부다.

기술료 산정에 사용되는 공식이나 요령만 해도 수십 가지가 있다. 기술이전을 가장 활발히 했던 미국의 IBM은 300개 내외의 다양한 산정공식을 보유하고 있다 한다. 실무자였던 나는 그중 약 30개 공식 정도를 실제로 알고 활용하고 있었다. 그중에서도 가장 흔하게 사용되었지만, 문제가 가장 많았던 방식이 바로 '순매출액(Net Sales Amount)' 방식이다. 이 방식은 다음과 같다:

"기술사용제품의 총매출액에서 계약서에서 정한 공제항목을 빼고 남은 순매출액에 기술료율(Rate)을 곱한다."

문제는 바로 이 공제항목이다.

- 어디까지를 공제항목으로 볼 것인가?
- 실제로 그 항목의 비용자료를 어떻게 수집할 것인가?
- 실무자가 이걸 정확하게 계산하려면 얼마나 많은 시간이 드는가?
- 해석에 따라 분쟁 가능성은 없는가?

현장에서는 "계산하기 귀찮고, 자료도 애매하고, 분쟁은 덤이다." 이런 불만이 쌓였다. 그래서 나는 과감하게 기존 계약서의 산정 방식을 전면 개정하기로 했다. 특히 내가 입사하기 전에 당시 임원들이 제대로 이해하지 못한 채 체결한 계약서들 중에서 이 순매출액 방식이 들어 있는 것들을 전부 수정 대상으로 지정했다. (※ 내가 담당하여 새로 체결한 계약에는 애초부터 이 방식이 한 건도 없었다.)

개정 명분은 명확했다.
- 공제항목 자료 수집에 드는 시간 낭비 절감
- 산정과정의 불확실성 제거
- 반복되는 분쟁 소지를 원천 차단
- 실무 효율성 및 책임성 강화

이 내용을 정리해 상급자의 결재를 받아냈다. 이후에는 해외 기술제공자들에게 계약서 수정안을 공식 통보했다. 팩스와 등기 우편을 병행했고, 필요한 경우 직접 해외출장을 가서 설명하고 협의를 진행했다. 의외로 그들도 거부할 이유가 없었다. 서로 간에 명확한 방식이 낫다는 데는 동의했기 때문이다.

개정된 방식은 크게 두 가지로 나뉘었다.
1. 대물기준(PQ, Per Quantity) 기술료 방식
   - 제품 한 개당 얼마씩 지급하는 방식
   - 계산이 단순하고 해석 오차의 여지가 없다
2. 공제 비율 고정형 순매출액 방식
   - 예: "총매출의 20%를 공제한 뒤, 잔액에 기술료율 적용"
   - 복잡한 계산 생략, 실무 효율화

가장 기억에 남는 사례는 일본 K사와의 협상이었다. 20% 공제를 적용하기로 합의했지만, 실제 공제율은 13~15% 수준이었다. 우리 회사에 상당히 유리한 협상이었다. 그들을 설득하기 위해 K사의 경생사(일본 기업) 재무제표를 분석한 자료와 사본까지 준비해 갔다. 숫자와 논리로 설득한 것이다.

이 개정을 통해 기술료 산정 과정의 투명성과 효율성이 크게 향상되었고, 해외출장비 이상의 비용절감 효과도 거뒀다. 무엇보다, 계약서를 처음부터 '분쟁 없는 방식'으로 만들자는 문화가 생겼다.

20. 영어전화 응대 영어매뉴얼이 먹히더라

우리 팀(기획심사팀)에 전설적인 인물이 있었다. 토익 만점, 그러나 콘텐츠는 0점이었던 L과장. 입사 선배였지만, 영어만 잘하고 회사 일은 영 아니었다. 영어는 수단일 뿐, 일을 잘해야 아래위로부터 신뢰를 받고, 진급도 한다. 그는 위에서도, 아래에서도 눈총을 받다가 결국 사직했다.

그가 떠나고 나서 이전에는 없던 문제가 하나 생겼다. 그는 영어를 워낙 잘하던 인물이라 사내 모든 영어 전화는 다 우리 팀으로 돌려졌다. 경비실, 안내실, 타부서 할 것 없이 영어만 들리면 무조건 기획심사팀으로 패스. 그가 알아서 응대했으니까 아무 문제가 없었다.

그런데 이제는 달랐다. 그가 떠나자마자, 이 전화들이 여전히 우리 팀으로 오는데, 응대할 사람이 없는 것이다. 우리 팀에는 최상급 대리 7명과 과장, 부장, 여직원 등 10여 명이 있었다. 기획심사 업무는 귀신처럼 잘하는 사람들이었지만, 영어회화는 다들 '까막눈'이었다. 그 당시 내가 팀을 실질적으로 관리하고 있었는데, 그 틈에서 이상한 현상을 하나 목격하게 되었다.

하루는 전화벨이 울리자 C대리가 받더니, 갑자기 얼굴이 붉어지고는 말없이 수화기를 슬쩍 내려놓고 화장실로 사라졌다. 다음 날은 K대리가, 그 다음 날은 여직원이, 또 다른 날은 P대리가 같은 짓을 했다. 전화가 울려도 아무도 안 받는다. 일하는 척하며 눈만 내리깔고. 결국 전화는 혼자 울다 끊기는 일도 종종 생겼다. 보다 못해 어느 날 점심시간 회의실에 전원을 소집했다. 부서 회식비로 케이크와 커피를 돌리고, 조용히 입을 열었다.

"L과장이 떠난 후, 내가 지켜보니 이상한 일이 계속되더라. 혹시 영어 전화 오니까 겁나서, '오줌 마려운 척'하고 화장실로 도망간 사람 손?"

정적이 흘렀다. 잠시 후 조심스레 C대리가 손을 들었다.

"예... 맞습니다. 저희가 언제 영어회화 써 봤습니까? 여기 다 영어는 진짜... 꼴통들입니다."

K대리, P대리, 여직원 모두 고개를 끄덕였다. 사정은 똑같았다. 그래서 내가 결단을 내렸다. 중학교 수준의 영어전화 대응 매뉴얼을 만들어 A4 반 장 크기로 코팅하여 전원 책상에 붙였다. 연습도 시키고 실전도 바로 투입했다. 아래는 그 '전설의 영어전화 응대 매뉴얼' 요지이다.

1. 긴장하지 말고 "Hello"를 2~3번 반복한다.

   → 그러면 상대방이 영어 못하는 줄 알고 속도를 줄일 것이다.

2. 못 알아들으면 "More slowly, please"를 2번쯤 요청한다.

   → 그러면 대개 천천히 말할 것이다.

3. 조금 알아들으면 "Who's calling, please?"라고 묻는다.

   → 그러면 상대방이 누구라고 밝힐 것이다.

4. 조금 알아듣겠으면, "May I take your message?"해라.

   → 메시지를 적거나 해당 부서로 전달

5. 그래도 안 되면 "Hold on, please" 하고 나에게 돌린다

   → 내가 해결

6. 종료는 "Thank you, have a nice day."

   → 말하고 수화기를 부드럽게 내려놓는다

그 뒤로, 부서에 평화가 찾아왔다. 이상한 화장실 탈출도 사라졌다. 전화벨이 울려도 누구 하나 피하지 않았다.

물론, 내가 좀더 골치가 아파졌다. 영어 속사포 전화가 오면, 나도 솔직히 속수무책이었으니까.

21. 차라리 같이 죽읍시다

내가 담당했던 업무 중에는 '방산 원자재 관세 감면/면제 추천'이란 것이 있었다. 우리 회사는 방위산업체였고, 방산 제품을 생산할 때 필요한

수입 원자재에 대해서는 100% 관세 면제라는 특혜제도가 있었다. 그 혜택을 받으려면 법규에 따라 관계 기관의 추천서를 반드시 받아야 했고, 그 추천서를 내가 직접 처리했다. 이 특혜에 따른 관세면제액은 연간 수억 원에서 수십억 원에 달했다.

어느 날, 큰 사고가 터졌다. 수입 통관 부서에서 통관 직전, 제출된 계약서가 위조된 것임을 발견한 것이다. 사건의 경위는 이랬다.

- 방산영업부가 실적 맞추기와 납기 조정을 위해 허위 계약서를 작성했고
- 그 계약서와 소요량 증명서를 수입통관부서로 넘겼으며
- 수입통관부서는 그것을 근거로 나에게 수입 I/L을 제출했고
- 나는 평소처럼 소정 양식의 추천서에 관련 서류를 첨부해 관계기관의 추천서를 발급받아 다시 통관부서로 넘긴 상황이었다.

결국, 나는 허위 계약서를 기반으로 한 추천서를 발급받아 제출한 셈이 되었다. 범죄행위였다. 이대로 통관이 진행되었다면, 관세법 위반으로 사장이 구속될 수도 있는 중대 사건이었다.

회사에 비상이 걸렸다. 긴급 대책 회의가 소집됐다. 직·간접 관련 부서의 부장들, 약 20여 명이 모였다. 물론 나도 참석했다. 1시간 가량의 논의. 하지만 뾰족한 수는 나오지 않았다. 그 와중에, 사건의 핵심 책임자 중하나인 H상무는 직접 챙기기는커녕 회의 중 질책만 늘어놓고 대책없이 자리를 떴다. 참석자들 모두 분노했다. 그래도 책임자는 끝까지 남아야하는 거 아닌가?

회의가 끝나자 하나둘 자리를 뜨고, 결국 남은 사람은 세 명. 나, 수입통관부 과장, 담당 대리. 방산영업부 부장과 과장은 회의 중 이미 도망갔다. 사업부장도 사라졌다. 분노가 치밀었다. 진짜로 욕이 나왔다. "과연 이게 회사냐?"는 생각이 들 정도였다. 나는 결심했다.

"갑시다. ○○기관으로. 추천서를 수정하거나 반납하러 갑시다."

그날 퇴근 무렵, 우리는 추천서를 들고 관계기관에 도착했다. 그쪽도 퇴근 준비로 분주했다. 담당자와 과장에게 사건의 전말을 설명하고 추천서를 반납하겠다고 했다. 그런데, "그건 안 됩니다." 라고 잘라 말했다. 왜 안 되냐고 따졌지만, 여전히 "곤란하다"는 말만 반복됐다.

그 소란에, 기관 내 유일한 공학박사 출신의 부장이 나왔다. 점잖은 성품으로 유명한 분이었다. 그 역시 비슷한 말을 했다.

"발급 과정에 문제가 있는 것은 아닙니다. 허위 계약서라면 회사가 자체적으로 해결해야죠."

나는 거기서 또 한 번 분노했다. 그리고 마지막 승부수를 던졌다.

"부장님, 그렇다면 같이 죽읍시다. 같이 감옥 갑시다. 이 기관도 서류 진위 여부를 검토할 의무가 있습니다. 그냥 넘긴다면 심의회는 왜 합니까? 우리가 문제를 인정하고 반납하겠다는데, 이걸 거부하는 건 책임 회피 아닙니까? 이 일, 확대되면 여기 기관도 무사하지 못합니다."

그들은 잠시 회의실 안으로 들어가더니 5분쯤 후에 나와서 조용히 말했다.

"반납하시죠."

그렇게 사건은 일단락됐다. 그로부터 3년쯤 후, 나는 회사를 떠났고, 그날 함께 갔던 수입통관 담당 L과장은 훗날 사장 자리까지 올랐다.

22. 최초로 중국에 기술수출 성사하다

1991년 무렵의 일이다. 그 당시 중국은 개방된 지 그리 오래되지 않아, 곳곳에서 여전히 공산주의 체제의 잔재가 느껴졌다. 회의나 미팅 자리에는 공산당 비밀 요원이 신분을 위장한 채 당연하다는 듯 끼어 있었다. 참석자 수도 항상 많았다. 회의 하나에도 열 명 이상이 따라붙었고, 한국 방문 시에는 아예 15명, 20명이 떼를 지어 오기도 했다.

그중에는 해당 업무와 무관한 사람도 있었고, 관광 겸 쇼핑이 목적이던 공산당원도 섞여 있었다. 한국에 오면 관광도 하고, 화려한 대접과 선물(특히 전자시계)을 받을 수 있으니 누구나 오고 싶어 했다. 그 당시 중국은 정말 후진국이었다. 한국의 1960년대 후반 풍경과 비슷했다.

당시 내가 근무하던 회사는 중국과의 기술수출 협상을 진행 중이었다. 그 무렵 L그룹은 그룹 차원에서 중국 시장 진출에 매우 적극적이었다. 주력 계열사인 L사는 이미 컬러프린터 공장을 중국으로 이전했다. 우리 회사는 일본에서 기술을 도입한 농업기계를 독자 모델로 국산화한 뒤, 그 기술을 중국에 수출하려는 협상을 진행 중이었다.

기술료 몇 푼이 목적이 아니었다. 진짜 목적은 핵심 부품의 수출이었다. 이 전략은 바로 K.D(Knock Down) 수출 방식이었다. K.D 수출 전략이란,

완제품 수출이 어려운 국가(고관세, 수입허가 문제 등)에 조립 기술 이전을 미끼로, 핵심 부품이나 주요 설비를 수출하는 방식이다. 후진국 대상 진출 전략의 전형이었다.

나는 담당 사업부 소속은 아니었지만, 기술수출의 타당성, 방식, 협상 방침, 계약서 작성 요령 등을 심사하고 자문하는 역할을 맡고 있었기에 진행 상황을 누구보다 잘 알고 있었다. 수시로 자문도 했고, 내 업무가 아닌 사업부였지만 중요한 국면마다 내 의견이 반영되었다.

중국은 협상에 매우 능한 나라다. 그 협상전략 중 하나로 유명한 것이 "성동격서(聲東擊西)"다. "동쪽에서 소리를 내서 동쪽을 경계하게 만든 뒤, 실제 공격은 서쪽에서 하는 전술"

그들은 일본 ×××사와 우리 회사를 기술도입의 경쟁대상처럼 접촉하면서 일본 측과의 미팅에 더 큰 비중을 두는 듯한 모습을 연출했다. (聲東). 그러면서도 실제 계약은 우리 회사와 체결했다. (擊西). 우리회사에서 더 유리한 조건을 받아내기 위한 전략이었다.

베이징 호텔에서 전날은 일본 측과 회의, 오늘은 우리와 미팅. 이런 일정이 반복되었다. 심지어 이런 말도 했다.

"일본 ×××사는 기술료를 100원에 주겠다고 했는데 왜 귀사는 200원을 요구합니까?"

물론, 그 100원 이야기는 전형적인 협상용 허풍이었다. 치졸한 협상 수법이었지만, 노련한 중국식 전술이기도 했다.

우리 회사는 이 협상에서 조금은 당한 셈이었지만 사업부는 끝까지 그렇지 않다며 잡아뗐다. 진실이야 어찌 되었든, 당시 우리 회사는 대한민국 최초로 중국에 기술을 수출한 기업 중 하나로 기록되었다.

23. 눈감고 수술하기보다 어려운 송년사 · 신년사

연말, 연초는 회사도 바쁘고 개인도 바쁘다. 망년회, 송년 모임, 회식 자리로 몸이 두 개라도 모자랄 지경이다. 특히 전략기획팀은 신년도 사업 계획, 예산 편성, 이사회 준비 등으로 한 해 중 가장 분주한 시기를 맞는다.

그런데 그 와중에도 꼭 해야 하는 일이 하나 있다. 바로 사장의 송년사와 신년사 작성이다. 이게 은근히 고역이다.

내가 전략기획심사팀으로 전보된 해의 12월. 담당 이사가 나를 부르더니 툭 던진다.

"사장님 송년사하고 신년사 좀 써요. 다음 주 월요일 오후에 얘기 좀 합시다."

나는 물었다.

"기본 지침이나 키워드는 없습니까?"

"그런 거? 꿈도 꾸지 마요. 나도 뭘 어떻게 써야 할지 모르겠으니까, 자네가 알아서 해."

상무에게 가 봐도 마찬가지다. 윗사람 누구도 지침을 주지 않는다.

"지금까지 항상 그렇게 해왔어요. 사장님의 '속마음'을 짐작해서 쓰는 겁니다."

참으로 막막한 노릇이었다. 하지만 나는 정답 없는 문제를 오히려 더 잘 푼다. 정답이 없다는 건, 틀릴 걱정도 덜하다는 뜻이니까. 게다가 이사나 상무조차도 뭘 써야 할지 모른다는데, 설마 나한테 틀렸다고 할 수 있겠는가? 그렇게 나는 독서실로 갔다. 학생 때처럼, 주말을 통째로 투자해서 글을 썼다.

송년사란, 한 해를 돌아보며 감사와 성찰의 메시지를 전하는 것이다.

"올 한 해, 어려운 여건 속에서도 이런저런 성과와 실적을 낼 수 있었던 건 임직원 여러분 덕분입니다. 몇 가지 아쉬운 점도 있었지만, 이를 반면교사 삼아 내년엔 더 큰 성과를 이루도록 합시다." 뭐 이런 내용이면 된다.

신년사는 새해 시무식에서의 메시지다. 새로운 각오와 목표, 경영환경 전망, 임직원 결의를 다지는 내용이 들어가야 한다.

"작년엔 임직원들의 노고 덕분에 내실 있는 성과를 낼 수 있었습니다. 올해는 대내외적으로 이런저런 경영 환경이 예상됩니다. 우리 회사는 이러한 환경을 이겨내고 사업계획을 반드시 달성합시다."

여기에 사장님의 말투나 자주 쓰는 표현을 곁들여 간결하면서도 가슴에 남는 문장으로 다듬는다. 현장의 블루칼라 근로자도 이해할 수 있어야 하니 너무 전문적인 용어나 어려운 말은 피해야 하고, 사보로 가족이나 외부 고객에게도 전달되기 때문에 자극적이거나 기밀을 노출하는 표현도 삼가야 한다.

월요일. 이사 방에 가서 원고를 건넸다. 한참 보더니 한마디.

"나는 할 말이 없대이…"

상무도 비슷했다.

"나도 사장님한테 아무 말도 못 들었어. 자네가 그냥 독박 써."

그렇게 첫해가 무사히 지나가고 나니, 이후 2년, 3년차의 송년사와 신년사는 별로 어렵지 않게 느껴졌다. 글쓰기가 약했던 나도, 이런 경험을 하면서 간뎅이가 부어갔다.

24. 서과장 일본 여행기

L사 전략기획팀 시절, 함께 일하던 서과장이 있었다. 그는 철도고등학교를 졸업하고 기관차 운전사로 일하다가 늦은 나이에 대학을 마치고 L사에 입사한 입지전적인 인물이었다. 집안 형편이 어려웠지만 성실과 노력으로 회사에서 중요한 심사·분석 업무를 맡아 일했다. 서과장은 전사 경영전략회의, 이사회 준비 및 보고, 사업부 실적 평가, 예산 편성, 손익 관리 등 중요한 일들을 도맡았고, 야근을 밥 먹듯 했으며 회사의 주요 행사 전에는 밤을 새우기도 했다.

그 시절엔 파워포인트도 없었다. 도표, 차트 하나 만들기 위해 색종이를 오리고 붙였고, 전략기획팀 전원이 모여 밤늦게까지 합동작업을 해야 했다. 우리 팀은 이사급 팀장 아래 부장 2명, 과장 4명, 대리 7명의 대규모 팀이었고 나는 선임 과장으로서 야근 땐 주로 순대, 떡볶이 같은 야식을 조달하고 분위기를 다지고, 소주 한 병 들고 나타나 분위기 띄우는 역할을 했다. 물론 소주는 대부분 내가 마셨지만 말이다.

어느 봄날, 서과장은 뜻밖의 휴가를 받았다. 담당 상무가 그의 그간의 고생을 인정해 3박 4일 일본 위로여행을 선물한 것이다. 전략기획팀은 CEO 직속 부서라 해외출장 기회도 드물었고, 장기근속 해외여행도 생산직 위주여서 이런 휴가는 이례적인 혜택이었다. 그런데 며칠 후, 서과장이 나를 찾아왔다.

"형님, 저 그냥 안 가고 회사 일이나 할까 합니다. 말도 안 통하고 미아라도 되면 어쩌나 싶어서요…"

나는 단호히 말했다.

"야, 쓸데없는 소리 하지 마라. 미아 안 되게 내가 다 알려줄게. 무조건 갔다 와!"

나는 출국부터 귀국까지, 한 장짜리 일본 여행 생존 매뉴얼을 만들었다. 출입국 요령, 나리타 공항에서 스카이라이너 타는 법, 동경 시내 이동법, 물건 살 때 하는 일본어, 심지어 호텔까지 가는 도보 지도를 인쇄해 줬다. 예를 들어, 나리타 공항 도착 후 입국 심사를 마치고 지하 1층 매표소에서 직원이 세 가지를 물을 때는 다음처럼 대응하라고 알려줬다. 매표소에서는 통상 다음과 같이 묻는다.

1. "어디까지?" → 카드에 적힌 '닛뽀리 마데'를 읽어라.
2. "몇 장?" → 엄지손가락 하나 들어 1장 표시.
3. "흡연 or 금연?" → 손을 좌우로 흔들어 노(No) 표시.
   (금연석을 의미)

며칠 후 무사히 귀국한 서과장은, 기념품으로 상무님께 드릴 골프 장갑을 샀다는 이야기를 들려줬다. 그런데 호텔로 돌아오는 지하철에서 포장을 살짝 열어보니, 장갑이 한 짝밖에 없었다는 것! 배꼽을 잡는 사건이 터진 것이다.

"이런, 반쪽짜리 불량품을 팔아 먹었네…"

부랴부랴 다시 그 가게로 돌아갔지만 서로 전혀 말이 안 통하니 미치는 줄 알았단다. 종업원이 포장을 다섯 개나 뜯어서 보여주더니, 골프 장갑은 원래 한 짝만 판다는 사실을 알려줬다.

"아아… 골프 장갑은 원래 한 짝이구나..."

그제야 서과장은 "스미마셍" 하며 뒷걸음질쳐 가게를 나왔다. 이 배꼽을 잡게 하는 이야기를 듣고 상무가 한마디 했다.

"어이, 서과장. 이 골프장갑은 내가 안 끼고 나중에 골프 박물관에 기증해서 영원히 보관하겠네."

그로부터 몇 년 후, 나는 L사를 퇴직했고 서과장과도 연락이 끊겼다. 나는 퇴사 후에는 후배들에게 짐이 될까 봐 회사 근처에는 일절 가지 않았다. 나중에 변리사회를 그만 둔 후에도 변리사회 건물 근처조차 발길을 끊었다.

몇 년이 지난 어느 날, 서과장이 지병으로 세상을 떠났다는 소식을 들었다. 한동안 멍하게 앉아 있었고, 그의 외동딸이 떠올랐다. 내가 두세 번 서과장 집에 놀러 갔을 때, 그 귀여운 다섯 살 꼬마는 이제 30대 후반의 어엿한 중년 여성이 되어 있겠지.

오늘따라 유난히 서과장이 그립다. 나중에 나도 하늘나라에 가면 다시 보자고.

25. 흑자전환의 명수에게 배운 경영 노하우는 아직도 나를 지탱한다

LG에 그룹 공채로 입사해 LG전선으로 발령받았을 당시, H 전무(나중에 사장으로 다시 옴)는 '흑자 전환의 명수'로 소문난 분이었다. 그는 당시 한국중공업을 인수하며 기계사업본부장을 맡고 있었다. 신입 연수 시절, 먼발치에서 한두 번 뵌 기억이 있다.

H 전무는 경남 사천 출신으로 I대학교 금속공학과를 나와 금성사에 입사했고, 이후 동경지사장을 거쳐 임원, 사장 코스를 차근차근 밟아 올라온 인물이었다. 내가 사원 시절에 직접 보고하거나 결재를 받은 적은 없지만, 내가 속했던 부서 특성상 그분 결재 서류를 자주 접했다.

결재 메모는 늘 압축적이고 간명했다. "언제까지 ○○할 것", "다시 보고할 것", "△△부서와 협조할 것"… 같은 지시들이었다. 결재 아래에는 항상 날짜가 적혀 있었다. 일의 흐름을 중시하고, 책임 있는 마무리를 강조하는 분이라는 인상을 받았다.

내가 입사하고 약 2년 후, H 전무는 다른 계열사 사장으로 이동하셨고, 2년마다 한 번씩 적자 투성이의 다른 회사로 자리를 옮기셨다. 신문에서는 그를 "흑자 전환의 명수"라 소개했다. 적자에 허덕이던 회사를 흑자로 전환시키고 떠나는 그의 행보에 업계도 주목했다.

H 사장이 4년의 외유를 마치고 LG전선 사장으로 '복귀'했을 때는 예전보다 머리숱이 많이 빠져 있었다. 뇌수술을 받았다는 소문도 돌았다. 공대를 나온 임원들은 보통 재무나 마케팅에 약했지만 H 사장은 원가와 생산관리, 손익구조에 밝은 몇 안 되는 분이었다.

한 사업부가 만년 적자를 면치 못하자 그는 직접 경쟁사들의 원가 명세서를 확보하라고 지시했다. 상장기업의 제조원가 명세서를 입수하기는 쉽지 않지만, 그는 가능하다고 했다. 그리고 일주일 후, 관련 임원들을 불러 모았다.

H 사장은 문제의 핵심을 정확히 짚었다.

"제조경비나 감가상각비는 경쟁사와 비슷하다. 그런데 원자재비가 지나치게 높다."

이에 대해 정밀 조사가 지시되었고, 원인은 수입 원자재 비중 과다, JIT(적시생산) 시스템의 과도한 적용, 소량 구매로 인한 단가 상승 등이었다. 이런 조사분석 결과로 그는 다음과 같은 대안을 제시했다.

- 국산 원자재 비율 확대

- 외주 개발 품목 발굴
- 정확한 수요 예측을 통한 대량 구매
- 그룹사 공동 구매 활성화 등.

그는 회의 자리에서도 감정의 기복이 없었다. 화도 내지 않고, 호통도 치지 않았다. 가장 강한 질책은 "촌놈들…" 정도였다. 그러나 그 한마디에 모두가 머리를 숙였다. 그의 투자 철학은 지금도 내 뇌리에 남아 있다.

"똥가루 투자 하지 마라. 2억씩 50군데 나누지 말고, 50억씩 두 군데에 집중 투자하라."

그는 성과 없는 군소 투자를 질타했다. 투자란 효과를 내기 위한 것이지 '돈 뿌리기'여서는 안 된다는 철학이었다. 신제품 개발이나 신규 사업 추진에 있어서도 분명한 기준이 있었다.

1. 시장 규모가 협소한 사업은 하지 마라. (내수든 수출이든)
2. 이미 강력한 경쟁자가 있는 사업은 하지 마라.
3. 3년 내 손익분기점(BEP)에 도달하지 못할 사업은 하지 마라.

요즘도 나는 어떤 사업을 검토할 때마다 이 세 가지 원칙을 다시 꺼내어 곱씹는다. H 사장은 사원 시절 나의 직속상관은 아니었지만 결재 문구 한 줄, 회의 중 한마디, 투자에 대한 철학 등 그에게서 배운 것들이 아직도 내 일하는 방식의 중심을 이룬다.

그 분(H 사장)처럼 나도 "내가 가면 흑자가 된다"는 말을 한 번쯤은 듣고 싶었다.

4장

·

거물급 정치인 국가지도자 밑에서
리더십을 배우다

거물급 정치인 국가지도자 밑에서
리더십을 배우다

변리사회 이야기, 한국 지식재산 발전에 일조하다

1. 술 마실 핑계로 시작한 특허 공부, 운명이 되다

LG에서 근무할 때 나는 특허와 아주 우연히 인연을 맺었다. 기술도입 업무를 담당하다 보니 자연히 특허에 대한 기본 이해가 필요했다. 관련 계약서나 기술자료에 자주 등장하는 단어였지만 막상 개념을 제대로 아는 사람은 드물었다. 그래서 시중에 나와 있던 특허법 책을 사서 틈틈이 읽으 며 '아는 척'하는 정도로 공부를 시작했다.

그러던 어느 날, 회사에서 각 부서별로 연구모임을 구성하라는 지시가 떨어졌다. 우리 부서는 사원, 과장, 부장 딱 세 명뿐이어서 옆 부서와 합쳐 봐야 7명이 전부였다. 그래도 묻지도 따지지도 않고 연구회를 만들 었다. 주제는 '특허'. 한 달에 두 번, 돌아가며 1시간 남짓 발표하고 토론하 는 방식이었다. 문제는 대부분 아무도 발표를 준비하지 않았다는 것. 결국 나와 옆 부서의 선배가 매번 발표를 도맡았다.

나는 당시 일본어를 조금 할 줄 알았기 때문에 주로 일본의 특허 관련 서적을 정리해 발표했다. 부장과 과장들은 매우 만족스러워했다. '얘가 대신 읽고 요약해주니 이보다 더 좋을 수 없지'라는 표정이었다.

이 모임의 진짜 하이라이트는 사실 따로 있었다. 연구모임이 끝나면 늘 자연스럽게 술자리로 이어졌기 때문이다. 사실상 '특허 스터디'라는 이름을 붙인 공식적 술 마실 핑계였다. 그럼에도 불구하고 이 모임은 무려 2년간이나 지속되었다.

특허 공부를 하다가 나는 우연히 '변리사'라는 직업을 알게 되었다. '기왕 공부한 김에 시험이나 한 번 볼까?' 하는 가벼운 마음으로 1차 시험에 응시했는데, 웬걸 덜컥 붙고 말았다. 문제는 그 다음이었다. 1차에 합격하자마자 사람이 건방져지고, 이상한 자신감이 생겨 시험을 우습게 보게 된다. 나도 그랬다. '이 정도면 2차도 되겠지' 싶은 생각에 공부는 거의 안 하고, 결국 2차는 다음 해로 미뤘다. 하지만 다음 해에도 상황은 같았다. 회사 일은 바쁘고, 공부는 안 되고, 결국 2차 시험은 치루지 못했고 1차 합격 유효기간도 소멸되었다. 그런 와중에 3~4회 정도 특허 관련 책을 반복해서 읽다 보니, 비록 자격증은 얻지 못했지만 특허에 대한 감각은 어느새 내 안에 깊게 자리 잡고 있었다.

그게 바로 내가 특허와 '첫 인사'를 나눈 순간이었고, 이후 오랫동안 이어질 지식재산과의 인연의 출발점이었다.

2. 한국 최초의 IP 연구모임, IPMS 초대 회장이 되다

LG 재직 시절, 나는 정식 특허 전담부서는 아니었지만 기술도입 관련 업무를 맡으면서 자연스레 특허를 접하게 되었다. 외국 기업과의 협상이나 계약 체결 시 특허와 관련된 조항을 다루다 보면, 기초적인 이해 없이 업무를 수행하기란 불가능했다. 그렇게 시작된 특허 공부는 단순한 업무 보조 차원을 넘어, 일본 책과 교재를 통해 보다 깊이 있게 탐구하는 계기가 되었다.

LG를 그만두자마자, 나는 과학기술정보연구원(현 KISTI)에서 '특허기술 도입전략 및 라이선스 실무'를 주제로 강의를 시작했다. 이 강의는 단순히 이론 강좌가 아니라, 내가 LG에서 몸소 겪고 익힌 실전 경험을 기반으로 한 실무 중심의 강의였다. 기술도입 협상, 계약 체결, 기술료 산정 및 지급, 사후 분쟁 해결 등 수많은 프로젝트를 수행하며 다진 노하우는 듣는 이들에게 살아 있는 지식으로 전달되었다.

그 무렵 나는 GBO실무연구소라는 이름의 작은 연구소를 설립하여 영문계약 및 라이선스 관련 저술 활동을 병행했다. 한국능률협회(KMA)와 같은 산업교육기관은 물론, LG, 대우, 현대 등 여러 기업체에서 강의를 이어갔다.

그러다 개인적인 사정으로 연구소 운영을 접고, 미국 PLX사의 일본 현지법인과 계약을 맺어 PLX 제품의 한국 마케팅을 시작했다. 기존 강의는 그대로 유지했고, 삼성경제연구소(SERI)의 개인 포럼 활동도 병행하였다. 이 포럼에서 내가 올린 콘텐츠는 제법 많은 사람들의 주목을 받았고, 비슷한 관심사를 가진 두 명의 포럼 운영자와 뜻이 맞아 각자의 포럼을 하나로 통합(M&A라고 부름)하기로 했다.

2002년 2월, 어느 토요일. 통합 포럼의 첫 총회가 열렸다. 장소는 노량진 보건산업진흥원. 그곳에 근무하던 골수 멤버 덕에 장소 섭외가 수월했고, 찾기도 쉬웠다.

그날은 역대급 한파였지만, 무려 70~80명이 모였다. 지식재산 연구모임의 필요성과 방향, 일본의 동향, 향후 활동 계획 등에 대해 열띤 토론이 벌어졌고, 나는 최고 연장자라는 이유로 초대 회장으로 추대되었다. 그 모임이 바로 오늘날까지도 활동 중인 IPMS(Intellectual Property Management Strategy)의 탄생 순간이었다.

당시만 해도 지식재산에 대한 인식은 낮았지만, 기업·공공기관·대학·특허사무소·로펌 등에서 지식재산 업무를 담당하는 이들이 모여들었고, 매월 1회 공개 세미나를 개최하며 지식 교류의 장을 열었다. 나는 일본 지식재산 입국 전략에 대한 고급 정보를 갖고 있었던 덕에 초기 강의를 도맡았고, 다들 흥미롭게 들어주었다.

IPMS는 이후 매년 정기 컨퍼런스를 개최하고, 다수의 저술·자료집 발간, 한·일 상호 교류 등을 통해 국제적 활동도 이어갔다. 시간이 지나면서 공개 세미나는 줄고, 각 분과별 전문 연구 활동에 집중하게 되었다.

2006년 11월, 나는 2대 회장에게 바통을 넘겼다. 그리고 지금은 7대 회장이 IPMS를 이끌고 있다. 한국 최초의 지식재산 연구모임, 그 출발점에 내가 있었고, 그 기록은 지금도 나의 자부심 중 하나다.

3. 한중국제법률연구소에 걸려온 한 통의 전화

"사무국장 한번 안 하시겠어요?"

2004년 4월 무렵, 나는 한중국제법률연구소에서 중국인 변호사 세 명과 함께 한국 기업의 중국 진출을 돕고 있었다. 그 시절은 중국 진출의 초창기로, 전문가도 자료도 턱없이 부족했다. 나는 중국 전문가라고 할 수는 없었지만, LG 시절의 해외사업 경험과 기술이전 실무 덕분에 중국 변호사들과 보완적인 파트너십을 맺고 활동할 수 있었다.

중국 변호사들은 기업 법무에 익숙하지 않았고, 나는 중국 법 체계에 낯설었지만, 서로의 부족한 부분을 채워가며 좋은 팀워크를 만들어 가고 있었다.

2004년 3월 중순, 지식재산 연구모임 IPMS의 열성 회원이자 변리사였던 ○○○에게서 뜻밖의 전화가 걸려왔다.

"회장님, 요즘 어떠세요? 할 말이 좀 있어서, 한 번 뵈요."

자주 있는 일이니 별 부담 없이 만났는데, 그가 꺼낸 말은 의외였다.

"혹시 변리사회 사무국장 안 하시겠어요?"

나는 어리둥절했다.

"글쎄요, 내가 할 수 있을지 모르겠는데… 지금은 중국 쪽 일 열심히 하고 있어서요. 일단은 임통일 변호사님(소장)하고 한번 이야기해 보죠."

그는 덧붙였다.

"제가 지금 대한변리사회 총무이사입니다. 그냥 원서만 내주시면, 나머지는 제가 알아서 할게요. 지금 회장님이 새로 오셨는데, 기존 사무국장을 갑자기 교체하셔서 급히 또 사람을 구해야 하는 상황이에요."

나는 그때까지 변리사회란 조직이 있는지도 몰랐다. 변리사라는 직업은 알고 있었지만, 회원 수가 몇 명인지, 회장은 누군지, 조직 규모는 어떠한지 전혀 관심도 없었고, 그럴 필요도 없었다. 그저 우리 IPMS 회원 중 변리사들이 많았기에, 자연스레 몇몇과 친분이 있을 뿐이었다.

그래도 기왕 제안을 받은 김에, 한번은 제대로 알아보고 결정을 내리는 게 좋겠다 싶었다. 집에 돌아와 이것저것 검색을 해보던 중, 신문 기사에서 이상희 전 과학기술처 장관 겸 국회의원이 변리사회 회장으로 선임됐다는 뉴스를 보게 되었다. 부산 출신 정치인이라 예전부터 익숙한 이름이었다.

마침 대한변리사회 회관이 한중국제법률연구소와 아주 가까운 거리에 있었다. 그래서 다음 날, 임변호사에게 사정을 설명했다. 그의 반응은 의외로 쿨했다.

"한번 해보시죠. 저도 조만간 변리사 등록할 생각 있어요."

그렇게, 우연한 전화 한 통이 내 인생의 새로운 챕터를 열게 될 줄은 그 누구도 예상하지 못했다.

4. 논문시험에 영어작문까지 통과한 공채 총장?

"그냥 원서만 내면 된다더니 시험까지 있더라구요?"

견물생심이란 말이 있다. 어느 날 문득, '나도 개방형 공무원직에 한번 응모해볼까?' 하는 다소 엉뚱한 생각이 들었다. 예전에 신문에서 본 '특허청 발명정책국장 자리가 개방직'이라는 기사가 머릿속을 스쳐 지나갔다.

개방직이면 공채 아닌가. 응모라도 해보자. 그러려면 변리사회 사무국장 (이후 사무총장) 경력이라도 있어야 하지 않겠는가?

그렇게 IPMS 회장 경력에, 미국 PLX 일본지사의 한국 대리점 경험, 그리고 각종 저술 및 강의 활동 등을 상세히 적어 지원서를 작성했다. 양식도 임의양식이라기에 자기소개서 같은 글을 써서 제출했다. 며칠 뒤, 변리사회 사무국에서 연락이 왔다.

"시험 보러 오세요."

응? 시험이요? "그냥 원서만 내면 알아서 한다"더니, 시험이란다. 시험 장에 가 보니 지원자는 단 두 명. 서류심사를 통과한 사람만 온 모양이다. 그 중 한 명은 LG카드 출신의 H상무, 서로 LG 출신이라 금방 인사를 나누었다.

대회의실 한가운데에서 시작된 논술시험. 문제는 총 4개. 주관식 논술 2문제, 영어 해석 1문제, 영어 작문 1문제.

내용은 전부 지식재산(IP) 관련 주제였다. 나는 이런 시험에는 꽤 강하다. 영어도 IP 관련이면 할 말 많다. '카드회사에서 IP? 뭐 알겠나?' 하는 생각이 들었고, 결과를 기다릴 것도 없이 느낌이 왔다.

며칠 후, 최종 면접 대상자로 연락이 왔다. 전화를 걸어 당시 총무이사 인 ○○○ 변리사에게 물었다.

"아니, 원서만 내면 알아서 해준다며요?"

"죄송해요. 그 양반(수석부회장)이 고집을 피워서요."
"그럼 뭐 까짓거, 영어회화도 보고, 체력검증도 하죠 뭐."

면접 날. 가벼운 마음으로 회관을 찾았다. 정식 면접이라기보다는 "인사나 하러 간다"는 기분이었다. 면접장에는 단 한 사람, 김○○ 수석부회장이 앉아 있었다. 다짜고짜 영어로 몇 마디를 묻는다.

나중에 근무하면서 알게 되었지만, 이 분은 보통 분이 아니었다. 이후에는 "대통령 되는 것보다 어렵다"는 아시아변리사회 회장에도 당선된 인물이었다. 하지만 나도 미군 카투사(KATUSA) 슈산보이 출신이다. 영어 몇 마디쯤은 겁도 안 났다.

그렇게 몇 문장을 주고받자 그가 손을 내밀며 말했다.

"좋습니다. 같이 일합시다."

나는 그렇게, 논문시험과 영어작문까지 통과한 공채(!) 사무국장, 아니 사무총장이 되었다.

5. 내일 당장 출근할 수 있소?

그게 끝인 줄 알았다. 하지만 며칠 후, 또다시 연락이 왔다.
"회장님이 다시 한번 보자고 하십니다."

솔직히 욕이 나왔다. '대체 언제 끝나나…'

궁금해서 변리사회 홈페이지를 뒤져보았다. 예산은 연간 8~9억 원 정도. 콩알만 한 규모의 단체였다. 나는 매출 1조 원이 넘는 기업에 다녔던 사람인데.

그런데 뜻밖에도, 면접이 아니라 '임원들과 함께 식사' 자리라고 했다. 미안했던 걸까? 아니면 담당자가 잘못 전달한 걸까?

점심 자리. 의전 순서에 따라 자리를 배치했고 나는 이상희 회장 바로 앞에 앉게 되었다. 식사가 나오기 전, 이 회장이 입을 열었다.
"자, 질문 있으면 하세요."

먼저 국제담당 C부회장이 물었다.
"변리사회는 국제행사가 많습니다. 영어는 어떻습니까?"
"영어, 일본어, 독일어 좀 합니다. 미8군 용산 카투사 출신이라 영어로 뭐 하는 데는 겁이 없습니다."

분위기가 괜찮은가 싶더니, 문제의 J부회장이 말을 던졌다. 부산 출신에, 내가 졸업한 K고의 라이벌 P고 출신. 말투는 공손했지만, 뼈가 들어 있었다.
"그 조그마한 조직(한중국제법률연구소)에서 일하다가 이 큰 단체에 와서 일을 제대로 할 수 있겠소?"

속으로 피식 웃었다. 정면 돌파다.

"저는 LG 주력 계열사에서 10,000명이 넘는 규모의 기획심사팀장을 맡았고, 현재는 변리사 등 500여 명이 활동하는 IPMS의 회장입니다. 제가 조사해 보니, 변리사회 예산이 작년 기준 8억 원 정도 되던데요.

제가 예전에 다니던 LG 한 사업부의 판공비(술값, 밥값)보다도 못하더군요. '아, 그래서 연봉이 이렇게 짜구나' 하고 납득했습니다."

분위기가 순식간에 싸늘해졌다. 나는 아직 '손님'인데, 질문의 방식도 거칠었고, 내 대답도 직설적이었다.

누구도 더는 감히 말을 꺼내지 못했다. 그때 분위기를 깨준 이는 K이사였다. (나중에 알게 되었지만, 분위기 전환의 달인이었다.)

"회장님, 배고픕니다. 밥 먹고 합시다!"

모두들 박장대소. 그렇게 식사가 시작되었다. 식사가 끝나자 이 회장이 마지막 질문을 던졌다.

"내일 당장 출근할 수 있소?"
"네."

그렇게 '서류만 내면 된다'던 일이 시험 보고 면접 보고, 공식 공채처럼 마무리되었다. 나는 다음 날부터 출근했다. 변리사회 사무총장으로서의 2년이 그렇게 시작되었다.

이후 국회에서 변리사 법정단체법(강제 가입법)이 통과되자 사표를 쓰고 변리사회를 떠났다가, 2년 후 다시 사무총장으로 복귀했다. 그리고 J부회장과의 어색한 관계는 그 후로도 계속되었다. 지금도 솔직히 말하면 별로 다시 만나고 싶지 않다.

6. 세 번째 이사회에서 연구소 설립을 통과시키다

2004년 5월, 내가 변리사회 사무국장(이후에는 사무총장으로 격상)으로 임명되어 자리를 잡았을 무렵, 가장 큰 이슈 중 하나는 지식재산연구소 설립이었다. 전문가 단체라면 연구소 하나쯤은 있어야 한다는 공감대가 있었고, "지식재산 전문성을 바탕으로 변호사와 차별화해야 한다"는 절박한 논리가 배경에 깔려 있었다.

그러나 현실은 녹록지 않았다. 전임 회장을 포함해 2대에 걸쳐 연구소 설립을 추진했으나 성사되지 못했다. 이상희 회장이 취임한 후 2개월 동안 열린 4차례의 이사회에서도 해당 안건은 상정만 되었을 뿐, 아무런 결정을 내리지 못하고 있었다. 이유는 명확했다. 돈이 없었기 때문이다.

2004년도 예산을 살펴보니 연구소 관련 항목으로 5천만 원이 배정되어 있었으나 수치만 그렇고 사실상 잔고는 없었다. 연구원 한 명의 인건비도 안 되는 돈으로 무슨 연구소 설립이 가능하겠는가.

여러 고민 끝에 나는 과거 경험을 떠올렸다. 한국능률협회(KMA)—국내 최대의 컨설팅 조직에서 내가 강의를 하고 자문을 맡았던 경험이 있었다. 그때 봤던 방식이 떠올랐다.

"인력부터 확보하고, 나머지는 실적(성공보수)으로 메우자."

나는 수석부회장과 상의한 후 이렇게 정리했다. 연구원 인건비는 고정급 2,500만 원을 보장하고, 추가로 과제 수주나 컨설팅 성과에 따라 성과급 3천만 원 이상을 보장하는 방식으로, 연봉 약 5,500만 원 수준의 조건을 제시하고 연구원을 모집하자는 안이었다.

다른 부대비용은 별도 운영비에서 조달하고, 우선 조직을 만들자는 방향이었다. 이 계획을 이사회에 상정하였고, 내가 부임 후 세 번째 이사회에서 마침내 만장일치로 통과되었다. 4년 가까이 논의만 무성했던 연구소 설립이 이제는 현실적인 실행 단계에 들어간 것이다.

계획에 따라 연구원 모집을 시작했고, 운 좋게도 두 명의 인재를 채용할 수 있었다. 특허심판원 등으로부터 약 8천만 원 규모의 용역 2건도 수주했다. 이로써 2004년 6월부터 12월까지의 운영 자금은 확보된 셈이었다.

나는 이 연구소에서 'IP Index' 사업을 하자고 제안했다. 지식재산의 생산성, 권리 등록, 품질, 수익성, 활용도, 관리수준 등을 평가하여 대기업, 중견·중소기업, 대학, 공공연구기관 등을 대상으로 대통령상, 국무총리상, 장관상, 특허청장상, 변리사회 회장상 등을 시상하는 지식재산 평가 비즈니스였다.

이런 평가 체계를 운영하면, 변리사회 중심으로 자연스레 사람과 기업·기관들이 모이고, 우수 평가를 받기 위한 교육·연수 사업도 병행할 수 있다. 평가비용과 참가비도 받을 수 있으며, 평가 결과를 마케팅 도구로 활용하려는 기업·기관에는 로열티도 받을 수 있다. 한마디로 'IP Index'는 단순한 평가가 아닌, 지식재산 생태계를 활성화하는 촉매 사업이었다.

이 사업을 제대로 운영하려면 경제학 박사급 인력이 두 명은 필요했다. 내가 아는 미국 퍼듀대 출신 ○○○박사에게 의뢰하니 연봉 1억 원을 요구했다. 두 명이면 2억. 여기에 자료 구입 및 연구비 약 3~4천만 원, 홍보 마케팅 비용 5천만 원까지 합치면 총 사업비는 3억 원 이상이 필요했다.

나는 사업 계획을 정리하여 다시 이사회에 올렸다. 이 회장은 그 사업을 하고 싶어 했지만, "돈이 없어서 못 한다."는 이사회의 결정에 그 야심찬 아이디어는 멈춰야 했다.

단지, "3억 원이 없어서."

7. 이사님, 늦게 오시려면 오지 마세요

나는 LG 재직 시절, 이사회 운영과 관련된 모든 실무를 담당했다. 이사회 안건 작성, 안건 상정, 의사록 작성 및 관리, 결의 사항의 이행 점검까지—이사회라는 기구가 어떤 구조로 움직이고, 그 속에서 어떤 절차와 예의가 지켜져야 하는지 누구보다도 잘 알고 있었다.

이사회란 티타임(tea time)이 아니다. 단순한 정보 교환의 자리가 아니라, 중대한 의사결정을 심의하고 결의하는 공식적 기구다. 따라서 절차의 성실성과 시간 엄수는 그 자체로 이사회에 대한 예의이자 책임 있는 자세라고 생각했다.

내가 변리사회 사무총장으로 부임한 지 약 2~3주쯤 지난 어느 날이었다. 그날은 아직 회무에 완전히 익숙하지는 않았지만, "이번에는 제대로 해보자"는 각오로 하나하나 정비해 나가던 시기였다.

그 날 이사회가 시작되고 얼마 지나지 않아, 두 명의 이사님이 약 7~8분 지각해 회의장에 들어섰다. 그 순간, 나도 모르게 입을 열었다.

"이사님, 늦게 오시려면 차라리 오지 마세요."

회의장 분위기가 순간 정적에 잠겼다. 두 분은 미안하다는 표정을 지으며 조용히 구석에 앉으셨지만, 속으로는 아마도 이런 생각을 하셨을지도 모른다.

"뭐 저런 사람이 왔담? 예전에는 안 그랬는데..."

그러나 나는 누군가를 개인적으로 미워하거나 감정적으로 대하는 법은 없었다. 그저 이사회가 가진 본래의 무게감과 진지함을 지켜내고 싶었을 뿐이다. 나는 모든 이사에게 같은 기준을 적용했다.

그날 이후, 특별한 사정이 없는 한 지각하는 이사는 거의 없었다. 내가 보기엔 그것만으로도, 그날 한 마디는 충분히 의미 있었다고 생각한다.

8. 출신성분(?) 사찰을 당하다

나는 분명히 공채를 통해 변리사회에 들어왔다. 논술시험도 보고, 영어 작문과 면접까지 거친 정식 절차였다. 그런데 몇몇 변리사들 사이에서는, 나에 대한 황당한 소문이 끊이지 않았다.

"이상희 회장이 국회의원 시절 데리고 있던 보좌관 출신이다."
"회장이 오면서 데려온 사람이다."

터무니없는 이야기였다. 처음엔 대꾸할 가치도 없다고 생각해 그냥 무시했다. 그러던 어느 날, 내가 함께 일하던 변리사회 직원 한 명이 조심스럽게 말을 꺼냈다.

"국장님, 사실 며칠 전에 ○○○변리사님이 저한테 자꾸 이것저것 물으셨어요."
"어떤 걸?"
"국장님 인사기록이요. 출신 학교, 전 직장, 자기소개서에 쓴 내용까지요... 다요."

놀랍게도, 어느 원로 변리사가 직접 내 직원에게 접근해 뒷조사를 벌인 것이었다. 그 직원이 정직하게 응대하고, 나중에 사실을 알려주었기에 그제야 알게 됐다. 내가 왜 그런 조사를 당해야 했는지 지금도 납득이 되지 않는다. 내 뒷조사를 했던 그들은 당시 회장인 이상희 변리사의 취임을 달가워하지 않던 인물들이었다.

이상희 회장은 당시 회칙("회장은 선거로 선출한다")에 어긋나게, 추대 형식으로 회장이 되었다. 그러나 당시 변리사회는 법정단체화, 특허소송대리권 등 시급한 현안을 해결해야 하는 상황이었고, 국회 경험과 인맥이 풍부한 그가 회장직에 가장 적합하다는 판단하에, 전임 회장단이 합의해 추대한 것으로 알고 있었다.

선거를 치르면 본인이 출마하지 않겠다고 했기 때문에, 4선 의원 출신이자 과학기술처 장관까지 지낸 인사를 추대한 것이었다. 그렇다 보니, 일부 회원들의 반발이 있었던 것은 사실이다. 그렇다 해도, 왜 나까지 출신 사찰을 당해야 했을까? 내가 정말 그분의 보좌관이었다 한들, 그게 그렇게 문제인가? 사퇴라도 시키려 했던 걸까?

하지만 나는 정식으로 시험을 치르고 면접을 거쳐 채용된 인물이었다. 객관식과 논술형 시험, 영어 작문까지 다 보고 들어왔다. 만약에 진짜로 원서만 내고 '낙하산'처럼 들어왔다면 큰 문제가 됐을 것이다.

그래도 내 답안지는 기록으로 남아 있었을 테니, 억울함을 입증할 수는 있었겠지만.

9. 홍보대행사 계약을 파기시키다

내가 부임하고 나서 보니, '○○○○'이라는 홍보대행사에서 매일 아침 뉴스 클리핑 서비스라는 것을 이메일로 보내고 있었다. 그런데 그 내용이 영 미덥지 않았다.

요즘 세상에 필요한 뉴스 정도야, 아침에 직원들이 즐겨찾기한 사이트 몇 군데만 둘러봐도 충분히 알 수 있다. 비전문가인 홍보대행사 직원이 무슨 기준으로 기사들을 선별했는지도 의문이었다. 기사마다 영양가가 없었다. 전문성이 결여된 뉴스 요약본에 돈을 쓴다는 것이 납득되지 않았다. 전임 회장은 종종 직원들에게 전화를 걸어 "이런 기사 말고, 좀 더 가치 있는 기사 없나?" "정확하고 수준 있는 뉴스는 왜 못 찾나?" 하고 호통을 치는 일도 많았다고 한다.

그런데 어느 날, 그 전임 회장이 내게 직접 전화를 걸어왔다. 무슨 이유인지는 몰라도, 그는 나에 대해 불만이 많아 보였다. 나 역시 그에 대해 호의적인 감정이 없었기 때문에 대화는 살짝 날을 세웠다.

"이보게, 왜 그렇게 쓸모없는 기사 클리핑이나 보내는가?"

"제가 보낸 게 아닙니다. 저도 그런 데 예산이 쓰인다는 걸 이해할 수 없습니다. 제가 체결한 계약도 아니고요. 일단 개선을 지시하겠습니다. 정 안 되면 계약을 파기하겠습니다."

"허허… 그런 뜻으로 한 말은 아닌데…"

사실 이런 쓸모없는 계약을 체결한 이상희 회장에게 불만이 있었지만 직접 말은 못하고 나에게 화풀이를 한 것으로 짐작이 갔다. 전화를 끊고 나서 바로 부장과 담당자를 불렀다.

"○○○○사와 체결한 계약서를 가져오세요."

계약서를 살펴보니 기가 막혔다. 내용은 이랬다.

- 매일 뉴스 클리핑 1회
- 매월 경제지에 회장 인터뷰 주선 1회
- 매월 중앙 일간지에 회장 기고 주선 1회
- 연간 계약금 6,000만 원 (월 500만 원)

이 정도 수준이라면, 내가 직접 해도 충분한 일이었다. 그래서 물었다.

"도대체 누가 이따위로 계약을 했습니까?"

"회장님 지시였습니다."

아무래도 언론 활동에 관심이 많았던 회장님이 홍보 강화를 위해 추진했던 듯했다. 하지만 나는 계약의 효율성과 실효성에 문제를 제기했다.

나는 부장에게 지시했다.

"이 회사가 최근 몇 달간 어떤 성과를 냈는지 자료를 가져와 보세요. 계약 파기의 근거가 필요합니다."

며칠 후 받은 실적 자료는 실망스러움을 넘어서 형편없었다. 그래서 회장님을 설득하기로 했다.

"회장님, 연간 예산이 고작 9억인데, 이 중 6천만 원을 이렇게 쓸 수는 없습니다. 전임 회장님 등에서도 항의가 계속 들어옵니다. 이 정도의 언론 인터뷰나 기고 주선은 제가 직접 하겠습니다."

"그래요. 총장님이 알아서 하세요."

그렇게 해서, 나는 불필요한 지출을 막고 계약을 정리했다.

10. 하루 만에 4천만 원을 모아가니, 회장님 눈이 휘둥그레?

변리사회 부설 지식재산연구소를 우여곡절 끝에 간신히 설립하긴 했지만, 그게 끝이 아니었다. 해야 할 일은 산더미처럼 쌓여 있었다. 재정 확보는 물론이고, 설립 목적에 부합하는 지식재산 연구 및 확산 활동도 본격적으로 추진해야 했다. 쉽지 않은 과제들이었다.

나는 이 모든 과제를 동시에 달성할 첫 번째 프로젝트로, 'IP(지식재산) 고급과정'을 기획했다. 대기업 특허 부장급, 중견기업 임원급, 대표 변리사들을 주요 수강 대상으로 삼고, 국내외―특히 일본―의 우수 교육과정을 샅샅이 조사해 최고 수준의 강사진을 섭외했다.

먼저 LG, 삼성 등 주요 대기업 특허 부장들을 수강생으로 알음알음 섭외했다. 내가 회장을 맡고 있던 IPMS 네트워크를 활용하니 큰 어려움은 없었다. 이들이 수강생으로 참여하면 대표 변리사들의 참여 유도도 쉬울 것이라는 계산이었다.

강사진과 커리큘럼이 갖춰졌으니, 이젠 운영자금이었다. 나는 고급 브로셔를 제작하고 그 안에 광고 협찬을 유치하기로 했다. 앞뒤 총 5면에, 면당 2곳씩 광고를 게재하고, 1곳당 300만~500만 원을 받는 조건이었다. 목표는 10곳, 총 4천만 원. 이 자금으로 강사료, 교재비, 그리고 강의 후의 '호프 미팅' 비용까지 충당할 계획이었다.

광고 협찬 유치를 위해, 어떤 사무소부터 어떻게 접근할지 전략을 세웠다. 오랫동안 근무한 직원들에게 자문을 구해 협찬에 관대한 10곳을 선정했다. 그중에서도 가장 인색하고 거절 가능성이 높은 곳부터 먼저 방문하기로 했다. 가장 어려운 곳에서 협조를 받아내면, 이후 작업은 순조롭게 풀릴 것이라 판단한 것이다.

방문일은 목요일로 정했다. 대체로 대표 변리사들이 사무실에 상주하는 날이었고, 사무국 ○○○부장에게는 나의 방문 직전마다 다음 사무소의 대표 변리사 출근 여부를 실시간으로 확인하게 했다. 운전은 직원이 맡고, 나는 도착 즉시 해당 대표 변리사의 방으로 향했다.

첫 번째 방문지. 대표 변리사가 자리에 있었다. 전임 회장을 지낸 분으로 깐깐한 분이었다.

"인사도 드릴 겸, 커피 한 잔 얻어 마시러 왔습니다."

가볍게 인사를 건넨 뒤, 차 한 잔을 앞에 두고 본론(광고협찬)을 꺼냈다.

"요즘 사무소 사정이 좋지 않아서요. 저희는 굳이 홍보하지 않아도 일감이 꾸준히 들어옵니다. 굳이 광고까지는…"

"회장님, 과거에 추진하시다 중단된 연구소를 이번에 어렵게 출범시켰습니다. 이 과정을 통해 변리사 위상도 제고하려 합니다. 도움을 주시지 못한다면 어쩔 수 없습니다. 다른 사무소를 방문하겠습니다. 부족한 금액은 제가 개인적으로 채우겠습니다. 그 정도는 준비되어 있습니다."

일어나 문을 나서 엘리베이터로 가자, 대표 변리사가 엘리베이터 앞까지 쫓아나왔다.

"아이고, 성격이 참 급하시네. 내가 못하겠다고 한 건 아니잖아요. 사정이 좀 그렇다고 한 것뿐인데…"

그렇게 그는 400만 원짜리 광고 칸에 사인했다. 나는 정중하게 사과를 건넨 뒤, 다음 사무소로 향했다.

이후는 쉬웠다. 그 '짠돌이'로 통하던 변리사가 협찬했다는 말 한마디에, 다른 곳은 거리낌 없이 협조해주었다. 가장 어려운 곳을 먼저 공격하는 것도 전략이다.

하루 만에 4천만 원을 확보한 나는 사무실로 돌아왔다. 이 회장이 사무실에 계셨다.

"오늘 4천만 원 모았습니다. 연구소 운영은 이제 문제없을 것 같습니다."

그날 이후, 회장님은 나에게 'CEO형 사무총장'이라는 별칭을 붙여주셨다.

11. 한 번 갔다 오니 3천만 원이 남아

변리사회 부설 지식재산연구소는 회비만으로는 제대로 운영하기 어려웠다. 그래서 나는, 변리사회의 명분에도 부합하면서 동시에 수익을 낼 수 있는 사업들을 끊임없이 기획하고 발굴했다.

그 중 또 하나가 바로 '일본 지식재산 벤치마킹 연수 사업'이었다. 당시 일본은 이미 '지식재산입국 전략' 수립, '지식재산기본법' 제정 등 우리보다 훨씬 앞선 정책과 시스템을 구축해 가고 있었다. 배울 것이 많다고 판단했다.

연수 프로그램은 탄탄하게 구성했다. 도쿄대 TLO, 지식재산학회 주관 이벤트, 일본 대기업 특허 담당자들과의 간담회, 공업소유권연수원 등 다양한 기관을 방문하며 실제 사례와 전략을 직접 듣고 체험하는 일정으로 짰다. 네트워크 구축 및 확장도 도모했다.

한국 대기업들의 관심도 컸다. 특히 '일본 대기업 특허담당자 초청 미팅'은 이 프로젝트의 핵심 행사였다. 일본 대기업의 현직 담당자들이 미팅 참석에 난색을 보이자, 전직 담당자들 중심으로 명단을 다시 구성했다. 그런데 일본 측은, 삼성이나 LG 같은 경쟁사의 이름이 있으면 미팅을 거절하겠다고 했다. 결국 일부 참석자의 소속을 바꾸어 제출하는 작은 해프닝도 있었다. 국가 간 지식재산 전략도 경쟁이라는 사실을 다시금 실감했다.

대기업 특허부장들이 참석하니, 대표 변리사들도 대거 동참했다. 같은 버스, 같은 호텔, 같은 식당과 노래방, 단체 일정으로 함께 지낸 4박 5일은 동고동락의 시간이었다. 특히 저녁 시간대, 가라오케를 포함한 자유 네트워킹은 변리사들에겐 최고의 영업 시간이었다. 대기업 특허 담당자들과 친분을 쌓을 수 있는 이 기회는, 평소에는 좀처럼 만들기 어려운 소중한 자산이 되었다.

특히 기억에 남는 일정이 있었다. 어렵게 섭외한 소재·부품 전문 기업 '알프스전기' 방문이었다. 당초 회사는 난색을 표했으나, 강력한 지인의 설득 끝에 간신히 성사됐다. 회사 측은 실제 자사 사례를 가상의 기업으로 위장해 소개했다. 강의는 입사 4년 차의 사내 변리사가 맡았다.

그 자리에서 나는 소재·부품 기업의 특허전략이 셋트 메이커(Set Maker)와는 완전히 다르다는 점을 처음으로 깨달았다. 아, 이 연수를 기획하길 잘했구나, 스스로 뿌듯함을 느꼈다.

연수가 끝나고 귀국한 뒤, 곧바로 수지를 결산했다. 총 43명의 참가자 덕분에 수익이 발생했고, 여행사 선정과 현지 비용 절감 등 꼼꼼하게 챙긴 결과, 약 3천만 원이 남았다. 이 회장에게 결과를 보고하자, 입가에 엷은 미소가 번졌다.

"허허, 내가 아무리 봐도 사무총장 한 놈은 기가 막히게 뽑은 겨."

12. 이공계 미취업자 훈련사업

나는 원래 기업체 출신이라, 어떤 사업이든 원가를 계산하고 수익을 따져보는 데 익숙하다. 한때 신규사업팀을 이끌었던 경험 덕분에, 수익모델을 찾고 현실화하는 데에도 어느 정도 일가견이 있었다.

변리사회 사무총장으로 부임했을 당시, 회원 수는 500명 남짓한 '임의단체'였고, 예산은 회비 중심의 연간 9억 원 수준에 불과했다. 회비에만 의존해서는 단체가 움직이기 어렵다. 그래서 법이 허용하는 범위 내에서 최대한 수익사업을 해야 한다고 판단했다.

마침 정부에서 '이공계 미취업자 연수 및 취업지원사업' 공고가 떴다. 당시 공대 졸업자들의 취업률이 낮아 6개월간 실습 중심 교육을 제공하고, 수료 후 취업까지 연계하는 프로그램이었다. 나는 바로 변리사회 이름으로 사업제안서를 작성해 응모했다.

아이디어는 간단했다. 특허사무소나 특허법인에 필요한 실무 인력은 대개 이공계 출신이다. 예를 들어,

- 특허 명세서 작성 보조
- 특허 도면 그리기
- 상표 디자인 이미지 처리
- 특허 조사 등

이런 일을 도울 수 있는 실무형 이공계 인재를 육성하자는 것이었다. 사업제안서에는 핵심 전략 하나를 더했다. 바로 '고용의향서' 30부 제출

이었다.

내가 직접 특허사무소 대표, 상급 파트너들을 만나 일일이 설명하고, 고용의향서에 서명을 받았다. 법적 구속력은 없지만, 실제 취업률을 예측할 수 있는 가장 강력한 증거였다.

결과는 대성공이었다. 첫해 시범사업에서 취업률 90%, 전국 최우수 성과를 달성했다. 사업비 약 5억 원 중, 직간접 수익만 해도 약 2억 원을 확보했다. 이 수익은 연구소 운영에도 큰 힘이 되었다.

시범사업에서 전국 1등을 한 덕에, 그 다음 해 정규사업도 자연스럽게 수주할 수 있었다. 이 사업은 단순히 돈을 버는 것 이상이었다. 젊은 이공계 인재에게는 실무 경험을 제공하고, 특허사무소에는 검증된 인턴 인력을 연결해 주었고, 변리사회에는 자립 기반을 마련해 준 삼위일체형 프로젝트였다.

나 하나 기획하고 실행한 일로 변리사회도, 젊은 인재도, 특허업계도 함께 웃을 수 있었다.

13. 책임을 지고 그만두겠습니다

내가 변리사회 사무총장으로 취임했을 때, 가장 시급하고 뜨거운 현안은 변리사 강제 가입을 의무화하는 '법정단체화' 추진이었다. 특허소송 공동대리 및 단독대리 문제와 함께 오랫동안 논란이 되어온 이슈였다.

많은 논의와 갈등 끝에, 이 회장의 강한 의지에 따라 법정단체화부터 먼저 추진하기로 결정했다. 회원 수를 늘려 단체의 정치력을 키워야 특히 소송대리권도 확보할 수 있다는 논리였다.

법정단체화를 실현하려면, 변리사법 개정이라는 거대한 입법 과정이 필요했다. 입법 방식은 세 가지. 의원 입법, 정부 입법, 국민청원 입법. 이 중 어떤 방식을 택할지, 그리고 어느 국회의원이 대표발의를 맡을지가 가장 중요한 전략 포인트였다. 이사회에서도 이 주제는 논란이 많았다. 당연히 회장이 대표발의자를 직접 지명할 것으로 모두가 예상했지만, 이 회장은 뜻밖의 결정을 내렸다.

"이 일은 사무총장이 알아서 추진하세요. 집행부는 사무총장이 일하기 좋게 도와주는 걸로 합시다."

정말 벼락 같은 지시였다. 나는 갑작스러운 책임에 당혹스러웠지만, 도망치고 싶지는 않았다. 프로젝트 수주도 병행해야 하고, 국회 입법조사관 로비도 내가 직접 뛰어야 했다. 짧지 않은 고민 끝에, 나는 노무현 대통령의 최측근이자, 당시 집권여당의 영남 책임자였던 최철국 의원을 대표발의자로 점찍었다. 그는 내 모교 K고의 4년 선배이기도 했다. 누군가가 말해줬다.

"여의도보다는 지역구로 찾아가야 제대로 이야기할 수 있어요."

나는 곧장 최 의원의 지역구인 김해로 향했다. 그 다음 날, 김해공설운동장에서 농기계수리인 체육대회가 열린다는 정보를 입수했다. 거기서 축사를 하러 내려온다는 일정까지도 파악해 뒀다.

빈손으로 갈 순 없었다. 나는 정치적 선물도 준비했다. 김해 장미 재배 농가들이 겪고 있던 150억 원 규모의 로열티 문제를 변리사회가 직접 돕겠다는 약속. 김해 내 중소기업 7천 개 중 대표 200명을 모아 최고급 무역(수출) 교육을 무료로 제공하겠다는 제안. (교재는 무역협회에서 무상 제공)

정치판에서 표는 무엇보다 중요하다. 나는 "이 표가 얼마나 될지 아십니까?"라며 적극적으로 어필했다. 이 제안들은 모두 이 회장에게 구두로만 보고한 상태였다.

현장에서 최 의원과는 단 5초간의 짧은 인사만 나눴다. 요청사항 메시지(선물 포함)는 지역구 보좌관을 통해 이미 전달되었다.

"K고 30회입니다. 도와주십시오."
"고생이 많소. 알았소."

그 인사 한 마디로 나는 이 모든 전략이 성공하리라 기대했다. 몇 달 뒤, 11월 중순. 이 회장과 함께 차량 이동 중, 최 의원실에서 전화가 걸려왔다.

"후배님, 미안하오. 대표발의는 했지만… 민주당 시절에 자유화한 제도를 다시 '강제'로 되돌리는 법안이라, 집권 여당 내부에서 부담이 크네요. 내가 적극적으로 나서기 어려울 것 같소. 정말 미안하오."

대표발의자가 손을 놓으면 법안 통과는 물 건너 간다. 더구나 변호사단체의 강한 반대까지 감안하면 사실상 불가능해진 상황이었다. 나는 바로 옆에 있던 이 회장에게 말했다.

"회장님, 저 내일부로 그만두겠습니다. 최 의원이 손을 놓았다고 합니다."

잠시 침묵이 흐른 후, 회장이 낮고 단호하게 말했다.

"헛소리 하지 말고, 다시 하면 돼."

14. 또 말은 당신이 구해라

2004년 겨울, 변리사법 개정안—즉 법정단체화는 결국 법사위 문턱도 넘지 못한 채 무산됐다. 회무는 교착 상태에 빠졌고, 법정단체화를 반대하던 단독대리파, 공동대리파의 비난과 압박은 점점 거세졌다.

이 회장을 중심으로 한 집행부는 전원이 찬성파와 친위그룹으로 구성되어 있었기에 비판이 거세질수록 더 강경하게 밀어붙이는 분위기가 조성되었다. 회의는 점점 더 자주 열렸고, 회의가 잦아질수록 사무총장의 체력은 고갈되어 갔다.

그리고 어느 날, 이사회에서 '말' 구하는 문제가 다시 터져 나왔다. 이 말이란, 진짜 동물이 아니다. 법안을 대표발의할 국회의원을 은어처럼 그렇게 불렀다.

법안을 발의하려면 해당 의원의 사용인감(혹은 나무 도장)이 필요하다. 대개는 의원실의 수석 보좌관이 그 도장을 관리하며, 일단 도장을 찍고 나면 의원에게 사후 보고하는 방식이 일반적이다. 그날 이사회에서, 이 회장이 나에게 "말 구해오는 일은 어떻게 됐소?" 하고 물었다.

2004년에는 집권 여당 소속 최철국 의원을 대표발의자로 세웠다가 실패를 맛봤다. 그래서 이번 2005년에는, 야당 의원 중에서 대안을 찾아야겠다고 판단했다. 나는 포항 지역구의 이병석 의원을 후보로 정했고, 이사회에서 그렇게 보고했다. 몇몇 부회장이 질문했다.

"왜 하필 이병석 의원입니까?"

이미 예상했던 질문이었다. 나는 논리적으로 설명했다.

첫째, 이병석 의원이 나오는 심야토론 방송을 우연히 보았는데, 토론 내공이 대단했다. 상대를 압도하는 화력과 전투력이 있었다.

"이제는 대표발의만이 아니라, 싸워서 관철할 수 있는 '싸움꾼'이 필요합니다."

둘째, 나는 이병석 의원의 수석보좌관과 개인적으로 친분이 있었다. 그는 예전에 ○○○테크노파크에서 근무하다가 여의도 보좌진으로 옮긴 후배였다. 보좌관이 움직이면 의원은 움직이게 되어 있다.

"국회는 보좌관 정치입니다."

셋째, 이병석 의원은 검정고시 출신이자 검정고시 동우회 회장이다. 우리 회장님도 검정고시 출신.

"같은 뿌리를 가진 사람들 사이엔 설명이 필요 없습니다. 협조를 구하기도 쉬울 겁니다."

내 답변이 끝나자 이 회장이 이사회에 물었다.

"다른 질문이나, 다른 추천 의원 있습니까?"

정적이었다. 그 시절 변리사 중에 정치판을 제대로 아는 이는 거의 없었다. 국회의원 출신도 이 회장이 유일했기 때문이다.

그는 곧 의사봉을 두드렸다.

"딱 딱 딱."

그렇게 법정단체화 재수(再修) 생활이 시작되었다. 속으로 생각했다.

'부디 삼수는 하지 않기를…'

15. 특허강국을 만들자... 협찬광고 없이 전면지면 8회 특집

반대 진영이 존재하는 법 개정은 가히 전쟁에 가깝다. 법안이 발의되더라도 먼저 소관 상임위(당시에는 산업자원위)를 통과해야 하고, 이어지는 법사위라는 '괴물'을 넘어서야 한다. 문제는, 법사위가 사실상 변호사 출신 의원들의 아성이었다는 점이다.

당시 대한민국 국회의원 약 4분의 1인 70여 명이 변호사 출신이었다. 우리 법안은 처음부터 계란으로 바위를 치는 형국이었다. 나는 그것도 모르고, 변리사회라는 전장에 '총알받이 사무총장'으로 나섰던 셈이었다.

재도전의 시간이 다시 시작됐다. 국회는 국민의 눈치를 본다. 따라서 국회를 움직이기 위해선 국민을 등에 업는 전략이 필요했다. 국민들에게 변리사의 역할이 얼마나 중요한지를 알리고, 법정단체화가 국가 경쟁력과 직결된다는 사실을 알리는 것이 급선무였다.

그 수단은 곧 언론이었다. 하지만 대한민국 유력 언론은 또 다른 괴물이자, 웬만한 접근으로는 꿈쩍도 하지 않는 상대였다. 그럼에도 법안을 통과시키기 위해서는 이 괴물과도 손을 잡아야 했다. 이 회장도 매체에 기고하고 인터뷰하며 여론 형성에 나섰지만, 나는 더 '장기적이고 큰 그림의 음모(?)'를 기획하고 있었다. 바로 "특허강국을 만들자"는 대형 기획 시리즈 기사를 유력 일간지 전면 기사로 게재하게 하려는 계획이었다.

하지만 문제는 늘 돈이었다. 전임 회장 때, 일간지 전면 기사 1회 게재에 협찬 광고비로 4천만 원이 들어갔다는 말을 듣고 홍보담당 직원도 어이가 없다는 듯 말했다. 그렇다면 8회면 3억이 넘는 돈이다. 도저히 회비로 감당할 수 있는 수준이 아니었다.

나는 몇몇 언론사를 후보군으로 염두에 두고 있던 중, 불현듯 매일경제 신문이 떠올랐다. 그리고 곧 장대환 회장과 공군 학사장교 동기인 L형이 생각났다. L형과는 평소에도 막역한 사이였다.

바로 그날 밤, L형을 불러내 소주 한 잔을 사주며 설득을 시작했다. 법정단체화가 왜 필요한지, 이 법이 국가에 어떤 의미를 가지는지 조곤조곤 세뇌하듯 설명했다. 그리고 물었다.

"혹시 매경 과학기술부 ○○○ 부장을 잘 아시나요?"
"그럼, 아주 친하지."

곧바로 전화를 걸어 셋이 그 다음날 저녁 술 한잔하기로 약속을 잡았다.

다음 날, ○○○ 부장이 좋아하는 멍멍탕 식당에서 만났다. 나는 술자리에서 단 한 마디만 했다.

"○○○ 차장한테 저희 협회에 한 번 취재차 들르라고 말씀 좀 전해주세요."

나머지 시간은 술만 마셨다. 술자리에서는 말보다 분위기가 중요하다. 술자리에서 무슨 부탁하는 놈은 하수다.

다음 날, 정말로 ○○○ 차장이 변리사회를 찾아 왔다. 나는 L형과 장회장, 그리고 ○○○ 부장과의 관계를 거론하며 말했다.

"이번에 특종 한번 제대로 해서 부장 진급 노려보시죠."
나는 충동질의 달인이었다.

○○○ 차장이 "어떻게 특종을 만들어낼 수 있느냐"고 묻자 나는 준비해 둔 카드를 꺼냈다.

"변리사회가 모든 비용을 부담하겠습니다. 일본 고이즈미 내각의 '지식재산입국전략'을 현지에 가서 직접 취재해 보시죠."

나는 이미 전날 ○○○ 부장에게서 휴가 및 출장 허가까지 받아 놓았다. 이보다 완벽한 제안이 또 있을까? ○○○ 차장은 즉시 수락했다. 5박 6일의 일본 출장이 성사되었다. 이 회장, ○○○ 차장, 그리고 내가 함께 떠났다.

나는 사전에 모든 현지 인터뷰 일정을 잡아 놓았고, ○○○ 차장을 일일이 모시고 안내하며, 현지 관계자들과의 인터뷰, 지식재산본부 방문 등 초호화 취재 일정을 소화하도록 도왔다. 처음 접하는 일본의 지재권 시스템에 ○○○ 차장은 신기한 듯 연신 감탄했다.

"왜 진작 이런 기회를 안 줬냐"면서 취재 열기가 붙었다.

출장비는 약 200만 원. 그 돈으로 8회 분량의 전면 기사라면, '가성비'로는 말할 필요도 없었다.

귀국 후 나는 이 회장과 ○○○ 부장의 식사 자리를 따로 마련했다. 이 자리는 지면(紙面) 확보를 위한 회유와 압박의 자리였다. 신문사 부장은 편집국장과 싸워서 지면을 확보하는 것이 가장 중요한 일이다.

다행히 ○○○ 부장은 "지면은 확보했습니다. '대한변리사회·매경 공동기획: 특허강국을 만들자'로 진행하죠." 라며 이미 제목까지 구상해 온 상태였다. 무려 광고 협찬 한 푼 없이 전면 기사 8회라는 말도 안 되는 결과가 탄생한 것이다. 이후 3개월 동안 격주로 전면 기사 8회가 연재되었고, 다른 매체들도 자극을 받았다. 경쟁지인 ×××경제신문은 전담 기자를 투입했고, 동아일보, 중앙일보도 특허기사 경쟁체제에 뛰어들었다.

특허에 대한 언론 경쟁의 불을, 내가 질렀다. 덕분에 지금은 모든 매체가 특허를 아주 비중있게 다룬다.

16. "총장님, 우리 것도 좀 실어주소"

법정단체화 추진의 실무 책임을 맡고 있을 무렵, 특허청장은 김종갑이었다. 이 양반은 그야말로 '시대의 걸물'이라 부를 만한 인물이었다. 항상 웃는 얼굴로, 권위를 앞세우거나 건방진 기색 하나 없이, 유능함과 친화력을 동시에 갖춘 고급 관료였다. 사실 변리사회 사무총장을 하급 실무자쯤으로 여기는 특허청 간부들도 많았다. 하지만 김종갑 청장은 언제나

"총장님, 수고하십니다." 라고 말했다.

그런 사람을 내가 싫어할 이유가 있을까. '사람을 얻는 법'을 제대로 아는 진짜 고수였다.

"특허강국을 만들자"는 매경 특집 시리즈가 5회차 정도 나갔을 무렵, 어느 금요일 오후였다. 한 직원이 내게 전화를 걸어

"총장님, 곧 특허청장님께서 직접 전화하신답니다. 번호 드렸어요." 라고 알렸다.

그때 나는 고속도로를 주행 중이었다. 급히 갓길에 차를 세우고 기다렸다. 20초쯤 지나자 모르는 번호로 전화가 왔다.

수화기 너머로 들리는 목소리— 정감 가득하고 사투리가 살짝 섞인 한 마디.

"총장님, 우리 것도 좀 실어주소~"

나는 김 청장이 왜 나에게 전화를 했는지 단번에 이해했다. 그는 '특집 기획의 주동자'가 나(허재관)라는 사실을 알고 있었던 것이다.

그가 부탁한 것은 단 하나.

"우리 특허청에서 요즘 열심히 추진 중인 '특허품질 제고정책'도 기사에 좀 실어 달라는 겸손한 요청이었다."

나는 답했다.

"예, 청장님. 이미 마지막 회차까지 제목과 기획안이 정해져 있어서 쉽지는 않겠지만, 매경 편집진과 한번 협의해 보겠습니다."

사실, 그분이 KBS 9시 뉴스에 출연하게 된 것도 내 공이었다. 특허라는 주제가 국내 공중파 뉴스 메인 타임(9시뉴스)에 다뤄진 것은 그게 최초였다.

그 뒤에는 나의 카투사(KATUSA) 시절 동기들이 있었다. 그들은 KBS, MBC, 조선일보, 매경 등 주요 언론의 곳곳에 포진해 있었다. 그때부터 나는 '사람 빚'의 중요성을 실감했다.

그날 저녁, 나는 곧장 매경의 ○○○ 차장에게 전화를 걸었다.

"야, 우리 특허청장님 말씀 좀 실어줘라."

○○○ 차장은 난처하다는 투로 말했다.

"이미 기획 회차별 제목과 내용이 다 짜여 있어서 넣기 어렵습니다, 형님..."

그러나 나는 한 치의 망설임도 없었다.

"어이, ○○○ 차장. 세상에 안 되는 게 어디 있냐? 되게 해야지. 청장님 말씀이 들어가면 오히려 기사 품격이 올라가지 않겠냐?"

우리는 이미 호형호제하는 사이였고, 나이도 위였던 나는, 그냥 '형'으로서 밀어붙였다. 결국 시리즈 마지막 회 기사에 김종갑 특허청장의 특허 품질 제고 정책이 손바닥만 한 크기로 삽입되었다. 체면치레는 해드린 셈이었다. 며칠 후, 특허청 공보관을 통해 '감사 인사'가 전해졌다.

"사람 관계란, 결국 서로의 체면을 지켜주는 것이다."

그날 나는 다시 한 번 정치력은 우정의 포장지 위에 실무를 얹는 기술이라는 걸 깨달았다.

17. "일본은 미국과 이미 IP FTA를 했시오"

2005년 5월 중순, 삼성역 근처의 10층짜리 빌딩에서 정보통신기술이전센터 개소식이 열렸다. 이 회장에게 초청장이 도착했고, 나는 그가 축사가 아닌 '격려사'를 맡도록 조율했다. 4선 국회의원에 장관 출신인 이 회장은, 그저 박수나 치는 자리에 참석하는 스타일이 아니었다. 행사에서 주목을 받을 수 있을 때만 움직이는 인물이었다.

외부 초청장, 공문, 메일 등은 모두 나, 사무총장이 선람하고 필터링하여 회장에게 보고했다. 그날 개소식에는 장관급 인사만 다섯 명이 참석했다. (정통부 장관 1, 국회의원 3, 이 회장 1) 변리사회가 기술이전 컨설팅도 담당하던 시절이었기에, 이 회장이 격려사를 하는 건 명분이 있었다.

회장이 외부에서 연설이나 축사를 할 때, 나는 언제나 3P(Place, People, Purpose)에 맞는 핵심 키워드만 정리해서 드렸다. 다른 기관장들은 연설문 전체를 요구하곤 했지만, 이 회장은 원고 없이 말하는 데 익숙한 정치인 출신이었다. 내 입장에선 참으로 감사한 일이었다.

그날의 키워드는 단 하나, IP FTA였다. 당시 일본과 미국은 조세조약 개정으로 지식재산(IP)에 부과되는 원천징수세(Withholding Tax)를 0%로 설정한 상태였다. 즉, 특허·기술 등의 이전에 아무런 세금도 붙지 않았다. 하지만 한미 간에는 무려 16.5%의 세금이 부과되어, 기술이전이 활발히 이루어지기 어려웠다. 나는 이 회장에게 말했다.

"회장님, 일본과 미국은 이미 IP거래에 세금이 없도록 했습니다. 그러니 우리도 지식재산 교류에 걸림돌인 세금을 제로(zero)로 해야 한다는 메시지를 이번 격려사에서 꼭 던지셔야 합니다."

그 말을 듣자, 이 회장은 특유의 말투로 되물었다.

"그라모, IP FTA 아니가?"
"예, 맞습니다."

당시는 온 국민이 FTA(자유무역협정)에 관심을 갖던 시절이었다.

개소식이 시작됐다. 첫 번째 축사는 진대제 정통부 장관이 맡았고, 그 다음 순서로 이 회장의 격려사가 이어졌다. 이 회장은 단상에 올라 또렷하게 말했다.

"정보통신 기술특허의 한미 간 이전은 매우 중요합니다. 기술이전에는 대가가 따르고, 대가에는 세금이 붙습니다. 그런데, 우리의 경쟁자인 일본은 이미 미국과 IP FTA를 했시오. 우리는 세금을 16.5%나 물고 있습니다..."

격려사가 끝나기도 전에 앞자리에 앉아 있던 진대제 장관은 뒤쪽에 배석한 국·과장들을 향해 작게 호통을 쳤다.

"야, IP FTA가 뭐야? 조사해서 보고해!"

장관의 갑작스러운 반응에 현장 분위기는 다소 뒤숭숭해졌다. 사실 IP FTA라는 말은 없다. 이 회장이 지어낸 단어다.

행사 후, 이 회장과 함께 승용차로 다음 장소로 이동하던 길, 그가 혼잣말처럼 내뱉었다.

"너거 정통부 700명이 붙어도 우리 허 총장 한 명을 못 이긴다."

그 말엔 농담 반, 진심 반의 뿌듯함이 배어 있었다. 그날 오후부터 내 휴대폰은 불이 났다. 정통부, 기재부, 특허청에서 전화가 쏟아졌다.

"IP FTA가 정확히 뭔가요?"
"한미 원천징수세 16.5%는 어디서 온 자료인가요?"
"일본-미국 조세조약 개정 내용 좀 알려주실 수 있나요?"

기재부에 물어봐도 모르고, 특허청도 파악이 안 된다는 말만 반복했다. 결국 모두 나에게 전화가 집중된 것이다.

그날 나는 실감했다. 정치는 발언으로 움직이고, 행정은 그것을 뒤쫓는다. 회장의 한마디가, 700명을 움직이는 정책의 실마리가 될 수도 있다는 것을.

18. 국회를 내 집처럼? "총장님은 나가 계세요."

2004년, 변리사 법정단체화를 위한 변리사법 개정은 국회에서 좌초되며 1차 시도는 실패로 끝났다. 그러나 포기할 수 없었다. 2005년 통과를 목표로 전력을 다해 다시 시작했다.

이 일은 단순히 국회의원 몇 명을 설득한다고 되는 일이 아니었다. 더욱이 국회를 장악한 법조인들, 특히 변호사 출신 의원들이 강하게 반대하는 법안이었다. 사실상 '통과 불가능한 법'이라는 평가도 있었다. 그래서 국민을 등에 업어야 했다.

하지만 국민을 일일이 만날 수는 없으니 언론 보도, 강연, 기고, 각종 이벤트 등을 통해 "변리사는 국가이익과 국민경제의 경쟁력을 위해 반드시 법정단체가 되어야 한다"는 계몽과 설득 작업이 끊임없이 이어져야 했다. 동시에 국회 산업자원위원회(산자위)의 입법조사관, 전문위원, 수석 전문위원들을 설득해야만 했다. 그들의 자료 요청에 응하고, 명분을 만들어 먼저 찾아가기도 하고, 때로는 불려가기도 했다.

하지만 그들은 힘이 세고, 말을 잘 듣지 않는다. 더구나 찬반 양측의 의견을 모두 들어야 하는 위치라 접근하기도, 설명하기도 참 어려웠다. 다행히 당시 내 카투사 동기이자 절친한 친구 K가 과학기술정보통신위원회 수석전문위원으로 재직 중이었다. (비록 상임위는 달랐지만) 나는 그를 찾아가는 척하며 국회 출입을 자연스럽게 하고, 산자위 관련 정보도 슬쩍 얻어냈다.

무엇보다 큰 도움이 된 건, K 수석 밑에서 일하던 ○○○ 전문위원이 산자위로 자리를 옮겼다는 점이었다. K가 직접 이 전문위원에게 "허 총장을 특별히 잘 챙겨달라"고 당부해주었고, 그 덕분에 나에 대한 신뢰와 호의가 생겼다. 이 전문위원이 나를 대접하자, 입법조사관들도 태도가 확 달라졌다.

국회 로비를 해 본 사람만 안다. 수석전문위원이 얼마나 막강한 존재인지. 장관이 취임하면 가장 먼저 인사하러 가는 대상이 바로 이들이다. 입법이든 예산이든 국정감사든, 모든 보고와 의안의 흐름은 그들의 손에 달려 있다. 설득시키는 건 중요하지만, 그들의 마음을 여는 건 결코 쉽지 않다. 한 번은 그 ○○○ 전문위원이 "총장 얘기는 이제 많이 들었고, 부회장 3명을 직접 만나고 싶다"며 요청했다. 다만 회장을 오라고 하자니 부담이 크고 (당시 회장은 4선 국회의원 출신), 나와는 너무 가까워서 쓴소리 하기도 애매했던 것이다.

나는 전략을 짰다. 그 전문위원의 고등학교 2년 선배인 ○○ 부회장을 전면에 세우고, "그분이 선배라는 사실"을 넌지시 전달했다. (조금 더 잘 대해달라는 뜻이었다.) 약속된 날, 부회장 3명과 회의실에 도착하자 전문위원이 나를 보며 말했다.

"총장님은 바깥에 좀 나가 계세요."

나는 조용히 회의실을 나와 문틈으로 상황을 엿보았다. 안에서는 목소리가 쩌렁쩌렁 울렸다. 부회장들이 설명을 시도하면 바로 말을 끊었다.

"내가 5분 뒤 또 다른 미팅이 있으니 내 말만 들으시오."

말 그대로 호통 수준이었다. 그날 이후, 부회장들은 다시는 국회에 안 가겠다고 선언했다. 결국 국회 출입은 나 혼자 다 해야 했다. 이 회장은 4선 의원 출신이라 직접 가시지는 않았고 내게 맡기셨다.

나는 그렇게 국회를 내 집처럼 드나들었다. 사람을 만나고, 눈치를 보고, 부탁을 하고, 때로는 문 앞에서 기다리며 '입법'을 위해 전쟁을 치렀다.

19. 국회 본회의 통과, 국회방송 시청 중 사표 제출

2005년. 법 개정 재수(再修)의 해.
회장단 임기는 2년. 이번이 마지막이다. 이번에도 실패하면 법 개정 낭인(浪人)이라는 불명예를 안고 평생을 살아야 할지도 모른다. 대표발의자를 내가 직접 정했기에, 실패의 화살이 내게로 향할 가능성도 크다. 그만큼 대표발의자의 선정을 둘러싼 책임은 컸다.

우리의 뜨거운 감자, 즉 법정단체화 변리사법 개정안은 우여곡절 끝에 산자위를 무난히 통과하고 법사위로 회부되었다. 하지만 그다음은 죽음의 계곡(Death Valley)이라 불리는 법사위 심사가 기다리고 있었다.

법안은 1소위, 2소위를 거친다. 1소위에서 통과되지 않으면 2소위로 회부되는데, 거기서 다시 살아나는 경우는 드물다. 그래서 우리는 2소위

회부를 "똥통에 빠졌다"고 비유했다. 한 회기 동안 그렇게 사라지는 법안이 수백 개에 달한다.

1소위를 통과하면 법사위 전체회의는 거의 자동통과다. 하지만 그 과정에서 법사위 수석전문위원의 의견은 단순한 '참고'가 아니라 사형선고에 가까운 무게를 지닌다. 그의 한 마디에 법안은 살고 죽는다.

기적처럼 우리는 마의 법사위 문턱을 넘었다. 이제 마지막 관문인 국회 본회의 통과만이 남았다. 하지만 이것 역시 안심할 수 없다. 법안이 본회의에 상정되면 어느 의원이든 소속 상임위에 상관없이 손을 들어 발언을 신청할 수 있다.

누군가 "잠깐만요" 하고 손을 들면 즉시 찬반토론으로 전환되고 투표는 연기되거나 법사위로 다시 회부되어 버린다. 그 순간부터는 사실상 폐기 수순이다.

2006년 2월 어느 날. 국회 본회의가 열렸다. 국회TV 생중계가 예정된 날이다. 이 회장실에는 임원 전원이 모였다. 마치 대입 합격자 발표를 기다리는 마음으로 대형 스크린 앞에 앉았다. 모두가 숨을 죽이고 국회의장의 입만 쳐다보고 있었다.

"찬반 토론이 없으시면, 바로 투표에 들어가겠습니다."
이 한마디를 들으려고 나는, 우리는 1년을 뛰고 또 뛰었다.

투표가 시작되었다. 전광판에 초록색(찬성)과 빨간색(반대) 불빛이 하나둘 들어오기 시작했다. 나는 더 이상 TV를 볼 수가 없었다. 사무국 내 내

방으로 조용히 걸어갔다. 그리고 조용히 내 호주머니에 넣어둔 봉투 하나를 꺼냈다.

잠시 후, 이 회장실에서 환호성이 터졌다.
"우와! 이겼다! 통과다!"

사무국 직원이 캔맥주와 마른안주를 들고 회장실로 달려갔다. 기쁨의 술이었다.

나는 조용히 수석부회장을 회장실 옆방으로 불렀다. 그리고 주머니 속 봉투를 건넸다.
"부회장님, 저는 이제 떠나겠습니다. 제가 할 일은 여기까지입니다."

그는 당황하며 말했다.
"이게 뭐야, 허 총장! 살림살이가 어려워 연봉도 제대로 못 챙겨줬는데 이제야 회비수입이 늘 것이고 월급도 제대로 줄 형편이 되었는데... 다시 집어넣어!"

그로부터 약 20일간 업무 인계를 마쳤다. 그리고 2006년 3월 어느 날. 내 개인 사물 봉투 하나를 들고 나는 조용히 자발적 실업자가 되었다. 자발적 실업자는 실업급여 대상도 아니다. 하지만 그 어떤 실업급여보다 값진 보상을 이미 국회 본회의장에서 받았다.

20. 특허번역학원이나 할까?

실업자가 되면 가장 먼저 해야 할 일이 있다. 4대 보험 처리. 이걸 잘못하면 곧바로 가족에게 들킨다. 실업자가 되면 국민건강보험공단에서 '자격 상실 통보'가 등기로 날아온다. 그게 집으로 오면 "회사 그만뒀다"는 사실 이 그대로 공개된다. 나는 가족에게 군이 걱정을 안겨주고 싶지 않았다.

다행히 나는 강의만 해도 웬만한 직장인보다 큰 수입이 나왔기에 밥 굶을 걱정은 없었다. 하지만 보험 처리를 위해 방법이 필요했다.

그래서 K고 선배이자 내가 국제 활동 기회를 소개해준 ○○○ 변리사를 찾아갔다. 그는 내가 외국계 특허정보회사와의 인연을 통해 한국 특허법 개정정보를 팔로업하는 국제 전문 변리사 브랜드를 구축할 수 있도록 기회를 열어준 사람이다. 사실 그 외국회사가 원래 내게 부탁한 일이었지 만, 더 유능한 전문가에게 넘긴 것이다. S대 법대 출신, 대우그룹 출신. 업계 최고의 신사였다.

그는 말없이 내게 방 하나를 내주었고, 4대 보험 처리까지 도와줬다. 그렇게 놀면서 한 달쯤 지내자 슬슬 지겨워지기도 하고 그 특허법인 살림 이 넉넉하지 않다는 걸 알기에 이 빈대 생활을 오래 끌면 안 되겠구나 싶었다.

그래서 생각한 것이 특허번역학원 경영(사업). 진지하게 시장조사를 하 기로 했다. 일본행 비행기에 올랐다. 내 인맥은 이미 일본 전역에 퍼져 있었다. IPMS 회장을 하며 다져놓은 인연들이 많았다. 특허업계만큼 인맥 이 중요한 데도 드물다.

당시 일본에는 약 100여 개의 크고 작은 특허번역학원이 있었다. 온라 인 학원, 통신교재 기반 학원도 활발했다. 일본의 특허번역 시장은 우리보다 크고, 단가도 3~5배 수준이다. 특허번역은 단순한 언어작업이 아니다. 외국어 능력, 기술이해력, 특허제도에 대한 감각. 이 세 가지가 모두 갖춰져야 한다. 셋 중 하나만 빠져도 엉터리 번역이 나온다. 엉터리 번역은 특허 자체를 망칠 수 있다. 한국의 특허번역은 대체로 언어 기반 번역에 치우쳐 있다. 그래서 실전에서 맥을 못 추는 경우가 많다.

일본에서 내가 찾은 이는 글로벌 특허조사분석업체의 일본 지사장이었다. 프랑스인. 나의 오랜 친구였다. 내가 한국 변리사회를 사직했다는 얘기, 지금 생각하는 구상 등을 미리 메일로 알리고 특허번역업체 한두 곳만 소개해달라고 부탁해두었다. 그는 나를 위해 일본 현지 ○○○ 기업의 사장과 상무를 점심 미팅 자리에 연결해주었다.

"나는 선약이 있어서 같이 못 가. 대신 오후 1시에 록뽄기 ○○○ 빌딩으로 가면 돼."

그 기업은 연간 2~3천 억 원 규모의 특허번역 물량을 발주받는 슈퍼 '을' 기업. 나는 명함을 보자마자 "아, 망했다…"는 말이 절로 나왔다.

"난 그냥 작은 학원 몇 군데 요금표나 받아올 생각이었는데… 이건 스케일이 너무 크다. 설사 만나도 실무자를 만나야지 이렇게 높은 놈들을 만나서 뭐하냐?"
혼잣말로 그렇게 중얼거리며 밥이나 맛있게 먹자고 마음을 접었다.

결과적으로 그 시장조사는 완전히 망했다. 대신 일본까지 온 김에 지인 몇 명 불러내 "변리사회 사직 기념 술자리"를 열었다. 술은 얻어먹는 맛이다. 그 날은 특히 더 고소했다.

21. 삼고초려 끝에 13년

실업자가 되고 나서 슬슬 시장에 "괜찮은 매물(?)"로 소문이 돌았던 모양이다. 역세권의 긴급처분 값싼 아파트 매물이어서일까? 여기저기서 연락이 왔다. 그중 한 사람이 L변리사였다. 그는 직원 23명 규모의 소형 특허법인을 운영하는 대표변리사였다. 처음에는 같이 일하자고 했지만 나는 정중히 거절했다.

"변리사회 사무총장까지 지낸 사람이 어떻게 한 회원 개인의 이익을 위해 일합니까."

일주일 후 그는 또 찾아왔다. 이번엔 밥을 함께 먹으며 물었다.

"요즘 뭐 하실 생각이세요?"
"특허번역학원도 물 건너가고... 그냥 강의나 하면서 놀아야죠."

시간은 흘러 변리사회 사직 후 약 40일. 슬슬 무료함이 찾아왔다. 하지만 가족은 여전히 몰랐다. 4대 보험이 처리돼 있었기 때문이다. 내가 입만 다물면 되는 일이었다.

그리고 어느 날, L변리사가 또 왔다. 사무실이 걸어서 500미터 거리니 수시로 들를 수 있는 위치였다. 사실, 변리사회 사무총장직을 권한 것도 그였다. 어쩌면 내 사직 후 그의 마음이 편치 않았던 듯하다.

그는 다시 말했다.
"같이 해요. 이제 결정 좀 해주세요."

벌써 세 번째 제안이었다. 나는 잠시 생각한 끝에 1년만 한다는 조건으로 손을 잡기로 했다.

그렇게 해서 그 특허법인의 24번째 직원으로 입사했다. 직책은 자회사인 특허컨설팅회사의 부사장. 하지만 타이틀보다 중요한 건 내가 실제로 뭘 하느냐였다. 나는 주로 법인의 경영 조언, 내 고정강의와 연계된 특별 초빙강의, 고객 발굴을 위한 실전 교육 프로그램들을 맡았다. 이름값만 빌리는 사람들과는 달랐다. 강의실에서, 회의실에서, 현장에서 나는 꾸준히 움직였다.

1년 약속으로 시작했지만 그 뒤로 아무 말이 없었다. 그렇다고 나도 굳이 물어보지 않았다. 2년쯤 지나자 법인의 매출이 급증하기 시작했다. 신규사업 매출이 눈에 띄게 늘었고 어느새 직원이 70명, 연 매출 100억을 넘겼다. 외부에선 "허 총장이 들어가면서 확 바뀌었다."는 소문이 돌았다. 사실이 아니었다. 나는 그냥 존재했을 뿐이다. 그런데 이상하게 "아니라고 말하면 소문이 더 빠르고 널리 퍼지는 법." 단체 해외여행도 갔다. 4박 5일간 전 직원이 함께 떠난 해외여행은 웬만한 중견기업 못지않은 복지였다.

자회사인 특허컨설팅회사는 3년 30억 규모의 대형 프로젝트를 따냈다. '반도체 배치설계 자산 유통사업'이란 이름의 국책사업이었다. 나는 부단장 직함으로 참여했다. 특히 이 사업의 일부로 발간된 전문 매거진은 내가 직접 취재, 섭외, 인터뷰, 기사 작성까지 모든 과정을 도맡아 진행했다. 이를 통해 고객층도 확장됐다.

한번은 홍콩에서 열린 '반도체 IP 유통 국제회의'에 참석했다. 거기서 들은 강연 중 가장 인상 깊었던 건 ARM 중국 법인장의 발표였다.

"우리는 더 이상 직접 연구개발 및 설계는 하지 않습니다. 소프트웨어 IP는 인도, 하드웨어 IP는 중국. 우리는 이제 아웃소싱을 통해 칩을 완성합니다. 저는 그 전체 외주 프로세스를 기획·관리합니다."

'IP의 시대', '지식재산의 플랫폼화'

그 모든 변화의 현장을 나는 업계 실무자이자 기록자로서 지켜보았다. 강의와 저술로 계몽, 확산시키는 데 일조를 했다.

22. 다시 불려가다: 재선 총장?

"1년만 근무하겠습니다."

그렇게 들어간 특허법인이었는데 어느덧 2년이 훌쩍 지나 있었다. 그러던 어느 날, 대표변리사인 L이 우울한 표정으로 말했다.

"이 회장이 회장 선거에 다시 나가신대. 만약 부르면… 가실 겁니까?"

나는 솔직히 "생각 안 해봤다."고 대답했다. 그 당시 변리사회 회장의 임기는 2년이며 연임이 금지되어 있었다. 이 회장은 법정단체화라는 역사적 과업을 완수한 뒤, 대형 로펌의 고문으로 조용히 물러나 있었다. 그 뒤를 이은 A회장은 특허소송대리권 확보라는 과제를 이어받았지만 아무런 진전을 못 이루었고 직원들과의 갈등으로 평판도 좋지 않았다.

그래서였을까. 이 회장 계보의 중진들—대부분 나와 함께 과거 집행부에 있었던 이들—이 이 회장의 귀환을 추진하고 있었다. 이번에는 추대가

아닌, 선거로. 그러던 중, 업계 최대 규모이자 영향력이 큰 ○○○ 특허법
인의 대표변리사 Y가 전화를 걸어왔다.

"이 회장님이 출마하시게 만들어야 합니다. 그런데 출마한다고도, 안
한다고도 명확히 말씀을 안 하십니다. 허 총장님은 그분 말씀 해석의
1인자잖아요. 의중 좀 파악해 주세요."

나는 되물었다.

"요즘 뭐라고 하십니까?"
"죽어도 안 한다고 하시네요."
"그럼 하신다는 뜻입니다."

내 말에 Y가 무릎을 탁 쳤다.

'죽어도 안 한다'는 '죽어도 한다'와 같은 뜻이다. 공식적으로 '출마합니
다'라고 못 박지 않는 건, 혹시 당선에 실패하더라도 체면을 유지하려는
계산이 있다. 사실 그 며칠 전, 이 회장이 내게 전화를 걸어 묻지도 않았는
데 이렇게 말했다.

"나는 변리사회 회장 다시는 안 해."

내가 물어 봤냐고요. 왜 군이 나한테 그 말을 했을까? 나는 그걸 "하고
싶으니, 여론 좀 만들어 달라"는 신호로 읽었다.

선거일이 다가오고 후보등록 마감이 임박했다. 이 회장은 끝까지 "나는

안 한다"는 말을 되풀이했다. 결국 마감 한 시간을 남겨 놓고 내가 대리인들과 함께 후보 등록을 마쳤다.

상대 후보는 내가 잘 아는 분이었다. 업계 최고 신사로 수익이 아무리 많아도 아반떼 중고차를 타는 검소한 분이었다. 그분은 활발한 선거운동, 세련된 공약 발표, 유권자들과의 친밀한 교류 등으로 완벽한 전통적 선거 전략을 구사하고 있었다. 반면 이 회장은 단 한군데의 특허사무소에도 선거운동을 가지 않았다. 공약? 없다. 유세? 없다. 참모들은 속이 탔다. 나는 그저 '통역자' 역할에 충실했을 뿐이다. 변리사회 회원이 아닌 자가 선거운동에 나서면 안된다.

선거 전날 밤, 아시아변리사회 총회에서 돌아온 참모진은 패배를 기정사실로 받아들였다. 이 회장을 선거에 나오게 한 주동자 Y는 완전히 멘붕 상태였다.

"출마 안 한다는 어른을 후보등록까지 해놓고... 내일 떨어지면 그 망신을 어쩝니까? 책임은 누가 집니까?"

나는 말했다.

"내일 아침 총회 회장 입구에 일찍 나와서 회원들과 악수라도 하시게 하세요."

20분쯤 뒤 이 회장에게 전화가 왔다. 거의 혼이 나간 상태였다.

"이 놈들아. 싫다는데 억지로 출마시켜서 이 노인을 개망신시키려고

하는 거냐? 나를 진흙탕에 처박아 넣고, 도대체 저자들이 한 운동이 뭐냐? 허 총장, 너는 왜 뒷짐 지고 있었냐? 이 세상... 콱 내가 죽어야지... 할복자살이라도 해야지..."

그 순간은 그저 "예, 예..." 하고 듣는 게 상책이다. 이 회장의 분노와 비탄은 약 한 시간 동안 이어졌다.

나는 "내일 우리 측 법인의 변리사들 총동원령 내리겠습니다. 회장님도 제발 입구에서 악수라도 한 번 하십시오." 라고 전했다.

다음 날 아침. 상대 후보는 싱글벙글 웃으며 사방을 누비며 인사를 다녔다. 이 회장은 안 보였다. 정말 참모들 말도 안 듣는 고집불통이다. 나는 상대 후보에게 다가가 악수를 청했다. 원래 잘 아는 사이니 예의를 차린 것이다. 그런데 그 옆에 있던 상대방참모 한 명이 비꼬는 듯이 말했다.

"아이구... 우리 차기 '재선 총장님'! 투표권 없으니까 투표하시면 안 돼요~"

투표에 앞서 정견발표가 있었다. 상대 후보가 제비를 잘(?) 뽑아 먼저 발표했다. 공약 10개를 정확히, 정중하게, 상세히 설명했다. 시간이 모자라 결말이 아쉬웠다. 이제 이 회장 차례. 그는 원고도 없이 단상에 섰다. 4선 정치인의 연설력은 확실히 다르다.

"존경하는 ○○○ 후보의 공약 10개는 매우 훌륭하다고 생각합니다. 전부 수용하겠습니다."

공약 발표는 10초 만에 끝. 대신에 변리사를 둘러싼 환경, 법정단체화의 성과, 소송대리권 확보 전략 등을 열정적으로, 박력 있게 연설했다.

그 순간 150~200명 정도의 우리측(?) 젊은 변리사들이 회장장에 도착했다. 사무실에 있다가 긴급 호출 받고 버스를 나눠 타고 온 이들이었다. 그들은 늦게 왔기에 이 회장의 연설만 들었다.

개표가 시작되었다. 시소처럼 오르내리는 득표 수. 검표, 재검표 반복. 나는 조용히 그 광경을 바라보았다. 그리고 최종 결과 발표. 이 회장, 13표 차로 아슬아슬하게 당선.

죽다가 살아났다. Y와 참모들도 똑같은 심정이었다. 그리고 그 늦장 부대가 없었다면 분명 졌을 것이다. 그랬다면 나는 다시 변리사회로 불려 갈 일도 없었을 테고.

인생이란, 참 한낱 운명의 장난이다.

23. 공동대리권 획득을 위한 대장정의 시작

2008년 2월, 이 회장이 다시 변리사회 회장으로 선출되었다. 이번에는 추대가 아닌 공식 선거를 통해 합법적으로 당선된 만큼 그 영향력은 더욱 커질 수밖에 없었다.

"혹시 독재(?)가 되지 않을까?"

농담처럼 말했지만, 사실 큰 기대가 있었다. 그 무렵, 이 회장이 나에게 조용히 부탁했다.

"집행부 구성 아이디어 좀 줘."

왜 나한테 이런 불법적인(?) 부탁을 할까? 이미 뭔가 예감이 왔다. 다음 날, 내가 몸담고 있던 특허법인의 L 변리사가 "차한잔 하시죠." 하며 불렀다. 예상대로였다.

"다시 돌아오셔야겠습니다. 어제 이 회장에게서 전화가 왔습니다. 2년 간 더 하셔야겠습니다. 회사에는 휴직으로 처리하고 2년 후 다시 돌아오시면 됩니다."

그렇게 나는 다시, 변리사회 사무총장으로 복귀했다. 말하자면 재선 총장이다. 이미 한 번 해본 자리. 회무 구조는 훤히 꿰뚫고 있었다. 회원들과도 친분이 두텁고, 무엇보다 '법정단체화 법안 통과'라는 실적이 있었다. 그사이 회원 수가 늘어 회비 수입도 증가했고, 따라서 사무총장 대우도 전과는 비교할 수 없이 나아졌다.

이번 2차 집행부의 최우선 과제는 특허소송대리권 확보. 지난번 법정단체화는 말하자면 '전략적 전초전'이었다. 이제는 본 게임, 즉 변호사와의 정면 대결이 시작될 참이었다.

사실 예전엔 '단독대리'와 '공동대리' 두 노선이 있었지만, 단독대리는 실현 가능성이 없어 이미 소멸되다시피 했다. 그래서 남은 길은 '공동대리'만이 유일한 대안이었다. 공동대리란, 특허침해에 대한 민사소송에서 변리사와 변호사가 함께 소송대리를 맡는 방식이다. 이미 특허성 여부를 다투는 심결취소소송은 변리사가 맡을 수 있다. 하지만, 특허 침해로 인한 손해배상 민사소송은 변호사의 전유물이었다. 이 시장은 변호사들의 주요 수익원이었다. 그러니 이 권한을 변리사에게 조금이라도 넘기려는 시도는 곧 변호사들의 거센 반발을 불러올 수밖에 없었다.

"이건 단순한 법 개정이 아니다. 직접적인 이해 충돌이다."

그만큼 신중해야 했다. 정교한 전략, 정치적 설득, 그리고 여론전까지 총체적 계획이 필요했다. 그렇게 특허소송 공동대리권 확보를 위한 대장정이 시작되었다.

24. 밥그릇 두 개 찬 놈은 함부로 다루지 마라

나는 LG를 그만두고 1995년 무렵부터 한국능률협회(KMA), 한국과학기술정보연구원(KISTI) 등에서 국제 영문계약 실무, 기술이전 라이선스 실무 같은 전문 과목을 한국 최초로 개발해 강의하기 시작했다.

어찌 보면, 이런 강의를 하기 위해 LG를 그만두었다고 해도 과언이 아니다. LG에서 실제 실무를 하면서 국내에는 마땅한 교재도, 강의도 없어 일본 책을 독학해 깨우친 내용을 강의와 저술을 통해 한국 기업에 확산시키고 싶었다. 돌아보면 순진한 생각이었다. 명분은 참 좋았지만.

2004년 처음으로 변리사회에 들어올 때도, 그리고 이번 2008년 재입성할 때도 나는 "회무에 지장이 없는 범위에서 강의는 계속하겠다"는 조건을 걸었다. 2004년엔 연봉이 적었기에 그 조건은 쉽게 수용되었지만, 2008년은 달랐다.

법정단체화로 회비 수입도 늘었고 직전 총장에게 그랜저 승용차까지 배정되었기에 "이제 총장이 강의는 좀 자제해야 하지 않느냐"는 분위기가 있었다. 나는 그런 조건의 총장 취임을 거부했다. 그래서 연봉을 약간 조정하고, "승용차 반납 + 강의 가능" 조건으로 다시 사무총장 자리를 수락했다.

문제는 "회무에 지장이 없는 범위"라는 해석의 차이였다. 나는 이미 계획된 기관 강의 외엔 특강 요청도 거의 받지 않았고, 항상 회무와 일정이 겹치지 않도록 부장이나 임원들과 사전 조율을 철저히 했다. 기관 및 기업체에서 비싼 돈을 내고 기다리는 수강생들에게 강사가 안 오면 어떻게 될까? 나는 어떤 일이 있어도 강의만큼은 빠지지 않았다.

회무에 지장이 없도록 철저히 하였지만 시간과 장소를 불문하고 수시로 찾는 이상희 회장과의 충돌은 종종 일어났다. 이 회장은 과기처 장관과 4선 의원을 지낸 인물답게 철서히 '국가 경영 시스템'식으로 조직을 운영했다. 항상 핵심 인물 한 명을 통해 모든 조직을 통제했고, 그게 바로 나, 사무총장이었다.

그는 그때 여러 단체의 회장을 동시에 맡고 있었기에 변리사회 관련 모든 지시와 보고는 나를 통해서만 오갔다. 나는 전화기를 두 대 들고 다녔고, 매일 퇴근 전에는 일일 회무 보고를 팩스로 이 회장 자택에 보내야 했다. 전화는 24시간 울렸다. 강의 중에도 울렸고, 나는 강의 멘트를 끊고 전화를 받아야 했다.

두 번째 사무총장직을 맡는 첫 번째보다 더 많은 충돌을 낳았다. 이제는 나도 회무에 익숙하고, 법 개정과 회장 당선의 '공신'이라는 자부심도 있었다. 인맥도 넓어졌고 내 목소리도 커졌다. 자연스레 강의 문제를 포함해 여러 마찰이 생겼고 그 여파는 직원들에게까지 미쳤다. 고래 싸움에 새우 등 터진 격이었다.

어느 날, 회장과 재무부회장 Y 변리사가 나누는 대화를 우연히 엿듣게 되었다.

"Y 부회장, 밥그릇 두 개 찬 저런 놈은 함부로 하지 마. 때려치우면 우리만 힘들어. 살살 꼬시면서 가자고."

'밥그릇 두 개 찬 놈'이라니. 속으로 피식 웃었다. 소득 원천이 월급과 강의소득으로 두 개라는 뜻이다.

그날 이후, 내 목소리는 더 커졌고 이 회장과의 충돌도 더 잦아졌다. 다만, 겉으로는 아무도 몰랐다. 사무총장과 회장 사이의 일은 그 둘만 아는 것이니까.

25. 독도문제는 특허문제다?

이 회장은 언론에 관한 한, "기고나 인터뷰 요청이 오면 자다가도 벌떡 일어나는 사람"이었다. 정치인 출신답게 언론의 중요성과 활용법을 누구보다 잘 알고 있었다. 인터넷에 이름만 검색해도 수십, 수백 건의 기고문과 인터뷰 기사가 줄줄이 뜬다.

그의 글은 항상 독창적이고 생생하다. 가끔은 "이상하고 희한한"(이상희) 내용도 있지만 그래서 더 눈에 띄고 기억에 남는다.

종종 회장으로부터 직접 언론 기고용 글쓰기 지시가 내려왔다. 하지만 대부분은 내가 먼저 써서 "상납"하듯 초안을 올렸다. 이 회장은 큰 흐름과 메시지 전략에는 탁월하지만 특정 전문 분야나 세부 내용에서는 내 글이 더 낫다는 것을 인정했다. 한때 관계가 서먹해졌을 때도 나는 기발한 주제의 원고 초안을 자택 팩스로 보내거나 메일로 비서에게 전달하도록 지시했다. 그러면 화가 풀리고 기분이 좋아져서 금세 전화가 온다.

"에에… 있시오. 우리 허 총장 글에다 ○○○○ 것 좀 보태서 ×××일보 편집인에게 보내자고. 오케이, 오케이!"

충돌과 싸움은 칼로 물 베기였다. 쉽게 충돌하고, 쉽게 화해했다. 서로가 서로를 필요로 했기 때문이다. "칼날 위를 걷는 평화"가 유지됐다.

어느 날, 일본의 특허조사 보고서를 읽다가 기막힌 기사거리 하나를 발견했다.

해저 5~6천 미터 지하에 매장된 가스하이드레이트. 일종의 고체 메탄가스다. 그 탐사, 채굴, 저장, 가공 등에 관한 특허의 70%를 일본이 보유하고 있다는 것이다. 한국은 고작 1%.

그 순간, 깨달았다. 일본이 독도에 저토록 집착하는 이유는 영토 문제가 아니라 해저자원, 즉 가스하이드레이트에 대한 독점적 권리 확보, 그리고 그 권리를 특허로 '법적 무장'하고 있기 때문이라는 사실을. 일본은 그들의 동쪽바다에 엄청난 저장량을 갖고 있지만 후세대에 물려 주려고 아껴두고 당장에는 독도의 것에 큰 관심이 있다는 것을.

나는 이 내용을 자극적인 표현을 가미해 '독도 문제를 특허 문제화'한 기고 초안을 작성해 회장에게 드렸다. 그는 초안을 보자마자 표정이 확 달라졌다. 물론 아무리 좋은 글도 자신의 손길이 조금은 들어가야 한다. 내용보다는 제목이나 메시지 구조에 손을 대는 경우가 많았다.

"제목이 섹시해야 해. 제목이 눈길을 끌어야 독자가 글을 읽지."

홍보담당 직원이 쓴 고리타분한 보도자료가 올라오면 집어 던지기 일쑤였다. 논의 끝에 기고 제목을 "독도문제는 특허문제다!"로 결정했다. 기고는 이 회장 명의로 나간다.

당연하다. 변리사회장은 특허를 사회적 이슈로 만들고 세상 모든 '특허 이야기'를 변리사에게 집중되게 만들도록 회비를 쓰는 자리다. 기고도, 인터뷰도, 강의도 마찬가지다.

26. 애증의 시대 종말?

정치인은 문서를 남기지 않는다. 싸인도 안 하고 도장도 안 찍는다. 하더라도 대리인이 한다. 직접 문서화하고 서명까지 하는 이는 초선 의원이거나 MZ세대일 확률이 높다.

일반 회무야 기록이 남지만, 변리사 위상 제고를 위한 고도의 정치적 과제들은 대부분 구두 지시와 구두 보고로만 오갔다. 나는 이 회장에게 결재를 올린 적도, 싸인을 받은 적도 없다. 문서로 남기는 일은 항상 수석 부회장의 몫이었다.

그 고도의 정책 업무를 정확히 알고 있는 이는 이 회장, 나, 수석부회장,

그리고 사무국의 여성 간부 L부장 정도였다. L부장은 내게서 귀띔을 받아 대략적인 흐름을 짐작했다. 음모기획자(?)인 나와 이 회장만이 아는 것도 많았다. 그게 정상인지 아닌지는 독자 판단에 맡긴다. 참고로, 이 회장은 국회 과학기술정보방송통신위원장을 지낸 4선 의원이며, 과학 대통령 후보로까지 올랐던 인물이다.

사무국의 '야시(여우)' L부장은 우리 관계를 이렇게 표현했다.

"총장님하고 이 회장님은 애증관계예요."

정확했다. 함께 웃고, 격 없이 일하다가도 한 번 충돌하면 기싸움이 장난이 아니었다. 나도 아부는 할지언정 주장이 꺾이지는 않는 사람이다.

그는 부산 P고 출신 천재, 나는 부산 K고 시험파. 둘 다 자기 고집이 강한 타입이었다. 너구나 나는 법정단체화 공적도 있고, 그의 재선을 만든 장본인 아닌가?

2008년 7월, COEX에서 열린 한독(韓獨) 국제특허세미나. 공동 주최 중 한편은 독일변리사회였다. 세미나는 성공적이었다. 한경, 매경 등 7~8개 주요 언론사 기자들이 참석했다. 그런데 문제는 약속했던 중앙일보 P부장이 늦게 도착한 것이다. 이 회장은 조중동만 언론이라고 생각하는 사람이다.

이 회장은 세미나장 밖에서 부회장들과 담소를 나누다 제법 큰 소리로 "총장이 안 움직여서 기자들이 안 왔다!" 고 내게 들리도록 질책성 언성으로 말했다. 약 15미터 쯤 떨어져 있던 나는 들고 있던 핸드폰으로 옆에 있던 책상을 내리치며 소리쳤다.

"시X 이 정도 오면 됐지, 도대체 어쩌란 말이야! 기자들이 내 말 잘 듣냐고!"

주변에 있던 30~40명의 시선이 일제히 내게 쏠렸다. 사무국 직원들도 당황했다. 혼자서 독백처럼 한다고 했는데 나 역시 그 정도로 큰 소리가 날 줄은 몰랐다. 몇몇이 다가와 사과하라고 했지만, "내가 뭘 잘못했나? 씨X 사과 안 해!" 라고 말하며 담배와 라이터를 빌려 화장실로 도망쳤다. 그 당시 심장병 때문에 끊고 있었던 담배를 다시 물고 스스로 중얼거렸다.

"그래. 갈 데까지 가보자."

하도 말려서 사과는 했다. 끌려가듯 갔다. 정치인 이회장은 아무일도 없었던 것처럼 웃으며 악수를 청했다. 그걸로 끝인 줄 알았다. 하지만 아니었다.

그 다음 주 월요일, 출근 후 주간회의를 마친 직후 업무를 보고 있는데 이 회장이 수행비서와 함께 2층으로 올라오고 있었고, 그 뒤에는 국회의원 시절 보좌관이던 K씨가 보였다. K씨는 이회장의 심복중의 심복이다. '올 것이 왔구나.'하고 나는 생각했다. 이 회장이 조용히 말했다.

"허 총장, 나 좀 봅시다."

그리고 K수석부회장까지 불러 대회의실에 셋이 앉았다. 배석이 아닌, 서로 정면을 마주보는 배치. 보통 때라면 이회장이 회장석에 앉고 그 양측으로 배석하는 방식으로 앉는다. 나는 직감했다. '이번엔 나를 무릎 꿇리려는구나.' 순간, 나는 벌떡 일어나 책상을 내리치며 말했다.

"금요일 사과했으면 됐지, 또 뭘 원하십니까? 나 그만 두겠습니다! 여기 말고도 나를 부르는 곳은 천지에 널렸습니다!"

그리고 문을 박차고 나왔다. 양복 윗도리도 안 챙긴 채 근처 공원 벤치에 가서 앉았다. 담배도, 라이터도 없었다. 그 순간 재무부회장 Y변리사에게 전화가 왔다.

"어이, 허총장. 와 또 싸웠노? 이리 와서 내하고 이야기 좀 하자."
"못 가요. 윗도리도 없이 나와서…"
"택시 타고 와. 택시비 내가 줄게."

그 일 이후 나는 결재 라인에서 배제되는 '무장 해제'가 내려졌다. 1층 연구소에서 조용히 있으라는 지시가 내려졌다. 징계 수순이었다. 하지만 2달이 지나도 어떤 징계 결정도 나오지 않았다. 나의 징계를 위한 고문단 회의에서 이 회장은 말했다.

"사냥개가 실수로 주인을 무는 법도 있지요. 우리는 변호사와 전쟁 중입니다. 전쟁 중에 사단장을 바꿀 수는 없어요. 이럴 땐 싸나운 사냥개가 필요합니다."

하지만 그 말을 이해하는 사람은 없었다. 아무도 발언하지 않았고, 아무런 징계 결정도 내려지지 않았다. 나는 계속 놀면서 월급을 받았다. '호사'라면 호사다. 그만큼 내 입이 무서웠던 것이리라. 귀양은 보내도 되지만 처벌(징계)을 하기엔 후환(?)이 두려웠을 것이다.

27. 식충은 되지 말아야 합니다

무장해제된 채 과거 내가 만들었던 1층 지식재산연구소로 출근한 지 3개월이 흘렀다. 나는 책을 읽거나 자료를 보며 조용히 시간을 보냈다. 연구소 전담 P대리는 1층에 같이 근무했다. 누구도 나를 찾아오지 않았고 초대도 안했다. 심지어 2층 직원들에게도 "1층에는 내려가지 말라" 는 암묵적 지시가 있었다. 고래 싸움에 새우등이 터질 수 있으니.

점심은 가끔 시켜먹었고 창문에는 차양막을 모두 내려 밖이 보이지 않게 했다. 혼자서도 괜찮았다. 그러나 가끔은 "내가 아직 여기에 있어야 하나?"하는 생각이 들었다. 그러던 어느 날, 이 회장은 직원을 내려보냈다.

"○○○○ 로펌에 취업하면 어떻겠냐고 회장님이 전하십니다."

내 대답은 단순했다. "내 문제는 내가 알아서 합니다."라고 전하라 했다. 그 ○○○○ 로펌은 내가 변리사회 오기 전, 기술사업화 자회사 대표로 가려다 말았던 곳이다. 내가 갈 곳은 아니었다. 그리고 지금도 아니다. 나는 이 업계 정보에 정통했다.

놀고 먹는 삶이 불편했다. 마음이 편치 않았다. 지겹기도 했고, 이 조직은 내 문제 하나 제대로 정리 못했다. 그래서 결심했다.

'떠나자. 이런 조직에서 식충은 되지 말자.'

나는 예전 근무지였던 ○○○ 특허법인의 L대표변리사에게 연락했다.

"이제는 돌아가겠습니다."

원래 잠시 파견처럼 간 것이었고 언제든 돌아오기로 되어 있었다. 그런데 변수가 있었다. 이 회장이 그곳 L대표에게 "다시 오면 받지 마라."고 협박(?)성 메시지를 남긴 것이다. 그 대표는 내게 이렇게 말했다.

"오세요. 문제가 생기면 내가 책임집니다."

그 말에서 진심을 느꼈고, 이 회장의 심기를 건드릴 걸 알면서도 위험을 감수하고 오라고 하니 더더욱 가고 싶어졌다.

그리고 며칠 후 서류봉투 하나를 손에 들고 회관을 떠났다. 작별식도 없었다. 아니 거부했다. 그저 회의실에서 직원들과 조용히 차 한잔 나누는 것으로 마지막 인사를 대신했다.

○○○ 특허법인으로 돌아온 나는 그 동안의 공백을 메우듯 달렸다. 몇몇 굵직한 대기업을 고객으로 확보했고 법인은 더욱 성장했다. 회사를 키운 건 나 혼자가 아니었지만, 내가 있었던 시간의 영향은 결코 작지 않았다.

요즘도 가끔 생각한다. "내가 그 자리(변리사회 사무총장)에 계속 있었다면, 지금의 가장 hot한 이슈인 특허소송 공동대리권 문제는 어떻게 되었을까?" 아마도 더 빠르게, 더 정확하게 진전되지 않았을까?

그 이후로 나는 이 회장과 원수처럼 지냈다. 간혹 화해를 암시하는 메시지가 그의 측근을 통해 오기도 했다. 또 내 핸드폰으로 문자가 오기도 했다. 그러나 나는 모두 거절했다. 이유는 단순했다.

"간과 쓸개를 들고 다녀야 하는 세상에서, 다시는 의리없는 조직에는
가지 않겠노라."

28. 화해의 점심은 한국법제연구원장이 사고
 - 쿨한 척, 능청으로 건너간 감정의 강 -

2008년 가을, 나는 서류봉투 하나 들고 변리사회를 떠난 뒤로 이후
3년 동안 단 한 번도 이 회장의 전화는 받지 않고 걸지도 않았으며 찾아가
지도 않았다. 전화는 왔다. 그의 개인 핸드폰, 수행비서의 번호, 때로는
변리사회 사무실 유선 전화로도. 하지만 모두 거절했다. 전화 차단도 했다.

"발신자 표시 기능은 인간관계에 있어 세계 최고의 발명품이다."
그게 내 생각이었다.

변리사회를 떠났어도, 그곳 사정을 모르는 건 아니었다. 기사를 통해,
지인들을 통해, 흘러나오는 소식은 들었다. 나를 찾아오는 회원 변리사들
로부터도 들었다. 공동대리 문제는 한 발짝도 나아가지 못했다. 사냥개
없는 사냥터에서 짐승이 올가미에 잡힐 리 없었다.

그렇게 이 회장의 세 번째 회장 임기가 끝나가던 2011년 2월 초. 뜻밖의
전화 한 통이 걸려왔다. 당시 한국법제연구원장이었던 형님. 법제처 차장
출신으로, 예전 내가 변리사회에 법개정 자문역으로 모신 분이다.

"어이, 허총장. 이제 좀 고만하고, 이 회장하고 화해해라. 이회장의 임기

도 끝나간다면서? 그깟 일 갖고 계속 갈 것도 없잖아."
"내가 밥 살 테니까, 아무 소리 말고 ○○○ 식당으로 11시 30분까지 와라. 둘 다 모시겠다."

처음엔 거절했다. 하지만, 그 형님의 체면도 있고, 이미 이 회장이 온다고 약속까지 잡은 상황이라 더는 뺄 수 없었다.

일부러 5분 늦게 도착했다. 그 시간의 여유가 감정을 조금 식혀줄지도 몰라서. 아니, 내가 그때까지도 기싸움을 하고 있었는지도 모르겠다.

도착하니 두 사람은 이미 와 있었다. 웃고 있었다. 그 모습이 왠지 낯설고 또 익숙했다.

나는 아무 일도 없었다는 듯 능청을 떨며 말했다.
"그동안 별고 없으셨습니까?"

이 회장이 받아쳤다. 말씀 속에 가시가 들어 있었다.
"허총장이 없는데 뭔 별일이 생기겠나?"

그 말에 세 사람 모두 웃었다. 긴장이 풀렸다. 그리고, 오래 묵은 감정도 그 웃음 속으로 조금은 흘려보냈다.

까칠한 Freedancer(!)로
살아 온 30년, 살아 갈 20년

까칠한 Freedancer(!)로
살아 온 30년, 살아 갈 20년

- Freelancer가 아니라 Freedancer로 살다 -

1. GBO실무연구소가 뭐예요?

나는 LG를 그만두고 나와서 'GBO실무연구소'라는 조그마한 회사를 차렸다. 정확히 말하자면, 이 회사를 만들기 위해 LG를 그만뒀다는 표현이 더 맞을지도 모르겠다.

처음에는 마포에 있는 후배 회사의 사무실 한 켠에 얹혀 살다가, 1년 뒤엔 여의도 KBS별관 근처로 이사해 5년 정도 운영했고, 개인사정이 있어서 그 후 폐업했다.

"GBO실무연구소가 뭐 하는 곳인가요?"

그 당시 많은 이들이 그렇게 물었다.

나는 LG에서 하던 실무를 좀 더 연구하고, 강의하고, 책 쓰고, 자문하는 일을 했다. 그러니까, 연구소보다는 '실무 노하우 확산소' 같은 느낌이었다.

GBO의 뜻?

- Global Business Opportunity?
- Global Business Orientation?
- Global Business Organization?

솔직히, 나도 잘 모른다. 그냥 부르기 쉽고 오래 기억될 것이라고 생각되어 그렇게 지었을 뿐이다.

"여러분이 원하는 대로 해석하세요. 난 거기에 맞춰 뭐든 할게요."

그게 당시 내 대답이었다.

내가 강의하고 책 쓰던 주제는 그 당시엔 꽤 전문적이고 희귀한 분야였다. 사실상 내가 한국 최초였다. 당연히 강의하는 사람도 없고, 교재도 책도 없었다.

나는 LG에서 실무를 하면서 일본 책과 자료를 독학으로 파고들었고, 그렇게 익힌 실무를 체화하고 내 것으로 소화해 강의와 집필로 확장시켰다.

GBO실무연구소 시절, 나는 아마 인생에서 가장 많이 공부하고, 글을 쓰고, 새로운 교육과정을 개발했던 것 같다. 당시 내가 만든 교육과정들은 지금까지도 많은 교육기관에서 이름을 바꿔 운영하고 있다.

- 국제영문계약협상 실무
- 기술도입 전략과 실무

- 국제 라이선스 전략과 실무
- 라이선스 전문가 과정
- 글로벌 제휴 전문가 과정

이후에도 이 과정들을 기반으로 응용 과정, 심화 과정들을 계속 개발해 론칭했다.

처음에는 한국능률협회(KMA)에서 강의했지만 곧 이어 한국과학기술정보연구원(KISTI), 한국무역협회, 한국생산성본부, 중소기업진흥공단 연수원 등으로 확장되었고, 나중엔 LG, 삼성, 현대, 대우, 한솔 등 굵직한 대기업들에도 초청받아 강의했다.

"왜 GBO를 차렸냐고요?"

말하자면, 그 시절 나는 국내에서 가장 까칠한 프리댄서(freedancer!)였다. 그리고 그 까칠함 덕분에, 그 어떤 곳에서도 배우지 못한 진짜 실무 지식들을 한국 산업계에 퍼뜨릴 수 있었다.

2. 전화카드 홍보, 폭망

LG 재직 시절, 나는 사내 비공식 조직 '금소회(금요일마다 소주마시는 모임)'의 좌장이었다. 부서가 다른 후배 3~4명을 이끌고, 매주 금요일엔 무조건 소주를 마시는 전통을 이어갔다. 소주 한잔하며 부서 간 소식을 나누는 건 정보 수집에도 아주 유익했다.

그 금소회 멤버 중에 참 특이한 인간이 한 명 있었다. 지금은 캐나다에

사는 친구인데 요즘은 연락도 안 된다. 회사를 '취미'로 다니는 사람이었다.

당시 그는 대리였고, 아버지가 군납으로 돈을 크게 벌어 강남 반포에 있는 빌딩 두 채를 아들 명의로 물려줬다. 임대소득만으로도 충분히 살 수 있었고, 회사 월급은 말 그대로 술값 또는 용돈이었다.

승용차도 그 시절 고급이던 마르샤를 타고 있었지만 "회사에 몰고 오면 부장들한테 찍힌다"며 일부러 지하철을 탔다. 나와 함께 전철 타고 다니며, 금요일이 아니어도 아무 때나 술을 마셨다.

그 친구가 내가 회사를 그만두는 날, 말없이 현금 300만 원을 툭 건넸다.

"형님! 뭐가 필요할지 모르니 그냥 알아서 써."

고민 끝에, 그 돈으로 세상에 하나뿐인 명함을 만들었다. 바로 공중전화 카드 명함.

5,000원짜리 공중전화카드 600장을 만들어 (5,000원 × 600장 = 딱 300만 원) 그 카드에 내 명함 정보를 새겨 넣었다. 회사 이름, 이름, 전화번호, 팩스번호 등 모든 정보를 전화카드 디자인에 통째로 박아 넣었다. 공중전화 카드를 제작해준 업체 직원이 나를 보더니 말했다.

"아저씨, 이런 거 처음 해봐요. 꼭 성공하셔서 이 카드명함이 대세가 되게 해주세요!"

나도 기대했다. "전화카드를 다 써도 버리지 말고 명함으로 지갑에 넣고 다녀 주세요" 라는 것이 나의 본래 의도였다.

처음 반응은 폭발적이었다. 사람들이 한두 장씩이 아니라 두세 장씩 달라고 했고, 심지어 술집 아가씨들도 호기심에 받아 갔다. 명함으로도 쓰고 전화도 걸 수 있는, 기발하고 신기한 물건이었으니까. 하지만 결과는? 서울 시내 곳곳 공중전화 박스 안에 버려진 내 명함 카드들이 너덧 장씩 널브러져 있는 것을 보고 알았다.

"아, 이건 진짜... 폭망했구나."

그 많던 전화카드 명함으로 수주 받은 건 단 하나도 없었다. 단 한 건도. 간접적으로 나를 알린 전도사가 되었는지는 모른다. 그때 나는 깨달았다. 명함이 '신기한 물건'이 되면 안 된다. 명함은 결국, 사람과 일의 연결고리여야 한다. 나는 그 연결고리를 너무 재미있게, 너무 독특하게 만들다가 기회를 끊어버린 셈이었다.

창조적인 명함이었지만, 창조적이라고 다 성공하는 건 아니었다.

3. 구름처럼 몰려든 수강생들, 첫해에 바로 '올해의 강사'로 선정

1995년 3월, 한국능률협회(KMA)에서 한국 최초의 '국제영문계약협상 실무' 강좌를 열었다. 약 6개월의 준비 끝에 론칭한 이 강좌는 첫 회부터 무려 60명의 수강생이 몰려들었다.

당시 기준으로 이 과정은 최고의 고가 강좌였다.

• 수강료: 72만 원

- 시간 구성: 32시간 (8시간 × 주 1회 × 4주)
- 일반 강좌 대비 두 배의 강의 시간과 세 배의 수강료

경쟁기관에 비슷한 과정이 전혀 없었고, 내용도 상당히 전문화된 실무 중심의 커리큘럼이었기 때문이다.

첫 회부터 '대박'. 60명 × 72만 원 = 4,320만 원 매출. 그 해에만 이 과정을 5회 개최, 총 매출은 약 2억 원에 달했다. 당시 교육기관 입장에서 단일 과목으로 이 정도 성과는 전무후무한 사례였다고 한다. 광고비, 강사료, 간접비를 제하더라도 약 7~8천만 원의 순이익이 났다. 이 한 과목만으로도 협회의 효자상품이 되었고, 나는 곧장 '올해의 강사'로 선정되었다.

그런데 어느 날, 강좌 마케팅 담당자가 과정 이름을 '국제영문계약협상사 과정'으로 바꿨다. 조금 더 있어 보이게 하려는 의도였는데 이게 문제가 되었다. 변호사협회에서 공식 경고장을 보내온 것이다.

"왜 '사(士)' 자를 붙이냐. 계속 사용하면 변호사법 위반으로 법적 조치를 하겠다."

결국 협회 부회장 등 결재라인이 겁을 먹고 과정명에서 '사' 자를 삭제하고 계속 운영하게 되었다.

그러던 어느 날 강의를 마치고 강의장 휴게실에서 쉬고 있는데 한 중년 남성이 다가와 명함을 내밀었다.

"○○ 출판사 사장입니다. 선생님 강의, 책으로 좀 내주실 수 있습니까?"

처음 받아본 제안이었다. 망설이고 있으니, 그가 호주머니에서 두툼한 봉투 하나를 꺼내 내게 건넸다.

"원고 써주시면 됩니다."

집에 와서 열어보니 그 안에는 선금 400만 원이 들어 있었다. 당시로선 상당한 금액이었다. 선금을 받은 이상, 이제 도망칠 길은 없었다. 원고 안 쓰고 선금만 받으면 사기죄 아닌가 싶어 본격적으로 집필을 시작했다. 이전에 강의하면서 정리해둔 자료도 있어 속도는 빠른 편이었다. 약 4~5 개월간 몰입해서 원고를 완성했다.

그 출판사는 일반 단행본보다는 도서관·자료실 납품용 전문서적을 제작하는 곳이었다. 편집 수준은 일반 교양서보다는 다소 떨어졌지만 그래도 내 인생 첫 책이 세상에 나왔다.

1996년 초, 나의 이름이 처음으로 책 표지에 찍힌 순간이었다.

4. 영문계약서를 수필처럼 써보자

당시만 해도 영문계약 강의를 하는 사람은 거의 없었다. 자연히 내 이름이 업계에 퍼져나가기 시작했고, 얼마 지나지 않아 또 다른 출판사와 계약을 하게 되었다. 이번엔 경제·경영 단행본 전문 출판사였다. 이 출판사는 당시 실무자 대상 책들로 꽤 이름이 알려져 있었다.

시중에 영문계약서를 해설한 책이 몇 권 나와 있긴 했다. 하지만 대부분 법대 교수나 변호사들이 쓴 책으로, 내용이 너무 어렵고 무겁게 쓰여 있어

기업 실무자들이 보기엔 버겁기 그지없었다. 그런데 실제 현장에서 필요한 건 거창한 이론이 아니었다. 담당자들이 당장 문제없이 계약서를 검토하고 협상할 수 있는 실전 팁이었다. 출판사의 요구는 명확했다.

"계약서를 수필처럼 써주세요. 누구나 읽고 이해할 수 있도록요."

하지만 계약서를 수필처럼 쓴다는 건 말처럼 쉬운 일이 아니었다. 설명 과정 곳곳에 전문용어가 나올 수밖에 없고, 이건 아무리 노력해도 수필체로 돌리기가 쉽지 않았다. 그래서 나는 실무 시절 기술자나 영업직에게 설명하듯이 편안한 말투로 원고를 썼다. 딱딱한 법이론은 과감히 생략하고, 실제 기업에서 문제가 될 만한 부분과 그걸 해결하는 방법 중심으로 서술했다.

또한 사례 중심으로 설명했다. 사례를 들면 내용 이해도 쉬워지고, 독자들이 자기 업무와 연결해서 비슷한 상황을 해결할 실마리를 찾기도 쉬웠기 때문이다. 계약서 유형별로 간단한 체크리스트도 정리해 넣었다. 이건 실무에서 자주 누락되는 포인트를 점검하는 데 큰 도움이 된다. 이 역시 대부분 내가 몸으로 겪은 실무 경험에서 나온 것이었다.

책의 부록으로는 계약서 예문을 담은 디스켓을 제공했다. 지금 보면 시대의 격차를 느끼게 하지만, 당시엔 실무자들 사이에서 꽤 유용한 도구로 통했다.

이 책이 나간 뒤부터 회사에서 특강 요청이 하나둘씩 들어오기 시작했다. 이런 출강은 산업체 교육기관에서 강의할 때보다 강사료가 더 높았고, 당시엔 강사용 고급 승용차가 배차되는 경우도 많았다. 이때 깨달았다.

"책을 많이 써야, 강의도 많아진다. 컨설팅도 늘어난다."

이런 경험들이 나를 더 많은 저술의 길로 이끈 계기가 되었다.

지금도 나는 이렇게 생각한다. 진짜 전문가라면, 책으로 증명해야 한다. 말이 아니라 글로. 현장 경험이 이론보다 앞설 수 있는 분야라면, 그 경험을 기록하고, 공유하는 것도 하나의 책임이고 실력이다.

5. 무역협회 아카데미에 전문위원제도를 만들다

저술과 강의를 통해 이름이 조금씩 알려지면서 한국무역협회 아카데미에도 발을 들이게 되었다.

나는 무역실무를 강의하진 않았다. 다만 무역실무자들이 잘 다루지 못하는 '무역계약 실무'를 전문으로 했다. 대부분의 무역실무 강사들이 계약을 다룬다고 해도 Sales Contract나 Offer Sheet 정도에 그치는 경우가 많았다. 간단한 양식 위주의 설명일 뿐, 계약 자체에 대한 깊은 이해나 전략은 부족했다.

그러나 실제 무역 현장에서는 이런 단순 계약서보다 더 두터운 문서들이 필요하다. 예컨대, Agent 계약서, Distributorship 계약서, 물건과 기술이 결합된 혼합거래 계약서 등과 같은 장기적이고 복합적인 문서들 말이다. 이런 내용은 대부분의 무역실무 강사들이 다루지 못하던 분야였다. 나는 그 틈새를 파고들었다. 아무도 하지 않던 강의였기에 자연스레 주목을 받았고, 무역협회에서 내 강의는 점차 특화된 영역으로 자리 잡았다.

무역협회 연수원을 자주 오가다 보니 위탁연수사업을 총괄하던 ○○ 국장과 자연스럽게 대화를 나누게 되었다. 그는 기업 맞춤 연수 과정을 수주하는 방법에 대해 고민하고 있었다. 나는 기업체 출신이었기에, 기업 교육/연수의 생태계와 수요 구조를 누구보다 잘 알고 있었다. 그리고 그때 하나의 아이디어가 떠올랐다.

"기업 위탁연수 과정을 수주하려면, 표준 제안서로는 한계가 있습니다. 정형화된 과목이라면 몰라도, 대부분은 기업의 요구에 따라 '맞춤형 커리큘럼'을 설계해야 합니다."
"이건 강사인 제가 직접 해야 합니다. 그러니 저에게 '전문위원' 명함을 주세요. 제가 과정 설계하고 수주까지 책임지겠습니다. 계약과 수납은 연수원이 하면 됩니다."

○○ 국장은 그 자리에서 고개를 끄덕였다. 그렇게 해서 나는 무역협회 최초의 '선문위원'이 되었다. 그 이후 나는 현대선자, 현대중공업, 대우중공업 등 내로라하는 대기업의 위탁 연수과정을 직접 제안하고 수주해서, 내가 강의까지 맡았다. 그야말로 제안 – 수주 – 설계 – 실행의 전 과정을 하나의 세트로 만들어낸 셈이었다.

이 제도는 이후 무역협회 교육사업의 하나의 모델이 되었다. 기업 맞춤형 교육이 가능한 '실무형 전문위원 체계'의 시작이기도 했다.

6. 하루 9시간, 4일 연속 강의의 철인 강사 시절

무역협회 연수원 전문위원 시절, 나는 현대그룹 계열사로부터 제법 많은 강의를 수주했다. 그중에서도 현대전자(현 SK하이닉스)가 가장 단골이었다. 경기도 이천에 위치한 그들의 연수시설, 슬기관으로 자주 출강했다.

당시 현대그룹은 오전 8시 출근, 오후 6시 퇴근 체제였다. 강의 역시 오전 8시 정각에 시작되었고, 나는 강의 전날 이천에 미리 도착해 숙박한 후 아침에 연수원으로 향하곤 했다.

강의는 대부분 4일 코스였고, 주제는 항상 국제영문계약 실무였다. 내용은 다음과 같이 방대한 범위를 포함했다:

- 영문계약서의 기본 구조
- 전문용어 및 표현
- 해석 요령 및 실습
- 계약서 유형별 핵심 조항
- 초안 검토 및 사례 연구
- 분쟁 예방과 해결 전략
- 영문계약서 작성 실무 등

하루 9시간 강의는 말 그대로 체력적 한계를 시험하는 수준이었다. 일정은 이렇게 구성되었다.

- 오전 8시 ~ 12시: 이론 강의
- 12시 ~ 1시: 점심식사
- 오후 1시 ~ 6시: 심화 강의 및 실습

오후에는 집중력이 떨어지기 때문에 2~3번째 시간을 실습 중심으로 구성했다. 오전에 배운 내용을 예제로 만들어 스스로 문제를 풀고 발표하게 했다. 참가자들은 실무 경력자들이기에, 발표 수준도 높았다.

이렇게 하루 9시간을 강행하고도 다음 날 또 9시간, 그리고 총 4일간 반복이었다. 말 그대로 초인적인 체력과 집중력이 필요한 일정이었다. 내가 이런 강행군을 한다고 하니, 대학 교수로 있던 친구가 믿지 못했다.

"너 하루 9시간씩 4일 연속 강의 한다고? 나는 일주일에 두 번, 하루 3시간씩 하는 것도 힘들던데."

나는 웃으며 말했다.

"야, 너는 학점이라는 인질을 잡고 반항 못하는 학생들 상대로 강의하잖아? 우리는 프로 중의 프로들, 나보다 더 잘 아는 부장급 실무자들도 앉아 있어. 평가 한 번 잘못 나오면 짤리는 구조다. 이게 진짜야."

그렇게 4일간 총 35시간 강의를 하고 나면 보수는 500~600만 원 수준이었다. 물론 연수원이 기업으로부터 받은 금액에서 일정 부분을 나누는 구조였다. 한 달에 두 번만 출강하면 1,000만 원이 넘었다.

당시만 해도 연봉 1억은 흔치 않았던 시절이다. 몸은 힘들었지만, 실력과 명성으로 수입을 얻는 구조였기에 피곤함보다 전문가로서의 보람과 자부심이 더 컸다.

7. 내 집처럼 26년간 안 짤리고 강의한 KISTI

1994년, 내가 LG를 그만두자마자 한국과학기술정보연구원(KISTI)에서 특강 요청이 들어왔다. 첫 강의 주제는 '기술도입 전략과 실무'였다. LG에서 늘 다루던 분야라 강의는 수월했고, 실제 사례를 곁들여 설명하니 수강생들의 반응도 좋았다.

특강이 인기를 끌자, KISTI 측에서 분량을 늘려 3일짜리 정규 과정으로 만들어 달라는 요청이 왔다. 나는 마다할 이유가 없었다. 이후 하나, 둘 과정이 늘어나 7~8년이 지나자 어느덧 4~5개의 정규과정을 맡게 되었다. 내가 기획하고 강의한 대표적인 과정들은 다음과 같다:

- 기술도입 전략과 실무
- 기술라이선스 전문가 과정
- 기술계약 실무
- 로열티 산출 실무
- 기술사업화 실무

이들 과정은 당시 국내에서는 전례가 없는 시도였다. 그만큼 KISTI도 나를 신뢰했고, 나 역시 모든 열정을 쏟아부었다. 강의 내용이 워낙 실용적이고 신선했는지 타 기관에서 통째로 베껴가는 경우도 있었다. 그 사실을 KISTI 직원이 알려줬을 때, 나는 이렇게 말했다.

"하늘 아래 내 것이 어디 있겠어요? 베껴서 한국 사람들이 다 배우면 결국 우리나라 경쟁력이 올라가는 거지요. 뭐 그게 발 달려서 외국으로 도망갈 것도 아니고."

나는 1994년 9월 첫 강의를 시작으로 2020년 코로나19가 본격화되기 전까지, 단 한 해도 빠짐없이 강의했다. 무려 26년. 정확히는 27년 연속 강의 기록이다. 이렇게 장기간 변함없이 교육부서에서 근무하시면서 나와 함께 호흡을 맞춘 김재성 선생도 진짜 대단하신 분이다.

강의 내용이 시원치 않거나 수강생들의 평가가 나쁘면 바로 강단에서 내려와야 하는 현실에서 27년간 한 해도 안 빠지고 이어온 이 기록은, KISTI가 나를 얼마나 신뢰했는지, 그리고 내가 얼마나 준비하고 쏟아부었는지를 보여주는 결과다.

이렇게 오랜 시간 동안 강의하다 보니 전국 곳곳에 나의 수강생들이 흩어져 있다. 물론 나는 그들을 일일이 기억하진 못하지만, 모임이나 행사에서 가끔 누군가 다가와 이렇게 말한다.

"선생님, 저 ○○년도에 강의 들은 사람입니다."

그럴 때마다 정말 반갑고, 가슴 깊이 보람을 느낀다. 어떤 이는 모든 과목을 수강했고, 어떤 이는 한 과목을 두세 번 반복해 들었다. 그들 중에는 CTO, 연구소장, 기관장도 있었다.

아마 한 기관에서 27년 연속 강의한 사람이 나 말고 또 있을까? 이제와 돌이켜보면, KISTI는 내게 단순한 강의처가 아닌, 거의 '내 집' 같은 곳이었다.

8. 발명가들이 바깥에서 대기하는 기현상?

내가 KISTI에서 강의하던 주제들은 그 당시로서는 국내 최초였다. 그래서인지 강의는 인기를 끌었고, 그 강의나 교재를 기반으로 모방 과정도

속속 생겨났다. 지금은 나보다 훨씬 뛰어난 강사들도 많고, 내용도 심화되고 체계화되었지만, 당시엔 내가 이 분야의 효시였다.

강의를 마치고 강의실을 나서면 항상 두세 명의 발명가나 기술창업 희망자들이 나를 기다리고 있었다. 그들은 대개 경제적으로 매우 어렵고, 내 강의를 정식으로 수강할 경제적 여력도 없는 이들이었다. 그래서 "교재라도 한 부 받을 수 있느냐"고 묻곤 했다.

하지만 교재는 보통 수강생 수만큼 딱 맞춰 인쇄하니 여분이 없었다. 또 강의자료 자체도 대부분 PPT 형식이라 텍스트처럼 읽으며 학습하기엔 다소 어려웠다. 그럼에도 그들은 어떻게든 PPT라도 받고 싶어 했다. 바깥에서 나를 붙잡고 설명을 요청하기도 했고, 어떤 날은 저녁을 같이 먹거나 차를 마시며 더 많은 이야기를 나누기도 했다.

그들과 이야기하면서 발명가들의 세계를 조금은 알게 되었다. 그들은 보통 오전 11시쯤 기상한다고 했다. 새벽 4~5시까지 아이디어를 고민하다 잠드는 경우가 많기 때문이다. 왜 그 시간에 일(발명)하느냐고 묻자, "삼라만상이 잠든 새벽 2~3시에 가장 창의적인 아이디어가 잘 떠오른다"고 했다. 진짜인지 아닌지는 알 수 없었지만, 그들의 삶의 리듬은 분명 일반인과는 달랐다.

늦은 오후가 되면 그들은 자기 발명에 관심 있는 사람을 만나러 다니고, 무료 상담을 하거나, 투자자를 만나러 나간다. 그러나 대부분의 경우 성과는 없다. 가정경제에 도움도 못 주고, 지속적인 수입도 없다 보니 가족에게조차 인정받지 못하는 경우가 많았다. 또한, 발명을 팔려다 기술 도용을 당한 경험이 많아 심한 피해의식을 갖고 있기도 했다. 가방에서 무언가를 꺼내다가도 결코 내용을 먼저 보여주지 않는다. 내용을 보여주기 전에 먼저 거래 조건을 말하는 방식이다. 그래서 나는 그들에게 옵션계약 (option agreement) 같은 지적재산권 보호 요령을 알려주기도 했다.

하지만 이들과의 만남이 점점 힘들어졌다. 그들은 대개 사회성이 부족하거나 서툴렀다. 명함을 받기만 하고 제대로 주는 법은 몰랐다. 구겨진 종이에 대충 적어준 메모 형태의 명함도 여러 번 받았다. 심지어 명함을 주고도 자기가 어디에 넣었는지 기억하지 못하고 나중에 또 명함을 달라고 하는 일도 많았다.

그들의 삶이 안타깝기는 했지만, 밥값, 차값은 대부분 내가 계산하고, 컨설팅도 공짜로 해주다 보니 솔직히 피곤하고 부담스러웠다. 점점 그들이 싫어지기 시작했다. 결국 핑계를 대며 더 이상 만나지 않게 되었다.

이런 경험은 내게 단순한 '강의 후 일화' 이상의 의미였다. 발명의 이면, 창조의 외로움, 열정과 현실의 간극을 조금이나마 느낄 수 있었다.

9. 책을 써야 – 50권 목표, 그러나 좌절

LG에 다니면서 나는 몇 가지 변하지 않을 강한 다짐을 했다. 첫째, 절대로 마흔이 넘도록 회사에 다니지 않겠다. 나는 자유인이 되어야 했다. 둘째, 나는 운이라는 것과는 인연이 없다. 신도시 아파트 청약에서 2~3 대 1 경쟁률에도 몇 번이나 떨어진 이후로 청약 자체를 아예 접었다. 내 인생은 실력만으로 돌파해야 한다고 마음먹었다. 셋째, 죽기 전까지 책을 50권은 꼭 쓰고 떠나겠다. 책을 쓰고, 강의하고, 자문하고 싶어서 LG를 떠난 것이기도 했다. 일종의 프리랜서(Freelancer), 아니… 나는 이것을 'Freedancer'라 불렀다.

1994년 4월, LG를 떠나고 이듬해인 1995년 첫 저서를 낸 이후, 2023년까지 약 35권의 책을 출간했다. 전면 개정판까지 포함한 숫자다. 또한 출판하지 않은 완성 원고도 4~5권 분량은 손에 쥐고 있다. 하지만 내가 쓴 책들은 수요가 많지 않은 전문 실무서들이다 보니 많이 팔리지도 않고, 출판사들도 큰 이익을 내지 못했다. 나 역시 마찬가지였다.

"그러면 미쳤다고 책을 쓰나?"

그 질문엔 대답하지 않겠다. 미치지 않았기에 쓸 수 있었다. 가장 열정적으로 집필하던 시절엔 1년에 3권씩 쓴 해도 있었다. 하루 평균 15~17시간씩 원고를 썼고, 참고문헌과 자료들을 쌓아 놓고 제사상처럼 큰 상을 펴고 작업했다. 그 방식(퍼질러 앉아서 책을 쓰는 것)이 어떤 대가를 불러오는지는 척추관협착증으로 8년간 고생한 후에야 알게 되었다.

이후론 이런 형태의 집필을 거의 중단했지만, 그래도 틈틈이 원고는 쓴다. 내가 읽고, 이해하고, 깨달은 것을 세상에 남기고 죽겠다는 내 자신과의 약속 때문이다.

내 책의 기본적인 소스(Source)는 대부분 일본 자료였다. 일본은 출판 대국이다. 특히 그들은 세계 각국의 정보를 정리해 한 권으로 구성된 책을 잘 만든다. 덕분에 나는 미국이나 유럽 원서를 직접 읽지 않아도 되었다. 어찌 보면 나는 일본 콘텐츠의 합법적인 도둑놈, 말하자면 지식 도둑놈인지도 모르겠다.

50권을 목표로 했지만, 내 몸이 먼저 항복했다. 하지만 남기고 싶다는 의지는 아직도 내 안에서 살아 움직이고 있다.

10. 스스로 치료한 척추관협착증

척추관협착증은 무서운 병이다. 나는 7~8년간 큰 제사상을 펼쳐놓은 듯한 앉은뱅이 책상에 앉아 원고를 쓰는 생활을 지속했다. 불량한 자세, 운동 부족. 결국 그 대가로 큰 병을 얻었다.

증상이 심해지자 5분 걷기도, 서 있기도 어려워졌다. 전철을 타면 가장 먼저 앉을 자리부터 찾았다. 경로석도 마다하지 않았다. 점점 병신처럼 되어가는 느낌이었다.

처음엔 "침 맞고 운동 좀 하면 낫겠지" 싶었다. 그러나 MRI 결과는 척추관협착증 진단. 수술도 고려했지만, 일단은 한의원 치료를 선택했다. 당시 유명했던 00한의원. "6개월 열심히 다니면 낫는다"는 말에 주 2회 약침을 맞고, 한 달에 150~200만 원짜리 정체불명의 시커먼 한약도 꼬박꼬박 먹었다. 6개월이 지나도 별 차도가 없어 6개월을 더 다녔다. 그래도 효과가 없자 오기가 생겨 총 1년 6개월을 버텼다. 결국 원장을 찾아가 소송하겠다고 했다. "나홀로 소송"으로 환자를 우롱하는 관행을 바로잡겠다 선언했다. 그러자 회유가 들어왔다. 6개월 공짜 치료 제안. 그렇게 2년의 시간을 허송세월로 보냈다.

다음으로 옮긴 곳은 전국에서 환자들이 몰려드는 신경치료 전문병원. 아침 7시부터 진료를 시작하는 이곳은 신문, TV 광고도 엄청났다. 내게는 척추꼬리뼈에 조그만 구멍을 뚫어 유착방지액을 뿌리는 시술을 했다. 그리고 매달 한 번씩 맞는 스테로이드 주사. (그들은 그게 스테로이드라고 말하지 않았다.) 한 달은 좋았다. 하지만 다음 달이면 또 아팠다. "6개월만 하면 낫는다"는 말에 6개월을 더, 또 6개월을 더. 총 1년 6개월 동안 매달 스테로이드 주사를 맞았다. 의료보험이 적용되지 않아 한 번에 17만 원. 경제적 손실도 컸고, 근육을 갉아먹는다는 스테로이드 부작용도 무서웠다. 결국 또 실패였다. 완전히 미친 짓이었다.

이후 또 다른 유명 한의원을 소개받아 다시 6개월을 다녔다. 역시 기대만큼의 효과는 없었다. 이번에는 미련 없이 발길을 끊었다. 전화도 차단해 버렸다.

그렇게 다시 처음의 한의원을 찾았으나, 그 한의사는 이미 사퇴하고 없었다. 다른 의사의 처방으로 체외치료기, 물리치료, 약침을 다시 시작했다.

그러던 어느 날, 침대 건너편에 누워 있던 80세쯤 되는 노인이 말을 걸어왔다.

"어이, 젊은 사장. 아직 젊으니 운동으로 치료하시오. 나야 늙어서 포기했지만... ○○○ 병원 스포츠의학센터에 가보시오."

전화를 하니 4개월 대기. 일단 등록해두었고, 2개월쯤 지나 연락이 왔다. 의사는 작은 손 망치를 들고, 이 자세 저 자세를 취하게 하며 척추를 툭툭 치며 진단했다. 3분 만에 진료 끝. 조교가 운동 자세 7가지를 시범 보였고, 나도 따라 해봤다. 운동 처방전 15만 원. 이후 나는 점심시간마다 40분씩 헬스장에 다녔다. 회사 업무에 지장을 주지 않기 위해 점심은 김밥으로 때웠다.

1년을 꾸준히, 3년을 지속하니 완전히 나았다. 소화기능까지 좋아졌다.

결국 완치 치료는 운동이었다. 그 단순한 해답을 몰라, 나는 수년의 시간과 엄청난 돈을 허비했다. 스스로 치료했다. 그러나 그 과정은 절대 만만치 않았다.

11. KMA에서 KPC로 활동 무대를 옮기다: 영문계약 26년간 강의

내가 평생 연구하고 강의하며 실무에서 다룬 주제는 결국 두 갈래로 수렴된다. 하나는 국제영문계약 실무, 다른 하나는 특허·기술의 사업화 전략 실무다.

이 두 주제는 내 생애의 주제이자, 동시에 내가 가진 복합적·융합적·글로벌한 관점의 기반이다. 나는 경제, 경영, 법학, 무역통상을 두루 공부한 사람이고, 무엇보다 LG에서 직접 관련 경영을 경험한 사람이다. 그래서 나는 단지 '계약을 아는 사람', '특허를 아는 사람'이 아니라, 그것을 실제로 활용할 줄 아는 실전형 전문가다. 그릇(형식)을 알고, 그 안에 담길 내용물(콘텐츠)의 본질을 아는 사람이다.

내 영문계약 강의는 일반적인 법대 교수나 변호사의 그것과는 다르다. 나는 경영자의 관점에서 계약을 본다. 계약 환경을 철저히 분석하고, 계약서 설계를 위한 전략적 기획을 한다. 내용과 조건들의 가중치와 우선순위, 조항 간의 논리적 배치, 기업에 유리한 협상을 이끌어낼 초안의 설계방식을 중심으로 강의한다.

때로는 법적으로 완전하지 않을 수 있어도 회사에 이익이 되고, 기업가치를 높일 수 있다면 그 관점에서 방향을 제시한다. 분쟁의 예방과 해결, 계약문구의 실제적 효용성을 중시한다.

특허나 기술 등 무형 지식재산을 다룰 때도 마찬가지다. 단순히 기술이나 권리에만 매달리는 것이 아니라, 그것이 어떻게 경영에 기여할 수 있는지, 사업과 전략, 시장과 가치에 어떤 영향을 미치는지를 중심에 둔다. 산을 모르면 나무를 제대로 볼 수 없다. 나는 항상 말한다.

"산맥을 알고, 숲을 보고, 그 다음에 나무와 가지, 꽃을 보라."

특허는 목적이 아니다. 기술은 수단이다. 경영에 기여하지 못하는 특허는 죄악이다. 따라서 지식재산의 경영전략적 활용이야말로 핵심이다. 이러한 관점에서 내 강의와 저술은 변리사나 공학박사의 접근법과는 다르다. 그것이 바로 나의 차별화다.

이 두 주제(국제영문계약 실무, 지식재산사업화 전략)는 한국능률협회(KMA)에서 먼저 강의를 시작했으나, 2000년 초부터는 한국생산성본부(KPC)로 활동 무대를 옮겼다. 큰 이유는 없었다. KPC의 한 간부의 요청이 있었고, 무엇보다도 수강생 수가 더 많았기 때문이었다.

이후 KMA와 KPC를 합쳐 26년간 내 강의는 한 번도 중단되지 않았다. 전국에는 내 강의를 들은 수강생들이 수없이 많다. 그들도 이제는 많이 늙었겠지만, 가끔 연락이 와 강의 초청을 받기도 한다. 내 수강생 중 한 명은 어느 재벌그룹의 연수원 임원이 되었고, 4박 5일짜리 특급 강의를 특별히 배정해 주었다. 강사는 많아도 이해하는 사람은 적다. 그것이 지금까지 내가 살아남은 이유다.

12. 대법원 판사와 동급의 중재인

비즈니스, 즉 사업 활동과 관련하여 분쟁이 발생했을 때 이를 법적으로 해결하는 방식은 크게 두 가지로 나뉜다. 하나는 법원에서 판사가 내리는 판결, 다른 하나는 중재법에 따라 중재인이 내리는 심결(결정)이다. 이 두 가지 모두 법적 구속력을 지니며, 강제 집행이 가능한 최종적 판정이다. 결과적으로 법률적으로 동일한 효력을 가지며, 분쟁의 해결 수단으로서 법적 지위를 인정받는다.

나는 2003년 2월, 대한상사중재원에서 상사중재인(Commercial Arbitrator)으로 위촉되었다. 전문 분야는 국제법무와 지식재산 분쟁이다. 이후 지금까지 단 한 번도 해촉되지 않고 그 직을 유지하고 있다. 20년 넘게 중재인으로 등록되어 있다는 것은, 내 실력과 신뢰, 그리고 성실성을 인정받은 결과라 생각한다. 처음 위촉 당시, 중재인 교육에 참여했는데 특강을 하던 중재인협회 회장이 했던 말이 아직도 생생하다.

"중재 결정은 항소가 불가능한 최종심이므로, 중재인은 사실상 대법원 판사와 같은 권위를 갖는다. 따라서 공정과 정의를 최우선으로 삼아야 한다."

그 말은 지금도 내 가슴 속에 깊이 남아 있다. 나는 그 자부심을 가지고 모든 사건에 임해왔다. 그동안 나는 중재 사건 1건, 조정 사건 3건을 실제로 수행했다. 중재는 판단자(판사)로서의 역할을 수행하는 것이다. 진실과 거짓, 옳고 그름을 가려 최종적인 결정을 내리는 것이 중재의 본질이다. 반면, 조정은 중재와는 다르다. 당사자 간의 자발적인 화해를 유도하고, 사실관계를 명확히 하여 화해 접점을 찾는 일이다. 화해가 성립되면 화해 계약서를 작성하여 종료되지만, 실패하면 조정은 종료되고 다시 소송의 길로 돌아간다.

미국, 캐나다, 유럽 등에서는 대부분의 상사 분쟁이 중재(Arbitration)나

조정(Mediation)을 통해 해결된다. 법원 소송은 시간도 오래 걸리고 비용도 많이 드는 만큼, 사회적 비용을 줄이는 차원에서도 ADR은 필수적이다. 이러한 소송 이외의 분쟁 해결 방식을 총칭하여 ADR(Alternative Dispute Resolution)이라고 한다. 즉, 대체적 분쟁 해결 제도다. 우리나라는 일본보다 ADR 활용도가 높은 편이며, 조금씩이나마 그 건수는 꾸준히 증가하는 추세다. 보다 유연하고 실질적인 분쟁 해결 방식으로서 ADR은 앞으로 더욱 주목받게 될 것이다.

나는 그저 그렇고 그런 중재인이지만 스스로를 '대법원 판사급 역할을 수행하는 실무가'로 생각해 본다. 그만큼의 책임감과 균형 감각, 실무적 판단력을 요구받는 자리이기 때문이다. 지금도 중재인 명단에 내 이름이 남아 있다는 사실이 작지 않은 자긍심으로 남아 있다.

13. 공포의 캠씨, 스스로 짤리다

2010년대 초반 약 6~7년간 K대학교에는 일명 "공포의 캠씨(Campus CEO)"라는 강좌가 있었다. 이 명칭은 학생들 사이에서 붙여진 별명이었다. 3학점짜리 창업실습 과정이었는데 인기가 워낙 높아 한 학기에 두세 개 반으로 운영되기도 했다. 이 강의는 단순히 창업 이론을 배우는 게 아니었다. 시험도 없고 모든 평가는 실습 결과와 발표로 이루어졌다. 심지어 평가도 교수들이 아니라 외부 VC(벤처캐피탈) 임원들이 맡았다.

어느 해 1학기, 수강 신청 인원이 110명에 달했다. 한 반으로 운영하기엔 너무 많고 두 반으로 나누자니 예산이 부족했다. 고민 끝에 한 반으로 운영하기로 했다. 이 과정은 전공, 학년 불문 누구나 수강할 수 있었고, 팀 단위로 실습이 이뤄지는 방식이었다. 1팀당 6~7명으로 16개 팀 정도를 구성하기로 했다.

먼저 팀장(CEO)을 공개모집했다. 약 20명의 지원자가 있었고, 가위바위보로 발표 순서를 정한 뒤, 각자 팀의 비전과 목표를 발표했다. 이후 수강생 전원이 20명 중 가장 마음에 드는 팀장을 선택해 등록했다. 1팀당 7명 이상 지원한 팀은 팀장이 직접 면접하고 과잉 지원자는 '방출'했다. 방출된 학생은 인원이 부족한 다른 팀에 가서 "제발 받아달라"며 구애해야 했다. 팀이 구성되지 못하면 탈락이었다. 이 모든 과정은 교수 개입 없이 100% 자율적으로 이루어졌다. 이 팀 구성 과정만 무려 3일(9시간)이 걸렸지만, 학생들은 "이게 더 재밌다"며 열광했다.

팀 구성이 끝나면 간단한 이론 소개 후, 모든 실습은 팀별로 진행되었다. 예를 들면,

- 회사 이름(팀명) 짓기
- SWOT 분석을 통한 아이템 선정
- 시장조사 요령
- 사업계획 수립법 등

기본 개요만 설명한 뒤 학생들은 자율적으로 조사하고 토론하여 PPT로 발표하고 피드백을 받았다. 교수는 코치 역할만 하고, 평가도 VC와 타 팀이 맡았다. 중간고사도 이런 식으로 대체했다. 기말고사 격인 최종 발표는 실제 투자 유치를 가정하고 사업계획서와 발표 자료를 완성하여 진행했다. VC 임원들의 평가와 피드백을 받으며 학생들은 프레젠테이션 역량도 크게 키웠다. 이 강좌는 단순한 교양수업을 넘어서 창업 실무교육의 결정판이었다.

인기가 높아지자 후속 요청이 이어졌고, 나중엔 ○○여대와의 합반 수업도 성사되었다. 발표가 끝나면 생맥주 파티도 열었다. 교수들의 소소한 강의료는 대부분 맥주값으로 사라졌다. 심지어 졸업생들도 찾아와 자발적으로 회비를 내며 파티에 참여했다.

이런 입소문이 퍼지자 서울시에서도 관심을 보였고, 캠씨를 서울시내 10개 대학에 확산하라는 지시가 내려왔다. 총 10억 원, 대학당 1억이 배정됐다.

그런데 문제가 생겼다. 강사료가 많아지자 정규 교수들이 캠씨를 맡기 시작한 것이다. 우리는 자연스럽게 물러날 수밖에 없었다. 그러나 강의만 하는 정규 교수들의 캠씨는 너무 재미없었다. 학생들 만족도도 떨어졌고 몇 년 지나지 않아 완전히 폐강되었다고 한다. 스스로 짤린 것이기도 하고, 대학 시스템에 밀려난 것이기도 했다.

지금 돌아보면 그 시절 캠씨는 정말 '교육' 같았던 수업이었다.

14. 아무나 복사해 쓰는 빨간색 고가 바인더북

내가 쓴 책 중에는 조금 특이한 녀석이 있다. 바로 남들이 잘 하지 않는 바인더 방식으로 제작된 책이다. 일반 제본을 하면 책장을 복사하거나 활용하기가 번거롭다. 하지만 이 책은 실무 양식이 많이 포함되어 있어서 복사와 실사용이 잦을 거라고 판단했다. 그래서 출판사 사장에게 설득했다. 바인더 북으로 제작하자고. 바인더의 장점은 명확했다. 필요한 양식 페이지를 빼서 복사하고, 다시 제자리에 끼우면 끝. 처음처럼 깔끔하게 보관할 수 있었다. 아이디어도 좋고 실용성도 뛰어나서 나는 꽤 만족했다.

그런데 문제가 생겼다. 한 권만 사서 통째로 복사해 사용하는 사례가 속출한 것이다. 어디서 들었는지 몇몇 대학과 사무소에서 그 비싼 책을 한 권만 구입한 뒤, 전부 복사하여 돌려본다는 제보가 들어왔다. 그럴 가능성을 짐작은 했지만 너무나 기가 막혔다. 직접 몇몇 대학 산학협력단에 몰래 가보니, 사실이었다. 난 오랜 강의 경력 덕에 곳곳에 스파이(?)가 있다. 내 책이 어떤 식으로 쓰이고 있는지 은근슬쩍 정보가 들어온다. 그 사실을 출판사 사장에게 이야기하며 "이거 뭔가 조치를 취해야 하지 않겠냐"고 하니 이 양반, 껄껄 웃으며 이렇게 말했다.

"좋으니까 복사해서 쓰는 거죠. 안 좋았으면 휴지통에 버렸을 거 아녜요? 그 지식이 한국 땅에서 쓰이는데, 뭐 외국으로 밀반출된 것도 아니잖아요?"

맞는 말인데… 기분은 좀 이상했다.

저작권은 물론 나에게 있지만, '특정 형태의 인쇄물로서의 출판권'은 출판사에게 있다. 즉, 법적 대응은 출판사가 해야 한다. 하지만 사장은 대응할 생각이 없어 보였다. 이미 본전은 뽑았다는 표정이었다.

그 바인더북 가격이 무려 10만 원이었다. 비싸다고 욕은 내가 다 먹었다. 사실 책값은 출판사가 정한 것인데 말이다. 고생은 내가 하고, 허리까지 망가지며 원고를 썼는데, 결국 욕먹고 복사만 당한 꼴.

그래도 뭐, 그 지식이 휴지통에 버려진 게 아니라 누군가에게 쓰였다는 데 의의를 두기로 했다. 운명이려니 한다. 내가 그랬지. "운은 나와 관계없다. 실력으로만 살아야 한다"고.

15. 일본기업에 시간당 70만 원 받고 컨설팅을

내 일본인 지인 중에, 한때 그 화려했던 도시바(Toshiba) 특허부장을 지낸 인물이 있다. 특허기술사업화의 전문가인 그는, 이후 소프트뱅크 그룹의 자회사 COO를 맡기도 했다. 우리는 오래전부터 서로 크지 않은 사업을 함께하며 협력 관계를 유지해 왔다.

어느 날, 그 친구로부터 페이스북 메시지가 도착했다. 오사카에 있는 기술력 있는 벤처기업이 한국의 모 대기업에 기술을 이전하려고 하는데, 이 프로젝트를 성공적으로 이끌 수 있도록 자문해 줄 수 있겠느냐는 문의였다. 당연히 할 수 있다고 했다. 몇 차례 교신이 오고 갔고, 서로 신뢰가 쌓이자 정식으로 나에게 맡기겠다는 연락이 왔다. 이후 자문 계약을 체결하게 되었다.

"얼마를 받으면 되느냐"고 묻기에 나는 "시간당 70만 원"이라고 했다.

모든 소통은 일본어로 하기로 했고, 해당 벤처기업은 영어를 거의 하지 못했다.

내 속마음은 이랬다. "이 정도 불러놓으면 깎아서 50만 원쯤 되겠지." 그런데 바로 OK 사인이 왔다. 나는 조금 놀랐다. 한국에서는 시간당 30만 원만 불러도 "뭐 이렇게 비싸요?" 하며 펄쩍 뛰거나, 밥 한 끼에 술 한잔 사주고 마는 놈들도 천지인데.

프로젝트는 꽤 까다로웠다. ABC 제품의 'A' 부품에 들어가는 핵심 부품 'a'를 일본에서 한국으로 수출하다가 환율 변동 등의 문제로 어려움을 겪자, 그 부품의 핵심 기술을 한국에 이전하는 방식으로 전환하려는 특수한 형태의 기술이전 프로젝트였다. 기존에 유사한 사례가 없어 기술이전 방식, 기술료 산정 기준 및 방식, 기술료율 등을 모두 새롭게 설계해야 했고, 상대방을 설득하는 것도 녹록지 않았다. 가만히 생각해보니, 이 친구가 직접 맡아도 되는 일을 굳이 나에게 넘긴 이유를 알 것 같았다. 자신도 도시바 출신이지만 이 건은 쉽지 않았고, 내게 진 과거의 신세를 갚고자 한 결정이었으리라.

나는 일본에 두 차례 출장을 다녀왔고, 그 벤처기업 측도 한 차례 한국으로 와서 협상을 진행했다. 나머지는 전화와 이메일을 통한 커뮤니케이션으로 이루어졌다. 약 2개월간, 총 50시간 정도의 시간을 투입했고 최종적으로 3,500만 원을 청구해 전액 수령했다.

이 과정에서 흥미로운 일이 하나 있었다. 한국의 그 대기업 측 기술도입 자문을 일본인 변호사/변리사가 맡고 있었는데, 그 사람이 바로 내가 아는 인물이었다. 속으로 생각했다. "한국 대기업이, 왜 하필이면 그 기술도입 자문을 그 일본인에게 맡겼을까?"

지금도 그 이유는 궁금하다. 한국 일인데, 왜 일본 전문가에게 맡겼을까? 나는 그 답을 아직 듣지 못했다.

16. 모로코 고위공무원들에게 특강을

어느 날 무역협회 아카데미에서 연락이 왔다. 모로코에서 온 고위 공무원 16명을 대상으로, 영문 계약 실무를 영어로 4시간 강의해달라는 요청이었다. 나는 정중히 거절했다. 고위직 공무원에게 영문 계약 실무를 강의

한다는 건 그 자체가 주제 불일치다. 관심도 낮은 내용을 억지로 들어야 한다면, 강사나 청중 모두에게 고역이다. 나는 보통 3P(Purpose, People, Place)가 맞지 않으면 강의를 사양한다.

이틀 뒤, 다시 전화가 왔다. 다른 로펌 등에도 부탁했지만 영어로 강의할 사람이 없다며 간청했다. 서로 잘 아는 사이에 계속 거절하는 것도 부담스러웠다. 그래서 말했다.

"할 수는 있는데, 영문 강의 자료를 새로 만들어야 하니 1회용 원고라도 원고료는 별도로 받아야 한다."

솔직한 심정이었다. 영문 PPT를 만드는 데만도 5~6시간은 족히 걸릴 것이었다. 그러자 협회 측은 강사료를 최대로 지급하고 원고료도 별도로 주겠다고 약속했다. 이쯤 되면 더 이상 빠질 구석도 없다. 강의를 수락했다. 이런 일은 늘 그렇다. 하고 나면 후회하지만, 또 안 할 수도 없다. 서로 도우며 살아야지.

나는 미리 영문 PPT 교재를 만들어 보냈다. "어차피 줄 거면 빨리 주자"는 게 나의 오랜 방식이다. 그래야 "고맙다"는 인사라도 일찍 받는다.

강의 날짜가 다가오자 슬슬 걱정이 되기 시작했다. 영어나 내용이 아니라, 전혀 맞지 않는 대상(고위공무원)과 어떻게 4시간을 '유쾌하게' 보낼 수 있을까가 고민이었다. 그래서 이렇게 강의 계획을 짰다.

- 1~2교시: 가벼운 토론과 질의응답으로 시간 보내기
- 3교시: 준비한 PPT를 주마간산식으로 훑기

• 4교시: 모로코 적용 가능성에 대해 간단한 토론 후 30분 일찍 마치기

최고의 강사는 늦게 시작해서 일찍 끝내는 사람이다.

강의 당일, 강의실로 들어섰다. 명단을 보니 진짜 기라성 같은 인물들이었다. 산업부, 교육부, 과학기술부의 국장급, 산하기관장, 몇몇 대학의 대학원장 등등. 유럽이나 미국에서 유학한 이력도 적혀 있었다.

"오매, 기 죽는다."

문제가 생기면 빠른 대응이 핵심이다.

1교시. 나를 간단히 소개하고(7~8분), 참석자들에게 하나씩 질문을 던졌다. 예컨대,

"이번 방한의 목적은 무엇인가?"

모두 돌아가며 발표하게 했다. 이것만으로도 두 시간은 충분히 채울 수 있다. 전형적인 시간 때우기 전략이다. 다음 질문은 이거였다.

"모로코 사람들이 한국에서 가장 수입하고 싶은 것은 무엇인가?"

TV, 핸드폰 등의 답이 나왔지만, 나는 고개를 저으며 말했다.
"틀렸습니다. 모로코가 한국에서 가장 많이 수입하는 건 중고차입니다."

그리고 관련 통계를 보여주었다. 모두 고개를 끄덕였다. 성공이다. 그다

음은,

"모로코는 한국에 무엇을 수출하고 있습니까?"

또 순서대로 지정했다. 졸거나 관심이 낮아 보이는 사람을 콕 집어 지명하는 게 내 스타일이다. 역시 아무도 정답을 못 맞혔다. 내가 말했다.

"정답은 통조림입니다."

그리고 설명했다.

"단발성 계약보다는 3~5년 장기공급 계약이 수출자에게 유리하다."

15분 휴식. 몇몇이 다가와 명함을 건넸다. "아까(오전시간) 관세 강의는 기절할 뻔했는데, 선생님 강의는 너무 재밌고 유익하다"며 엄지손가락을 치켜세운다. 아, 이제야 내 페이스를 찾았다.

2교시. 기술이전과 투자유치를 주제로 질문과 토론을 유도했다.

"제가 모로코에서 중고차 수리사업을 하려고 투자하려 합니다. 이게 가능할까요? 가능하다면 주의사항은요?"

역시 아무도 제대로 답을 못했다. 내가 정리했다.

"중고차 수리업은 서비스산업인데 서비스산업은 외국인에게 개방이 가장 늦어서 아마 안될지 모릅니다. 귀국하시면 한번 확인해 보세요."

"수출입도 중요하지만, 진정한 상호협력은 기술이전과 현지 투자입니다. 이를 위해서는 합작투자 계약서 작성 역량이 중요합니다."

3교시. 이제는 식은 죽 먹기다. 준비한 PPT를 슬슬 넘기며 "여러분은 이미 다 아실 내용이지만, 이런 실무교육이 모로코 내에서 제도화되어야 무역대국이 될 수 있다"는 논지를 펼쳤다. 그리고 "대만도 무역사관학교가 있었기에 지금의 중소기업 수출대국 대만이 가능했던 것"이라 덧붙였다. 또 고개를 끄덕인다.

4교시. 강사도, 수강생도 가장 기다리는 시간이다. "이쯤에서 마치겠습니다"라는 말을 듣기 위해 버티는 시간. 나는 말했다.

"오늘 하루 강의, 힘들지 않으셨습니까? 저도 힘들었습니다. 하지만 여러분이 적극적으로 임해주셔서 정말 감사했습니다."

어떤 이가 묻는다.

"모로코에 와서 강의해줄 수 있습니까?"

나는 웃으며 답했다.

"몸이 좋지 않아서(당시 척추관협착증)... 생각은 해보겠습니다."

30분 일찍 마치고 정리 발언을 마치자, 우레와 같은 박수가 터져 나왔다. 준비된 강사에게 청중의 격은 문제가 되지 않는다. 중요한 것은 자신만의 방식, 자신만의 차별화된 이야기다.

17. 외국인 친구에 대한 최고의 대접은 언론 인터뷰

한국을 방문하는 나의 외국인 전문가 친구들에게 나는 조금 특별한 방식으로 대접을 한다. 술 한잔 사고, 맛집 데려가는 건 개나 소나 다 한다. 물론 나도 한다. 그런데 나는 그것에 한 가지를 더 얹는다. 바로 언론 인터뷰다.

사실, 나도 일본 등 외국에 가면 현지 언론에 한 번 나고 싶다. 하지만 이 자식들, 눈치가 없어서 아직 그런 경험을 못 해봤다. 그래서 나는, 내가 할 수 있는 걸 내 방식으로 해주는 것이다.

어느 해 봄이었다. 기술이전 사업화 분야의 세계적 권위자인 동경대 TLO 야마모토 사장이 현대아산병원의 초청으로 한국에 오게 되었다. 병원의 의사들과 과학자들을 대상으로 기술이전과 사업화에 대한 특강을 하기 위해서였다. 그의 강의는 오후 2시 시작 예정이었다.

그런데, 어떤 단체가 아침 조찬 특강을 기획하면서 야마모토 사장의 동의도 구하지 않고 야마모토 사장의 특강 프로그램을 공지해버린 사건이 발생했다. 그 단체는 10일 정도 남은 시점에서 나에게 다급하게 연락이 왔다.

"야마모토 사장 조찬 특강 주선 좀 도와달라."

나는 단호히 말했다.

"불가능합니다."

하지만 그쪽에선 물러서지 않았다. 이미 공지를 해서 물릴 수 없으니, 무슨 수를 써서라도 성사시켜 달라는 협박(?) 섞인 부탁이 왔다.

나는 페이스북 전화를 걸었다. 그는 당시 튀르키예(터키) 앙카라에 있었다.

"조찬 특강 좀 부탁한다. 그날 오후 병원 강의 전에 아침 조찬시간에 잠깐이면 된다."

그러자 그는 말했다.
"먼저 초청자에게 허락을 받아야 할 것 같다."

나는 단호히 말했다.

"잠깐 특강하는 건데 뭘 그리 허락씩이나 합니까?"

동시에, 이렇게 설득했다.

"당신이 조찬 특강에 오면 세 가지 이점이 있습니다. 이런데도 오지 않겠습니까?"

1. 삼성, LG 등의 CIPO(Chief IP Officer) 40명을 한자리에서 만납니다. 개인적으로 만나려면 10년이 걸려도 못 만납니다.
2. 당신이 강의하면, 동경대 TLO의 기술 가치가 두 배로 뛸 수도 있습니다.
3. ○○신문사가 후원하니, 언론에 크게 보도될 것이고, 내가 또 다른 신문사 기자와의 특집 인터뷰도 주선하겠습니다.

이 세가지 기회때문인지 그는 곧바로 수락했다.

조찬 특강 당일, 약속대로 ××신문사 특허 담당 차장 기자를 대기시켰고, 내가 사전 정보, 인터뷰 질문서, 통역까지 전부 서비스했다. 그 결과, 인터뷰는 대서특필되었고, 출국 후에는 해당 기사 링크까지 정중히 보내주었다. 그는 엄청나게 기뻐했다.

이런 언론 인터뷰 주선 대접은 그 외에도 미국, 일본, 중국 등에서 한국을 방문한 외국인 전문가들에게 내가 종종 해주는 방식이다. 그들은 표면적으로는 말하지 않아도 속으로는 이런 '미디어 등장'을 은근히 기대한다.

나는 생각한다. 전문가들에게 최고의 마케팅 전략은 무엇인가? 그건 현지 언론에 나오는 것이다. 그것이야말로 진짜 VIP 대접, 그들의 '소망 리스트' 최상위 항목일지도 모른다.

그리고 나는 그것을 실행에 옮겨보았다.

맛있는 저녁 한 끼보다 기억에 남는 '기사 한 줄'이 외국인 친구들에겐 진짜 대접이 될 수 있다.

18. MBN 출연

IMF라는 거대한 폭풍이 휘몰아치던 시절, 나는 생방송 방송 출연이라는 인생 첫 경험을 하게 되었다. 매경 MBN의 "저자와의 대화" 프로그램이었다. 당연히 엄청 쫄렸다. 분장이라는 것도 그때 처음 해봤다. 너무 떨려서 우황청심원도 챙겨 갔다. 방송 출연은커녕, 그런 방송국 내부를 처음 밟아본 나로선 모든 게 낯설고 어색했다.

섭외는 MBN 쪽에서 먼저 연락이 왔다. 당시 나는 『기술도 상품이다』라는 책을 막 출간한 직후였다. 그 책은 꽤 반향을 일으켰다. IMF 시절, 연구개발 예산이 급감하면서 80~90%까지 완성된 기술들이 줄줄이 도산, 사장되는 현실을 보며 이런 생각이 들었다.

"차라리 헐값이라도 팔면 좋지 않을까?"

기술도 상품처럼 거래되고, 유통되고, 또 새로운 생명을 얻을 수 있도록 기술의 상품화 분위기를 만들고 싶어서 이 책을 쓰게 된 것이다. 책이 출간되자마자 과천에 있는 당시 상공부 중소기업국 ○○○국장님이 직접 출판사 통해 전화로 연락을 해 왔다. 책을 감명 깊게 봤다며, 부처 실무자들과 함께 1시간 정도 특강을 요청했다. 국장, 과장, 사무관까지 십여 명 앞에서 강의, 토론한 그 경험은 나에게도 꽤 인상 깊었다.

방송 당일. 방송은 오전 11시였지만 나는 한 시간 일찍 도착해서 분장도 받고, 우황청심원도 마시고 긴장된 마음으로 대기했다. 그런데 방송국이라는 곳은 참 불친절하고 퉁명스러웠다. 내가 처음이라서 이것저것 물어보고 싶은데 누구 하나 설명해주는 사람도 없고 모두가 마치 '매일 하는 일인데 왜 그래?' 하는 표정이었다.

드디어 호출이 왔다. "스튜디오로 들어오세요." 그것뿐이었다. 20~25평쯤 되는 스튜디오에 들어가니 사회자와의 인사도 없이 바로 생방송이 시작되었다. 명함 교환도, 미리 질문서를 주고받은 것도 없었다. 대본도 없고 리허설도 없었다.

"큐!" 싸인이 떨어졌다.

"오늘은 『기술도 상품이다』라는 책을 쓰신 허재관 대표를 모시고 이야기를 나눠보겠습니다."

그리고 질문이 쏟아졌다.

- 어떤 계기로 이 책을 쓰게 되었나?
- 기술이 정말 상품처럼 거래될 수 있나?
- 기술료란 정확히 무엇인가?

처음 2~3분은 그야말로 얼어붙은 상태였다. 그러다가 문득 "생방송도 별 거 아니구나." 라는 생각이 들었다. 긴장이 풀리자 오히려 막가파처럼 자신감이 생겼다. 심지어 이런 생각도 했다.

"내가 무슨 말을 해도 이걸 지금 누가 제대로 보고 있겠어?"

30분이 거의 다 되어갈 무렵, 오히려 사회자가 버벅거리며 NG를 냈다. "아… 죄송합니다." 하고 다시 대화가 이어졌다.

그 순간 나는 의기양양해졌다. 물론 대단히 건방진 생각이다.

"이제 나도 방송 프로급 아닌가?"

방송이 끝나고 스튜디오 밖으로 나오자 한 남자 직원이 계좌번호를 적어달라고 했다. "오, 30분 출연했으니 꽤 주려나?" 생각하며 기분 좋게 적어줬다. 분장도 제대로 안 지운 채로 개선장군처럼 MBN을 떠났다.

며칠 후, 통장을 찍어봤다. 잔뜩 기대했건만, 30몇 만 원이 입금되었다. 아마도 40만 원에서 원천징수 뗀 듯하다.

그 후로 나는 다시는 방송에 출연하지 않기로 했다. 나는 정치인이 될 것도 아니고 연예인을 할 것도 아니니까. 그래도 NG 없이 생방송 30분을 소화했다는 사실은 나만의 자잘한 자신감으로 남아 있다.

세상에 인간이 못 할 게 뭐 있겠는가?

19. 고가의 e북, 출판사 사장도 놀라다

회사에 입사하면서 맡은 가장 중요한 업무 중 하나는 영문 국제계약서를 해석·검토·작성하는 일이었다. 당시 내 직속 상관이던 총괄 전무는 영국 유학 출신의 전통 영어파였고, 나 또한 미군부대 카투사 출신이라는 경력으로 영어에 대한 유난한 자부심을 갖고 있었다. (사실 실력은 그리 대단하진 않았다.) 그 덕분에 신입사원 시절부터 나는 전무 방을 들락날락하며 혹독한 실전 영어 세례를 받았다. 당시 과장, 부장들은 영어에 젬병이었기에 업무 대부분은 사실상 내가 도맡다시피 했다. 과장, 부장을 건너뛰고 전무 및 사업부장들에게 직접 보고하고 지시를 받아 일을 처리했다.

"용불용설이라는 말이 있다. 머리는 쓰면 쓸수록 좋아진다."

이 일을 10년 가까이 하다 보니 직접 협상 기획부터 참여까지 맡게 되었고, 어지간한 계약에는 겁이 없어질 만큼 성장했다.(건방진 말일 수 있지만 사실이었다.) 10년의 회사 생활을 마무리하고 나는 그동안의 실무 지식과 경험을 세상에 전파하고 싶다는 마음으로 회사를 떠났다. 그리고 'GBO실무연구소'라는 작은 사무실을 열었다. 거창한 연구소는 아니고, 매일 원고 쓰고 강의자료 만드는 일이 전부였다.

나는 한국능률협회를 비롯한 여러 기관에서 국내 최초로 '영문계약서 실무' 강의를 시작했고, 그 인기에 힘입어 책도 집필했다. 실제 질문을 정리하고, 부족한 부분을 보완하여 책으로 엮은 것이었다.

그렇게 15년쯤 강의를 해오던 어느 날, 한 e북 출판사 사장이 찾아왔다. 당시는 전자책 시장이 이제 막 열릴 무렵이라 국제영문계약 같은 전문 서적은 거의 전자출판되지 않던 시기였다.

나는 솔직히 별 기대 없이 "이미 원고는 있으니 출간해봅시다" 하고 넘겼다. 그런데 문제가 생겼다. 당시 대부분의 e북은 한 권에 2,000원 정도였고, 저자 인세는 최대 30%, 즉 권당 600원이었다.

내 책 같은 전문서는 한 달에 50~60권 팔리면 많이 팔리는 편이었다. 그러면 인세는 한 달에 3만 원, 연 36만 원쯤 되는 셈이다.

"이걸로는 안 하느니만 못하다."

그래서 나는 단호하게 말했다.

"판매가 5만 원으로 합시다."

출판사 사장은 기겁했다.

"아니, 그 가격이면 한 권도 안 팔립니다."

한참을 밀고 당긴 끝에 "그럼 2만 원으로 하자"는 데까지 합의했다. 내가 많이 양보한 셈이다. 다행히 당시엔 다른 수입이 있었고, 그저 '저자의 자존심'만 지키면 충분했다.

몇 달이 지났다. 어느 날 출판사 사장이 전화해왔다.

"대표님, 이거 이상합니다. 2만 원인데도 한 달에 10권 이상 꾸준히 팔립니다."

당시 평균 전자책 가격이 2천 원이었으니 그 10배 가격에 한 달 10권 판매는 꽤 놀라운 성과였다. 전자책은 종이값, 인쇄비도 없으니 출판사 입장에서도 나쁘지 않은 장사였다. 그래서 내가 웃으며 말했다.

"김 사장, 내 말 맞지? 그때 고집 좀 부리지 말지 그랬어. 5만 원 했으면 당신 돈 좀 벌었을 거야. 이런 책은 대부분 회사 돈으로 사는 거니까 비싸야, 오히려 팔리는 거예요."

20. 아무도 월급을 받지 않는 회사, TRM

2013년 가을, 나는 TRM(Total Risk Management) 솔루션(주)이라는 컨설팅 회사를 설립했다. 과거 L그룹에서 함께 활동했던 미국 변호사 출신 선배들과 뜻을 모아 만든 회사였다. 계열사는 달랐지만 서로 잘 알고 지낸 사이였다. 4명이 각자 25%의 지분을 갖되, 대표이사는 내가 맡기로 했다.

TRM의 설립 목적은 단순한 영리 추구가 아니었다. '리스크 관리(Risk Management)'라는 개념을 한국 기업에 널리 알리자는, 다소 이상주의적인 발상에서 출발했다.

수익 배분 방식도 남달랐다. 매출이 생기면 10%는 법인 경비로 차감하고, 나머지 90%는 프로젝트 수주 및 수행 기여도에 따라 분배하기로 했다. 누구도 고정 월급을 가져가지 않았다.

기업에서 편하게 월급을 받으며 살아온 우리들은, 이런 방식이 법인 운영에 어떤 영향을 주는지도 잘 몰랐다.

결과적으로, TRM은 손해를 보지도, 돈을 벌지도 못했다. 하지만 아무도 월급을 가져가지 않았으므로, 이상하게도 적자없이 '우량 경영' 상태로 6년이나 지속되었다.

영업 활동은 거의 전적으로 내가 맡았다. 매출의 대부분은 기업 대상의 고가 리스크 관리 교육 프로그램에서 나왔다. 강사료 외에도 교재비, 원고료 등을 함께 받았기 때문에 단건당 수익률은 나쁘지 않았다.

고정 사무실도 없었다. 관리비를 아끼기 위해 남의 사무실에서 '더부살이'를 했다. 그 덕분에 별다른 운영비 없이도 회사를 유지할 수 있었다.

그러던 중, 멤버 중 한 명이 미국으로 이민을 가게 되었고, 그 지분 25%를 내가 인수하면서 50%의 1대 주주가 되었다. 지분이 늘어난 만큼 회사를 키워야겠지만, 나는 '만년 프리랜서'로 살아온 사람이라 사업 확장에 큰 욕심은 없었다. 다른 이사들 역시 마찬가지였다. 두 분 다 미국 변호사였지만 사업에는 문외한이었고, 그다지 열정도 없었다.

이런 사업이 잘 될 리가 없었다. 3년마다 해야 하는 이사 및 감사 등기 갱신도 번거롭기 그지없었다. 서로 논의 끝에 결국 회사를 해산하기로 결정했다.

그동안 매출은 많지 않았고, 자본금에서 조금을 까먹긴 했지만 별다른 부채 없이 깔끔하게 정리했다. 잔여재산은 지분 비율에 따라 분배했고, 해산 절차도 정식으로 마쳤다.

TRM, 국내 최초의 '월급 없는 주식회사'. 그 실험은 이렇게 조용히 막을 내렸다. 비록 돈은 벌지 못했지만, 나에겐 참으로 뜻깊고 색다른 경험이었다.

"사업이라는 것이 꼭 돈만을 위해 존재하는가?"

그 질문에 나름의 방식으로 답을 내본 시간이었다.

21. 다시는 연락하지 마세요 – 대한상사중재원 중재인

상사중재인(Commercial Arbitrator)이라는 제도가 있다. 사업 관련 분쟁을 법원이 아닌 중재(Arbitration)를 통해 해결할 수 있도록 하는 제도다. 우리나라에서는 아직 생소하지만, 유럽이나 미국에서는 법원 판사 못지않은 권위와 명성을 갖는다. 중재 결정(심결)은 최종적이고 대법원에도 갈 수 없다. 그래서 중재인을 "대법원 판사와 동급"으로 본다고 주장하는 사람도 있다.

나는 2003년 2월, 대한상사중재원으로부터 상사중재인으로 위촉되었다. 당시는 상공부 산하 공공기관으로, 국제무역뿐만 아니라 일반 비즈니스 분쟁 전반을 중재하는 기관이었다. 당시 약 1,000명의 중재인이 있었고, 그 중 변호사 400명, 교수 400명, 기업인 200명 정도였다. 나는 조그마한 컨설팅 회사를 운영하던 기업인 출신으로 위촉된 케이스였다.

이전 직장인 L사에서 중재를 경험했고, 강의나 컨설팅 현장에서 중재제도에 대해 소개해 온 점이 영향을 주었을 것이다.

위촉 3년 후, 처음으로 단독 중재 사건 하나가 배정되었다. 중재는 당사자들이 중재인을 합의해 지정하지만, 합의가 되지 않으면 중재사무국이 명부에서 적절한 중재인을 지정하게 된다. 사안이 크고 복잡하면 3인 중재부를 구성하고, 일반적인 경우는 단독중재다.

이 사건은 대기업 A와 중소기업 B 간의 해외 진출 계약 분쟁이었고, 양측 모두 주장에 일리가 있었으며, 쌍방 과실이 인정되는 다소 복잡한 사안이었다.

심결(award)은 공개되고 최종적이기에 중재인은 신중해야 한다. 소송처럼 법률심에만 의존하지 않고, 형평과 선(善)도 중요하게 고려해야 한다. 기업인 출신인 나로서는, 그런 판단에 나름 자신이 있었다.

다행히 큰 문제없이 중재를 마쳤고, 그 다음 해부터 조정(Mediation) 사건이 몇 건 배정되었다.

중재는 강제력 있는 심결을 내리지만, 조정은 '화해'를 유도하는 중립적 역할이다. 중재인(조정인)은 강제할 수 없으며, 분쟁 당사자가 자율적으로 화해를 선택하도록 해야 한다.

내가 맡았던 조정 사건은 대부분 기술료 부담을 둘러싼 분쟁이었다. 판사가 "조정해보라"며 법원에서 중재원으로 회부한 사건들이었다.

문제는 구조적이었다. 예컨대 기술료 관리 공공기관이 중소기업을 상대로 소송을 제기한 사건에서 해당 공공기관은 외부 로펌에 사건을 맡겼고, 정작 조정 자리엔 변호사 대신에 사무장만 참석했다.

로펌 입장에서는 조정보다 소송을 통해 수임료를 더 많이 받을 수 있으니 조정에 진지하게 임할 이유가 없었다. 대리로 참석하는 사무장도 화해에 응하지 말라는 지시를 받고 왔다. 이러니 화해는 애초에 불가능했고, 중소기업 사장들만 시간 낭비였다.

내가 맡은 조정 사건은 단 한 건도 화해에 성공하지 못했다. 조정에 성공하면 32만 원, 실패하면 24만 원의 수당이 지급되었다. 사건당 평균 투입시간은 15시간 정도였다. (이동, 문서 검토, 조정일 포함)

내가 하던 강의 한 시간 수입에도 못 미쳤고, 무엇보다 화해 실패로 인해 바쁜 중소기업 대표들에게 죄송한 마음이 들었다.

이후로는 조정 사건이 배정되어도 정중히 거부하기로 했다. 그리고 중재원 측에 말했다.

"앞으로는 연락하지 마십시오."

22. 국제중재에 끌려 가면 어째야 할까요?

국내 굴지의 세계적인 기업이 BEM(Big Emerging Market) 지역에 합작투자(Joint Venture) 방식으로 진출을 추진하고 있었다. 그런데 내부적으로 관련 두 부서 간 의견이 엇갈리면서 의사결정이 교착 상태(Deadlock)에 빠졌다.

사안은 이렇다. 예전에 특정 외국에서 도입한 기술 일부가 포함된 기술이전 계약이 이번 J/V에 수반되면서, 이 기술을 해외로 이전하는 데 법적 문제가 있는지 여부가 쟁점이 되었다.

사업본부의 입장은 단순했다. "그 기술은 이미 널리 알려진 기술이다. 기술도입 계약은 종료된 지 오래다. 아무 문제없다. 그대로 추진하겠다." 즉, '이미 공지가 된 기술'이니 법적 리스크는 없다는 주장이다.

반면, 법무부서는 강력히 반대했다. "기술도입 계약이 끝났더라도, 비밀유지 조항은 생존조항(survival clause)으로서 여전히 유효하다. 해외 분쟁이 발생하면 국제상공회의소(ICC) 규정에 따른 중재로 가게 되는데, 결과는 아무도 장담할 수 없다. 따라서 이 계약은 위험하니 중단해야 한다."

사업본부장은 격분했다. "사업을 도와주지는 못할망정, 발목만 잡는다니 말이 되는가!" 결국 제3의 판단을 얻기 위해 특허부서에 자문을 요청했다.

대부분의 법무팀은 원칙적이고 보수적인 의견을 낸다. "하면 안 된다"는 결론이 일반적이다. 그래서 사업부서의 입장에서는 법무부서를 '발목 잡는 부서'로 보는 시각이 많다.

나 역시 과거 회사에서 법무 업무를 겸한 적이 있었는데 내 방식은 달랐다. '안 되는 이유'보다는 '될 수 있는 방법'을 찾는 쪽에 초점을 맞췄다. 그 덕분에 회사 내에서 인기도 좋았다. 나는 합리적 인간이 아니라, 합목적적 인간이었다. 기업의 목적을 달성하기 위해서라면, 불법을 넘나드는 선택도 불사한다는 다소 위험한 스타일이었다.

결국, 사업본부장은 특허부장에게 "당신네가 좀 더 현실적인 해법을 찾아보라"며 의견을 구했고, 특허부장은 나에게 '특사'를 보내 의견을 요청해 왔다. 상사중재인인 당신이 이 사건을 중재한다면 어떻게 하겠느냐고.

나는 사업본부장의 입장에서 다음과 같이 답변했다.
"금회 해외에 이전하고자 하는 기술은 종전에 해외에서 도입한 기술의 비밀유지의무와 상충되지 않는다고 판단합니다. 설사 일부 기술이 여전히 동일하다고 하더라도 시간이 많이 경과되어 자연스럽게 공지기술이 되었을 것이고, 이러한 공지기술만 증명할 수 있다면 법적으로 문제가 되지 않아 국제중재를 크게 걱정하지 않아도 될 것입니다."

사업본부장이 나의 의견을 받아들였는지 그 J/V 프로젝트는 원안대로 진행되었다고 들었다.

23. 세 번의 죽을 고비를 넘긴 행운아?

소생은 지금까지 살아오며, 죽을 고비를 세 번이나 넘긴 행운아다. 그중에서도 가장 극적인 죽음 탈출, 회생 에피소드는 부산 녹산공단 출장길에서 겪은 교통사고였다.

당시 나는 녹산공단에 위치한 ○○ 중소기업의 요청으로 자문을 위하여 방문하게 되었다. 이 회사는 신발 밑창에 사용하는 특수 접착제와 관련 설비를 일본에 수출하려 하고 있었다.

나는 단순히 원료(접착제)와 설비를 물품 형태로 수출하기보다는, 일본 회사와 합작투자(Joint Venture)를 설립하고, 기술료와 지분을 확보하는 것이 훨씬 유리할 것이라고 조언했다.

KTX로 부산역에 도착한 후, 택시를 잡았다. 운전기사는 연세가 좀 있어 보였고, 내비게이션에 새 주소 입력이 익숙하지 않아 어려움을 겪고 있었다. 나는 도와주기 위해 조수석에 앉아 내비게이션을 대신 설정해주고 귀찮아서 그냥 그 자리에 앉은 채 출발했다.

문제는 그 다음이었다. 방문 회사를 정확히 찾지 못하고 근처를 빙빙 돌던 중, 내가 담당자에게 전화를 걸어 현재 위치(네거리 교차로에서 신호 대기 중)를 설명하니 "바로 앞에 보이는 ○○정유 대각선 방향, 5층짜리 건물"이라고 안내해주었다.

아마도 내비도 잘 사용하지 못하고 길도 못 찾아 미안했던 운전기사는, 먼 곳에 있는 U턴 구역으로 가지 않고 무리해서 신호 대기 중인 바로 옆 대형 트레일러 사이로 끼어들며 좌회전을 시도했다. 당시 그 교차로는 부산항으로 드나드는 대형 트레일러들로 가득한, 시야가 막힌 위험한 곳이었다.

"아앗!"

나도 모르게 비명이 튀어나왔다. 트레일러에 시야가 가려 우리 택시를 보지 못한 오른쪽 방향의 1톤 트럭이 그대로 달려와 정면 충돌 직전의 상황이 발생했다. 트럭은 결국 우리 택시의 번호판만 밀어낸 채 약 20미터를 더 밀고 나가 멈췄고, 택시의 범퍼는 페인트가 조금 벗겨졌을 뿐이었다. 하지만 0.001초만 제동이 늦었어도, 나는 그 자리에서 목숨을 잃었을 것이다.

멘붕이 되어 멍하니 앉아 있던 택시기사에게 요금을 지불하고 바로 미팅에 참석했다. 미팅을 마치고 돌아오는 길, 다시 택시를 탔을 때 나는 비로소 멘붕이 왔다. 방금 전 사고 당시에는 오히려 운전기사가 멍해져서 요금도 받지 않고 2~3분간 가만히 있었는데.

KTX를 타고 서울로 돌아오며, 나는 생각했다. "앞으로는 유서를 써놓고 다녀야겠다. 인생은 언제 어떻게 끝날지 아무도 모른다."

무엇이 나를 죽음 일보직전에서 구해냈을까?

그날부터 나는, 우리 집 김보살(와이프)의 불심이 나를 지켜준 것이 아닐까 하는 생각을 하기 시작했다. 그 후로 나는 김보살의 종교 활동(불교 봉사)에 매우 협조적으로 변했고, 어느 사찰에서 주주 보살로 봉사하는 일도 전폭적으로 지지하게 되었다.

오늘 내가 이렇게 살아 있는 것도 김보살의 불심(불교) 공덕 덕분일지도 모른다.

24. 어느 재벌기업의 특허담당 임원 만들기

우리나라 기업의 특허경영 도입은 유난히 늦었다. ○○재벌 기업도 예외가 아니었다. 항상 큰 사건이 터지고 손해가 발생한 후에야 허둥대며 대책을 세우는 후행적 체질이었다.

그 당시 이 대기업은 겉으로 보기에는 거대했지만, 정작 제대로 된 특허 경영조직조차 없는 상태였다. 그저 특허 출원 몇백 건, 연차료 관리나 하며 관성적인 업무만 반복하였고, 혁신은 커녕 위기의식조차 없었다.

그러던 어느 날, 그 회사의 특허부장에게서 전화가 걸려왔다. 몇 차례 만난 적은 있었지만 친한 사이는 아니었다. "저녁이나 같이 하시죠." 이 말에 뭔가 상의하고 싶은 게 있구나 싶었다.

약속된 날, 정해진 장소에 가니 이미 도착해 있었다. 대기업답게 특허 업무를 맡고 있는 부장급이 서너 명이나 된다고 했다. 그는 "늦게 결혼해서 아이들이 아직 중학생이라 회사에서 오래 다녀야 하는데 걱정"이라고 털어놓았다. 그때는 권고사직이 유행하던 시기였고, 고참 부장들이 주요 타깃이었다.

소주 한잔과 함께, 마침내 본론이 나왔다.

"선배님, 우리 회사에 특허 담당 임원(상무) 자리를 하나 만들려면 어떻게 해야 할까요?"

사실, 그 규모의 회사에 특허 담당 임원이 없다는 것 자체가 이상한 일이었다. 그는 조직 안에서 진급할 길을 만들고 싶었던 것이었다. 물론, 이런 인사 제도는 인사부서의 관할이지만, 그 부서도 지식재산의 중요성조차 모르고 있는 현실이었다. 지금도 그렇지만 그때는 더 심했다.

나는 솔직하게 말했다.

"이런 질문은 처음 받네요. 저도 회사 생활을 해봤고, 특히 일본 기업의 특허 조직 구조는 익히 알고 있어요. 몇 가지 방법은 있습니다."

그에게 두 가지 방안을 제시했다. 단, 추진할 힘이 있느냐고 먼저 물었다. 그는 "힘은 있다"고 했다.

"첫째, 상무 자리를 만들려면 최소한 두세 부서를 거느려야 합니다. 그래서 업무 사각지대에 있는 지식재산 관련 기능을 전부 끌어모아 새로운 팀이나 부서를 하나, 둘 더 만드세요. 상표, 디자인, 저작권, 소프트웨어, 노하우(기술) 관리, 분쟁·소송, 라이선스, 기술이전 등 모든 것을 끌어오면 규모가 생기고, 조직도 커집니다."

"둘째, 그래도 어렵다면 지주회사나 그룹 산하에 특허 전담 자회사를 하나 설립하는 방법도 있습니다. 그룹 전체의 특허 관련 업무를 총괄하게 하고, 그 자회사 대표가 본사 임원급이 되는 방식이죠. 일본 기업들이 실제로 그렇게 많이 합니다."

그는 진지하게 들었고, 힘이 닿는다면 추진해보겠다고 했다.

1년 6개월쯤 지난 후, 그가 다시 연락을 해왔다. "고맙다"며 푸짐하게 한 잔 대접했다. 그리고는 또 다른 고민을 꺼냈다.

"선배님, 이번엔 부사장 자리를 하나 만들고 싶은데, 방법이 없을까요?"

나는 웃으며 말했다.

"돈만 좀 쓰면, 못 만들 게 어디 있어요? 문제는 예산이죠."

부사장 자리를 만들기 위해서는 그에 상응하는 실적과 구조가 필요하다. 그 당시 선진 외국 기업들은 이미 ICT 기반의 특허 경영 시스템을 활용하고 있었다. LDB, SDB 시스템 구축은 물론, 경쟁사 특허 감시 시스템(Patent Watch System)을 통해 발명·특허 관련 의사결정을 디지털화하고 있었다.

나는 말했다.

"그런 시스템을 도입하고, 그것이 업무 혁신으로 연결되면 부사장 자리도 가능하겠죠."

그는 "예산은 마련할 수 있다"고 자신 있게 말했지만, 문제는 당시 한국엔 그런 시스템을 구축할 업체가 없었다. 결국, 그 회사에는 지금도 특허담당 부사장 자리는 없다. 그가 원하던 상무 자리에 올랐던 그는 몇 년후 회사를 떠났다고 들었다.

25. 왜, 특허전략회의가 필요한가?

어느 날, 평소 잘 알고 지내던 ○○사 특허부장에게서 전화가 걸려왔다.

"선배님, 혹시 일본 주요 대기업들의 특허전략회의에 대해 아시는 게 있습니까?"

몇몇 일본 기업들이 그런 회의체를 운용하는 것 같더라고 말하면서,

회사에서 왜 그런 회의가 필요한지, 어떻게 구성할 생각인지를 설명해 달라고 부탁했다.

"우리 회사에는 CEO 주재의 특허 회의체가 없습니다. 대부분의 부서는 CEO가 직접 주재하는 전략 회의가 있는데, 우리 특허부서만 예외입니다. 심지어 환경안전부서도 '전사 환경안전 전략회의'가 있을 정도입니다. CEO가 주재하는 특허 관련 회의체가 생기면 자연스럽게 사업본부장, CFO, CMO 등 고위 경영진이 참석하여 특허를 중요하게 인식할 수 있게 될 텐데, 지금은 그렇지 못합니다."

사실 그는 당시 회사의 전사 투자심의위원회(1백억 원 이상 투자가 필요한 모든 프로젝트 심의)에 정식 멤버로 들어가 있기는 했다. 하지만 실질적으로는 거의 발언권이 없는 상태였다. 예를 들어, 대규모 투자가 수반되는 사업 프로젝트에서 특허 이슈가 있는지 없는지를 "Yes or No"로만 대답하라고 하는 식이었다.

"문제가 있습니까? 없습니까?"

그게 다였다. 하지만, 특허에 문제가 생기면 수천억 원짜리 프로젝트 자체가 무산될 수도 있는 상황에서 단순한 가부 선택으로 책임을 떠넘기는 건 말도 안 되는 일이다. 때로는 공장을 짓는 대신 M&A로 가야 한다는 전략적 판단도 필요하고, 특허 침해 가능성이 있다면 사전에 라이선스를 확보하는 등의 법적·전략적 조치가 선행되어야 한다. 그는 답답해했다.

"이런 중대한 사안을 Yes/No 단답형으로만 대답하라니, 정말 미칠 지경입니다."

당시 한국 기업의 고위 경영진은 특허의 무서움을 몰랐다. 그러니 그런 "폭거"가 가능했던 것이다. 그래서 그는 특허 관련 CEO 주재 회의체를 신설하고자 했고, 이를 뒷받침할 수 있는 일본 기업들의 실제 사례를 조사하여 보고서로 작성해 달라고 부탁했다.

그 일을 계기로, 나도 막연히 알고 있던 일본 기업들의 특허전략회의 운영 방식을 깊이 있게 조사하게 되었다. 그 핵심은 다음과 같았다.

 일본 대기업의 특허전략회의 운영 방식

○ CEO가 직접 주재하며, 연 1~2회 정례적으로 개최
  (참석자: 사업본부장, CTO, CIPO, CFO, CMO 등 고위 경영진 전원)
○ 1회당 2~3시간 정도 진행하며, 반드시 결론 도출이 목표
○ 주요 의제는 다음과 같다:
  • 연간 특허 전략
  • 대규모 M&A 및 특허 실사 대응
  • 글로벌 소송 대응 전략
  • 대규모 신사업의 특허 리스크 관리
  • 특허조직 재편 등 CEO의 결단이 필요한 사안
○ 준비는 약 3~4개월 소요, 각 부서별 역할 분담과 시나리오 작성 필수
  (사업부, 특허부서, R&D부서가 핵심)
○ 회의 당일 진행 순서
  • 특허부서장/임원이 전체 의제 배경 설명 및 안건 상정
  • 해당 사업본부장이 사업의 전략적 측면 보고 및 요청사항 제시
  • 기술/R&D 부서장이 기술적 문제 해결 방안 보고
○ 발표 이후에는 CEO 주재하에 치열한 토론 진행
  • 사업 측면

- 기술/R&D 측면
- 특허 전략 측면
  → 이러한 '3위일체적 관점'에서 문제와 대책을 총괄 검토
○ 회의 종료 전 다음 중 하나로 의사결정:
- 시나리오 그대로 추진
- 보완 후 추진
- 보류 및 차기 회의 주제로 이월
○ Follow-up 일정 및 차기 회의 일정 공지 후 폐회

그 특허부장이 나에게 보고서를 요청한 진짜 이유는 이러했다.

"CEO와 핵심 경영층이 특허의 중요성을 깨닫게 해야 합니다."
"특허전략이 경영 의사결정 시스템에 자연스럽게 포함되도록 만들어야 합니다."
"그래야 우리 부서도 제대로 된 역할을 할 수 있습니다."

그 후, ○○사에는 실제로 특허 담당 임원 자리가 생겼고, 특허부서의 조직 규모와 위상도 눈에 띄게 커졌다. 그는 이후 회사 안에서 특허전략의 중심에 서게 되었다.

기업은 결국 사람이 움직이고, 사람은 제도로 움직인다. 조직의 위상을 높이기 위해, 회의체 하나를 만드는 데서부터 시작해야 할 때도 있다.

26. 왜 이제서야 왔습니까?

지방의 어느 경영대학원에서 대학원장으로 재직 중인 친구의 초청으로, 그 도시의 최고경영자 과정에서 특강을 한 적이 있다. 그 도시는 약 7,000 여 개의 중소기업이 밀집해 있는 지역으로, 수강생들은 대부분 중소기업 및 소기업의 대표, 자영업자 등 총 70명 정도였다.

최고경영자 과정에서의 강의는 가장 쉽기도 하고, 가장 어렵기도 하다. 대부분은 공부를 하러 온다기보다 사교, 네트워크, 정보 교류 등을 목적으로 등록하기 때문에 강의 주제나 수준을 어떻게 맞춰야 할지 늘 고민스럽다. 게다가 강의는 저녁 시간이다. 피곤한 하루를 마치고 앉아 있는 이들의 주의(attention)를 끌려면 무조건 재미있어야 한다. 그렇다고 가벼운 이야기만 하자니 본질이 없고, 너무 전문적으로 접근하면 부담을 준다.

친구는 "그냥 연구개발이나 특허 관련 이야기를 재미있게만 해달라"고 했다. "하지만, 사장님들의 귀한 시간과 등록금이 아깝지 않도록 부탁한다"는 당부도 덧붙였다.

연구개발이나 특허는 본디 재미없는 주제다. 게다가 대부분의 중소기업 대표들은 특허나 기술 관리에 대한 이해나 관심이 부족하다. 수락은 했지만, 안 가기도 뭐하고, 솔직히 곤란한 자리였다.

강의 당일, 출석한 인원은 약 65명 정도였다. 여성 경영자도 몇 분 계셨다. 분위기를 풀 겸 농담을 던졌다.

"오늘은 제가 마음껏 사투리 써도 되는 날이네요. 덕분에 편하게 강의할 수 있을 것 같습니다."

그렇게 웃으며 강의를 시작했다.

"사장님들, 회사를 먹여 살릴 기술을 개발하기 위해 비싼 돈 들여 기술자 고용하시죠? 그런데 그 기술이 어디에 남아 있습니까? 기술자의 머릿속에만 남아 있다면 그건 '암묵지(暗黙知)'로서 헛일입니다."

"그걸 특허로 출원하고 등록하면 법적 권리인 특허권이 되는 거고, 등록이 안 되거나 돈이 없어 특허출원 및 등록을 못 하면 문서화된 노하우 (Know-how)로 남겨야 합니다. 그걸 우리는 형식지(形式知)라고 부릅니다. 즉, 도면·공정표·기술문서로 남겨 다른 직원도 볼 수 있어야 회사의 자산이 됩니다."

"기술자의 머리에만 남아 있으면(암묵지) 그 기술자는 퇴사 후 옆 동네에서 경쟁사 차리고 생산하여 덤핑하고, 심하면 경쟁사 임원이 됩니다."

"그 머리에서 암묵지를 빼낼 수는 없냐고요? 빼내려면 머리를 잘라야 하니 살인죄가 됩니다. 그래서 기술이 나오는 순간 즉시 특허 출원하거나 기술을 객관화해야 합니다. 그렇지 않으면 당신 회사는 다시 월급 주고, 재료비 써 가며 같은 연구를 반복하게 됩니다. 그렇게 하여 제품 생산을 해봤자 시장 타이밍 놓쳐 망합니다. 암묵지는 내 돈 써가며 남 좋은 일만 시키는 셈입니다. 경쟁사는 개발비 안 들이고도 싸게 만들 수 있으므로 당신네 회사는 시장 뺏깁니다. 망하고 싶으면 기술자 머릿속에만 기술을 두고 형식지 관리는 하지 마십시오. 간단하게 망할 수 있습니다."

잠시 멈추고, 사장님들을 향해 물었다.

"그렇게 망하고 싶습니까?"
"아니요!"

천장이 무너질 듯한 박수가 쏟아졌다. 내가 30분 일찍 마쳐서 그런 걸까? 아니, 아닐 거야. 그 순간, 어느 사장님이 손을 번쩍 들더니 말했다.

"왜 이런 강의를 이제 와서 합니까? 진작에 오셨어야지요. 우린 이미 다 망하고 난 뒤인데요!"

그 한마디가 내 마음에 오래 남았다. 지식도 타이밍이 중요하다. 이미 겪고 나서야 얻는 교훈은 때론 너무 늦게 찾아오는 법이다.

27. 지식과 경험 기반의 지혜를 아무나 갖고 있나요?

부산에 있는 ○○○사는 직원 20명 규모의 중소기업이지만, 기술력만큼 은 대단하다. 전기차(EV)에 들어가는 핵심 부품을 생산하며, 그 기술력을 눈여겨본 독일의 세계적 기업 VV사가 투자 의사를 밝히면서 내게도 좋은 컨설팅의 인연이 생겼다. 그것을 계기로 이 회사의 경영 고문으로 3년 6개월간 자문역을 맡은 바 있다. 고문을 맡았던 기간 중 가장 기억에 남는 일은 ○○○ 재벌기업의 갑질을 막아내고, 이 회사의 기술 유출을 방지한 사건이다.

그 재벌기업은 이 작은 회사에 10억 원이 넘는 발주를 제안하며 여러 기술정보 및 아이디어를 요구했고, 수시로 기술자를 불러 회의를 했다.

표면적으로는 "기술 검토"였지만, 중소기업 입장에서는 기술만 뺏기고 발주는 못 받는 악몽 같은 시나리오가 떠오를 수밖에 없었다. 이럴수도 저럴수도 없는 골치 아픈 상황에 처한 ○○○사 사장에게 나는 다음과 같이 조언했다.

"모든 기술 자료 제공시에는 제목, 기술 요약, 첨부 목록, 제공 일자와 시간, 상대방 수령자 소속 부서와 성명 등을 기록으로 남기세요. 관련 회의 내용도 일시, 장소, 참석자, 회의 분위기, 발언 내용 및 질의응답 등을 정황증거로 상세히 문서화하고 가능하면 현장 사진도 첨부하세요. 대기업은 회의록을 작성하여 공유해도 서명을 회피하니, 이런 정황증거 가 나중에 무기가 됩니다."

그러던 어느 날, 그 재벌기업 생산기술 부문에서 이 중소기업 사장에게 장문의 이메일과 첨부된 여러 자료를 보내왔다. 그 내용은 간단히 말해 "그동안 협의, 논의한 기술은 양사가 공동으로 만든 것이므로 공동연구개 발 계약서에 서명해 보내 달라."는 것이었다.

사장님은 패닉 상태였다. 서명하지 않으면 10억 규모의 발주가 취소될 지도 모른다. 하지만 서명하면 기술을 통째로 넘기는 셈이다. 그래서 나는 아래와 같이 메일로 답을 하도록 조언했다:

"먼저 제안에 감사드린다. 해당 건은 처음 겪는 일이라 외부 전문가(변호 사로 암시)와 지금까지 제공된 기술 자료와 증빙을 검토했더니 공정거래 법과 하도급법 위반 소지가 다분히 있다고 한다. 시간을 조금 두고 합법 성과 타당성을 재검토한 후 문제가 없다고 판단되면 계약서에 서명해 송부하겠다."

그 공동연구개발 계약 초안은 명백히 그 재벌기업에 일방적으로 유리한 조항들로 되어 있었다.

그 후 한 달, 두 달이 지나도 그 이메일에 대한 회신은 없었다. 공동연구개발계약 얘기는 쏙 들어갔고, 10억 원어치 납품은 정상적으로 진행되었다. 아마도 해당 부서가 본사 법무팀에 문의했더니 문제의 소지가 있다는 판단이 내려진 듯하다. 그래서 강제 추진을 중단한 것으로 보였다.

몇 년 뒤, 고문 계약이 끝난 후에도 사장님에게서 종종 전화가 왔다. "부산에 오실 일 있으면, 꼭 들러 달라"고 했다. 급한 일이 있는 듯하여 바로 다음 날 방문했다. 회사는 여전히 잘 돌아가고 있었다.

사장님이 말했다.

"그 독일 VV사와 우리 회사 XX시스템을 전 세계에 수출하는 총판 계약을 체결하려고 지난 6개월간 협상 중인데, 수수료 문제로 계속 난항입니다."

VV사의 입장은 이랬다. 본인들이 영업, 인증, A/S 전부를 책임지니, 모든 매출의 15%*를 커미션으로 지급하라. 양보는 없다는 입장이다. 하지만 ○○○회사의 입장은 달랐다. 유럽에는 이미 독자적으로 개척한 거래처가 다수 있고, 제품 구성(XX 시스템의 사양)도 일부 달랐다. 그럼에도 불구하고 출장비 절감을 위해 A/S 등은 VV사에 맡겨야만 할 상황이다. 즉, 총판 지정의 필요성과 기여도와 이익 분배 기준이 꼬여 있었던 것이다.

나는 잠시 생각을 정리한 후 다음과 같이 하면 어떨까 하고 제안했다.

"두 가지 시스템을 정의하세요. 예를 들어, 'KXX'와 'DXX'로 나누고, 고객도 'K Client'와 'D Client'로 나누세요.

- VV사가 'DXX'를 'D Client'에게 판매한 경우는 15% 지급
- VV사가 'KXX'를 'K Client'에게 판매한 경우는 10% 지급

이런 식으로 계약제품 시스템별, 고객별, 기여도별로 구분하여 수수료를 차별화하여 제안해 보세요."

나의 처방에 사장님은 감탄했다.

"와, 역시 고문님 다르십니다. 우리도, VV사도 6개월 싸워가며 이런 절충안을 못 찾았어요. 기가 막힌 처방입니다. VV사도 만족할 것 같아요."

지식은 정보만이 아니다. 경험은 단순한 연차도 아니다. 지혜는 그 둘을 갈고 닦은 사람에게만 주어지는 선물이자 결과물이다.

28. 한국 최고령 기자?

'특허'라는, 정말 좁고도 전문적인 시장을 대상으로 20년 넘게 종이 월간지를 발행해온 잡지가 있다. 바로 월간 「특허뉴스」다. 현재는 인터넷 뉴스도 병행 운영 중이다. 발행인 이성용 씨는 전 재산을 쏟아부어, 힘든 상황 속에서도 여전히 이 매체를 지켜오고 있다. 좁은 전문 분야 중에서도, 아직까지 종이 잡지를 계속 내는 국내 유일의 매체다.

나는 어쩌다 보니 일본어를 하게 되었고, 또 어쩌다 보니 특허 업계에

발을 들이게 되었다. 그 덕분에 일본은 물론, 전 세계 특허 관련 주요 뉴스를 거의 실시간으로 접하는 위치에 있다. 특히 페이스북에서는 일본의 변리사, 특허 전문가들과 페친을 맺고 있는데, 이들의 최신 포스팅을 절대 놓치지 않기 위해 일부러 "좋아요"를 눌러 그들이 올리는 정보를 도망가지(?) 못하게 붙잡아두고 있다.

이들이 올리는 글들은 내게는 매우 귀중하고 빠른 뉴스 소스다. 국내 기자들이 번역해서 올리는 기사보다 하루 정도 빠르게 같은 소식을 접할 수 있다. 이런 배경으로, 나는 한동안 「특허뉴스」의 기자로 활동하며 3~4년간 국내외 특허 관련 기사를 기고한 적이 있다.

내 기사들의 장점은 '속도'였다. 일본발 뉴스가 많긴 했지만, 일본 미디어에 게재된 전 세계 특허 관련 소식들을 빠르고, 유익하고, 재미있게 소개했다. 내가 쓴 기사들은 종종 '인기기사 Top 10'에 오르곤 했고, 많은 독자들의 관심을 끌었다.

사실 나는 지금도 개인 방송국 하나쯤은 갖고 싶다. 이 꿈은 아직 이루지 못했지만, 그 동경의 계기가 된 인상 깊은 경험이 있다. 과거, 일본의 하토야마 전 총리 사무실을 방문했을 때의 일이다. 그 사무실 한쪽에는 미니 방송국이 있었다. 보좌관들이 일하는 공간 옆에 작게 마련된 방송 스튜디오였다.

내가 하토야마 전 총리 사무실을 방문한 그날은 마침 트럼프 1기 대통령 선거 개표일 전날이었다. 하토야마 전 총리는 "미국의 새 대통령과 미·일 관계 전망"이라는 특집 방송을 30분간 준비 중이었다. 혼자 단상에 서서 이야기를 하고, 촬영기사는 자동 레일을 따라 움직이며 다양한 각도로 촬영을 진행했다. 촬영이 끝나면, 그 영상은 전국 350여 개 방송국(IPTV, 케이블TV 등)에 배포되고, 총리가 이사장으로 있는 재단의 홈페이지에도 업로드된다. 그럼 기자들이 이를 다운받아 편집하고 기사화하는 방식이라고 설명해 주었다.

그날 이후 나는 "나도 이런 개인 방송국 하나쯤 갖고 싶다"는 꿈을 품었다. 아직 이루지 못했지만, Social Capitalist로서 사회계몽을 위한 미디어 활동에 대한 꿈은 여전히 간직하고 있다. 세상을 조금 더 좋게 만들 수 있는 콘텐츠라면 언제든 발언하고 싶고, 언제든 기록하고 싶다. 그게 내가 하고 싶은 개인 '방송'의 본질이다.

29. IPBX? 50권, 아니 500권을 채우고 싶다

나는 남들보다 일찍 L그룹을 그만두고 나왔다. 강의와 책을 쓰기 위해서였다. 그럴듯한 명분이라기보다는, 지금 생각해보면 좀 우습다. 돈키호테 같은 구석이 있었던 것이다. 회사에서 겪고, 배우고, 고민한 그 '고상한(?) 것'들을 사회, 특히 중소기업계에 환원하고 싶었다. 지금도 나는 그런 이상한 성향을 가지고 있다. 돈은 안 되지만, 뭔가를 세상에 뿌리고 싶은 마음 말이다.

L그룹을 떠난 지 꼭 1년이 지난 1995년에 첫 책을 썼다. 지금도 그 책 두 권을 간직하고 있다. (후손에게 줄 요량으로) 요즘 다시 꺼내 보면 웃음이 절로 나온다. 참으로 유치하고 촌스럽다. 하지만 그 모든 것이, 내 출판 여정의 시작점이었다.

1996년에는 두 번째 책이 나왔다. 「이것만은 알아두자 ○○○○○」 시리즈의 첫 번째 책자였다. 거래 출판사를 바꾸어, 이후 이 출판사와 여러 권을 함께 하게 된다.

이 시리즈 집필을 부추기고, 등을 떠밀어준 이가 있었다. 바로 백광옥 사장이다. (여성 아님!) 지금은 「천 그루 숲」이라는 출판사를 운영 중인데, '천 년을 가는 천 권의 책'을 세상에 내놓겠다는 참으로 고상한 출판 철학을 가진 후배다. 나는 그 후배가 자랑스럽다.

내가 쓰는 책은 대부분 전문서적이다. 돈이 되지 않는다. 그래서 출판사들이 먼저 찾아오는 경우는 거의 없다. 그러나 내 안에는 책을 통해 세상에 뭔가를 쏟아내고 싶은 욕망이 강하게 남아 있다. 그래서 어느 날, 후배 하나를 꼬드겨 출판사를 만들 위험한 생각에까지 이르렀다. 그 후배를 설득하기 위해 내가 한 말은 이렇다.

"출판하다가 망해도, 염라대왕이 용서한단다. 자네나 나나 돈하고는 인연이 없는 것 같지 않은가? 명함이라도 있어야 자녀 결혼식 때 사돈들 앞에 덜 민망하지 않겠나? [ABC출판사 대표이사 ○○○]면 좀 고상하지 않나? 나는 딸, 아들 모두 출가시킨 몸이라 그런 명함 필요 없네. 자네가 대표 이사를 맡게."

이렇게 해서 만들어진 것이 IPBX 출판사다. 'IP'는 말 그대로 '지식재산 (Intellectual Property)'이고, 그것(IP)를 가지고 Book이든, Business든, Brokerage든 'B'를 통해, 의미있는 뭐(X)를 하겠다는 'X'의 의미가 담겨 있다. 우리 둘 다 정확히 뭘 할지는 잘 모른다. 단, 확실한 건 '책을 통한 뭔가'를 하겠다는 것이었다.

지금까지 IPBX에서 출간한 책은 총 5권. 수익은 없지만, 다행히 망하지도 않았다. 지금은 잠시 휴업 중이지만, 곧 다시 문을 열 예정이다.

나 개인적으로는 지금까지 총 40권이 조금 넘는 책을 출판했다. 전면 개정판까지 포함한 수치다. 처음 L그룹을 그만둘 때 내 마음속에는 "50권까지 쓰자"는 결심이 있었다. 하지만 중간에 잠시 집필을 중단한 시기가 있다. 책을 쓸 때는 제사상 같은 앉은뱅이 책상 위에 참고문헌들을 수북이 쌓고 앉아 하루 10시간 이상 원고를 쓰다보니 척추가 망가졌다. 척추관협착증. 무려 8년을 병원에 다녔다. 그 탓에 한동안 책을 쓰지 못했다. 지금은 운동으로 완전히 회복했다. 허리가 좋아지니, 다시 출판병이 슬그머니 올라온다.

50권? 아니다. 500권까지 가 보고 싶다. 출판은 내게 사명이다. 어디선가 누군가에게 조금이라도 도움이 되는 글이라면, 나는 오늘도 다시 책상 앞에 앉는다.

30. 연구개발사업화정책 연구회 설립

나는 평생 단 두 가지 주제로 살아왔다. '지식재산의 사업화'와 '국제 비즈니스 전략'. 이 두 가지는 내 사회생활 전반을 관통하는 키워드이며, 나는 이 주제들에 맞는 직장과 업무를 좇아 살아왔다. 인맥도 모두 그 길에서 만들어졌다.

"인생 칠십 고래희(人生七十古來稀)"라더니, 이제 나도 곧 일흔. 슬슬 거동이 불편해지기 전에, 이 땅에 마지막으로 무언가 의미 있는 것을 남기고 가야겠다. 그 생각이 마음속에 점점 강하게 자리 잡았다.

2023년 5월 무렵, 머릿속 생각들이 어느 정도 정리되었다. 나는 평소에도 늘 SWOT 분석을 습관처럼 활용해왔다. 후배들이 와서 인생 상담을 해도, 늘 강점(Strength), 약점(Weakness), 기회(Opportunity), 위협(Threat)을 먼저 떠올렸다.

이번 거사(?)도 예외는 아니었다. 나는 대한민국의 R&D 사업화 현실을 SWOT으로 들여다봤다. 우리나라는 해마다 약 130조 원 규모의 연구개발비를 지출한다(민간 포함). 그런데도 기술의 사업화율은 OECD 최하위권. 연구개발 성과가 현장에서 쓰이지 못하니, 자원 배분은 왜곡되고 일자리도 줄고, 청년은 결혼도 출산도 하지 않는다. 인구절벽이 오고, 대학이 무너지고, 지역이 소멸할 위기에 놓여 있다. 나라가 무너지면, 개인의 삶이 무슨 의미가 있겠는가?

'왜 우리는 이렇게 성과 사업화가 안 될까?' 100명에게 물으면 100가지 답이 나온다.

나는 오래전부터 원인을 제도, 정책, 법규에서 찾았다. 사업화를 지원한다고 만든 제도들이 실제로는 사업화를 방해하고 간섭하는 구조로 바뀌어 있는 경우가 많다. 그래서 결론을 내렸다.

"제대로 된 기술사업화정책을 연구해 제도화 · 법규화하고, 그에 기반한 예산과 조직, 활동체계를 만들면 한국에도 희망이 있다."

그해 5월 말, 나는 「기술사업화 정책연구회 설립 취지문」이라는 A4 두 장짜리 문서를 윗주머니에 넣고 전국의 후배들을 찾아다니기 시작했다. 목표는 기부금 1억 원. 비영리 사단법인을 국회에 등록하려면 5천만 원이면 충분하지만, 장관급 인사를 이사장으로 모셔서 재단법인으로 가고 싶었다. 사단보다 재단이 훨씬 위상이 있기 때문이다.

'기술사업화'라는 말이 어렵다는 의견이 있어서, 더 쉽게 '연구개발사업화'로 바꾸었다. 또한 국회 소관 단체가 되기 위해서는 '정책연구'라는 명칭이 필요했다. 그래야 의원들의 입법 활동을 지원하는 성격의 단체로 등록이 가능하다.

2023년 여름은 유난히 더웠다. 후배들 중 몇몇은 나를 보고 "미쳤다"고 했다.

"비싼 밥 먹고 왜 그런 걸 하시죠?"
"그게 되겠습니까?"
"돈 없어요, 그냥 소주나 한잔 하시죠."

초반엔 핀잔 투성이었다. 2개월을 그렇게 떠돌아다닌 끝에, 드디어 첫 1천만 원 기부자가 나왔다. 처음 만날 때는 설립 취지문만 전했다. "기부해주세요"라는 말은 입 밖에도 안 꺼냈다. 전략이었다. 세 번째 방문 때 조심스럽게 말했다.

"한 천만 원쯤 해주시면 좋겠습니다만…"

그는 잠시 생각하더니 고개를 끄덕였다. 그 순간, 나는 눈물이 날 만큼 기뻤다. 이후 기부자 예상 명단에 이름을 기재한 문서를 들고 다니기 시작했다. 두 번째 1천만 원 기부자도 같은 방식으로 모셨다. 두 번 만나 소주 한 잔 하고, 세 번째 만남에서 본색을 드러냈다. 그는 기꺼이 기부를 약속했다. 그날 밤, 나는 감동에 잠을 이룰 수 없었다.

세 번째 기부자는 가장 유력했지만 전략상 가장 나중에 갔다. 역시, 그는 3천만 원을 기부하겠다고 했다. 전략은 성공이었다. 오천만 원이 모이자 그 뒤로는 300만 원, 500만 원 단위의 기부금이 줄줄이 들어왔다.

기부금 300만 원 이상 기부자들을 발기인으로 모시고 발기인 대회를 열었다. 정관을 제정하고, 고유번호증을 발급받아 통장도 개설. 비영리법 인은 통장 개설부터 까다롭다. 국세청 고유번호증이 있어야 하고, 그걸 받기까지도 서류보완으로 40일을 뺑뺑이 돌았다.

다음 단계는 정회원 모집. 법인 설립 조건은 정회원 50명 이상. 나는 회비를 연회비 20만 원, 입회비 10만 원으로 정했다. 학회들에 비해 높은 수준이었지만, 가입을 약속한 인사들이 많았기에 한 달 만에 60여 명의 회원을 모았다. 그리고 2024년 2월 29일, 서울 K호텔에서 창립총회를 성대하게 개최했다. 그 다음날이 3·1절 연휴라 정말 어려운 일정이었 지만, 90여 명이 참석했다.

총회와 함께 "국제공동연구 리스크관리 전략 세미나"도 함께 열었다. 당시 정부가 1조 5천억 원 규모의 예산을 편성하면서 국제공동연구가 핫 이슈가 되었기에 세미나는 큰 호응을 얻었다. 창립총회가 성공적으로 마무리되자, 국회 비영리법인 등록 신청에 들어갔다.

그런데 구비서류가 무려 수십 종. 국회 홈페이지에 게시된 서류와 실제 요구 서류가 다르다는 이유로, 국회 출신 공무원이 운영하는 전용 행정사 에게 돈 주고 검토를 받아야 했다. 이건 횡포다. 공개된 양식대로 서류를 냈는데 왜 행정사를 끼워야 하나? 이런 건 다 고쳐야 한다.

내가 늙어서도 이 고생을 하는 이유는 단 하나다. 한국의 R&D가 제대로 작동하게 하자. 성과가 현장에서 쓰이고, 기술이 시장으로 나가고, 청년들이 희망을 가질 수 있도록.

그게 내가 이 땅에서 하고 싶은 마지막 미션이다.

31. 국회에서 바람 맞고, 과기부로 가다

우리 연구회는 2024년 5월 중순경, 국회사무처 법무담당관실에 비영리법인 등록 신청서류를 정식으로 접수했다. 사실은 2월 말 창립총회 직후 서류를 모두 갖춘 상태였지만, 4월 10일 제22대 국회의원 총선이 예정되어 있어, 국회가 총선 전까지는 사실상 마비 상태라 접수를 미뤘던 것이다.

총선이 끝나자 곧바로 당선자 명단을 분석하기 시작했다. 우리 연구회에 고문으로 참여해줄 국회의원을 찾기 위해서였다. 비영리법인의 고문직은 겸직 금지에 해당하지 않고, 입법 활동을 지원하는 취지의 단체에는 기꺼이 고문을 수락하는 의원들도 있다는 조언을 국회 사정에 밝은 지인으로부터 들었다. 여야를 가리지 않고 5명의 의원을 1차 접촉 대상으로 정했다.

하지만 국회 원 구성은 6월 말이 되어서야 겨우 마무리되었다. 사무총장 임명도 지연되었고, 비영리법인 등록 심사 회의도 계속 미뤄졌다. 외부 등록심사는 국회사무총장이 위촉한 실·국장급 심사위원 9명이 심의하는데, 사무총장이 새로 임명되지 않으면 회의 자체가 열릴 수 없었다.

그렇게 미뤄지고 또 미뤄진 끝에, 9월 초에 드디어 심사 일정이 잡혔다. 서류 접수를 담당한 사무관(변호사 출신)은 "서류는 이상이 없고 내용도 충실하니 곧 등록될 것"이라며 우리를 안심시켰다. 우리 연구회도 그 말을 믿고, "이제 곧 등록된다"는 기대감에 부풀어 있었다.

그러던 어느 날, 연구회 수석부회장인 정 박사에게서 다급한 전화가 걸려왔다.

"회장님, 등록이 거부됐습니다!"

빨간 도장이 선명히 찍힌 국회사무총장 명의의 공문 사본도 함께 보내왔다. 공문에는 "등록 불가"로 명시되어 있었고, 서류 보완이나 재신청도 불가하다는 통보였다.

당황한 우리 측도, 담당 사무관도 충격에서 벗어나지 못했다. 그날 열린 비영리법인 등록 심사회의는 처음으로 임명된 ○○○ 국회 사무총장이 심사위원장으로서 주재한 자리였다. 우리 안건은 심사회의의 1호 의안이었다.

그런데 사무총장은 우리 신청서를 한 번 훑어보더니 말했단다. "연구개발이면 이건 우리 국회 등록 사항이 아니라 과기부 관할 아닙니까? 우리가 행정부 사안을 월권해서는 안 되죠."

그 한마디에 다른 심사위원 누구도 이의를 제기하지 않았다. 그 말 한마디로 바로 다음 안건으로 넘어가 버렸다.

"위원장님! 신청서류를 자세히 보면 신청자는 '연구개발'이 아니라, '연구개발의 결과인 기술의 사업화'를 주제로 한 정책 연구단체입니다. 입법 활동을 지원하기 위한 연구회로, 당해 신청은 당연히 국회 소관입니다!"

이렇게 말한 사람은 아무도 없었다. 그 방에 있었던 실·국장 누구도 입을 열지 않았다고 한다. 그렇게 하여 '등록불가' 판정을 받았다. 참으로 어처구니없는 일이었다. 위원장(국회 사무총장)의 오판 하나로 심사 분위기는 닫혔고 누구 하나 "잠깐만요"라고 말하지 않았다. 이게 바로 대한민국 국회의 민낯인가.

그 소식을 들은 나는 말 그대로 청천벽력을 맞은 심정이었다. 동료와 후배들을 설득하고, 기부금을 모아 국회 등록 연구회를 만들어 "기술사업화정책을 바로잡자"고 설득하여 기부금을 모으고 연구회를 설립했는데 이제 와서 "등록 거부"?

모든 게 무너지는 기분이었다. 며칠 밤을 뒤척이며 고민했다.
"돈을 전부 돌려주고 연구회를 해산할까?"
"회원들의 동의를 받아서 그 돈으로 출판사를 세울까?"
"그냥 국회 등록 포기하고 과기부에 등록해 활동을 이어갈까?"

여러 부회장들에게 내 속마음을 털어놓았다. 그들의 반응은 대부분 같았다. "회장님, 그냥 과기부로 가시죠. 그게 현실적입니다." 그렇게 우리는 국회 대신 과학기술정보통신부 등록으로 방향을 틀었다. 모든 서류와 증빙 자료를 처음부터 다시 준비해야 했다. 과기부 양식, 요건, 구조는 또 달랐다. 간단한 일이 아니었다.

수석부회장 정 박사가 온갖 고생을 다했다. 지금도 그 노고를 잊지 못한다. 한 번 바람 맞은 우리는, 더는 어설프게 믿지 않는다. 이제는 현실에 맞게, 실질적이고 지속가능한 활동을 해 나갈 것이다.

입법이든 행정이든, 결국 우리가 하려는 일은 '대한민국 기술의 사업화'를 위한 일이다. 그 뜻만은 절대 흔들리지 않는다.

32. 진짜 창립총회와 국제 세미나

우여곡절 끝에 과기부 등록증이 나왔다. 그 순간의 기쁨은, 마치 죽은 자식이 살아 돌아온 듯한 감격이었다. 하지만 거기서 끝이 아니었다. 이제 법인 등기와 사업자 등록이라는 다음 고개가 기다리고 있었다.

특히 법인등기는 만만치 않았다. 필요한 구비서류가 한두 가지가 아니었고, 결국 법무사에게 대행을 맡겼다. 또 돈이 들었다. 그래도 수월하게 비영리법인 등기증이 나왔다.

법인 등기까지 마치고 나니 세금계산서 발행을 위한 사업자 등록은 금방 해결되었다. 이제 우리도 돈을 주고받을 수 있는 '법인격'을 갖춘 주체가 된 것이다. 말 그대로, '사람 구실'을 할 수 있는 상태가 된 것이다.

법인격을 갖춘 김에 진짜 창립총회를 열기로 했다. 전국 각지에 흩어져 있는 회원들을 창립총회 하나만으로 불러 모으는 것은 부담스러웠다. 그래서 창립기념 국제 세미나를 함께 열기로 했다. 세미나가 있어야 회원들도 기꺼이 시간과 비용을 투자해 올 테니까.

우리 연구회는 이름 그대로 「연구개발사업화정책연구회」이니 세미나 주제 역시 이에 부합해야 했다. 하지만 주제가 너무 흔하거나 국내 연사만으로는 흥행에 한계가 있을 것 같았다. 그래서 국제 연사 초청을 결정했다.

때는 2월 초. 시간이 너무나 촉박했다. 그럼에도 불구하고 과기부 등록 이후 일정 기한 내 창립총회 개최 요건을 맞추기 위해 강행하기로 했다.

국제 연사로는 평소 잘 알고 지내던 홍콩과기대 김신철 교수(연구부학장 겸 기술사업화 자회사 사장)를 1순위로 섭외했다. 김 교수는 미국, 싱가포르, 홍콩 등지에서 기술사업화를 직접 수행하며 눈부신 성과를 낸 전문가다. 국내외에서 널리 인정받는 인물이기에, 꼭 모셔야겠다고 생각했다. 그분께 우리 연구회의 창립 취지와 세미나의 성격을 자세히 설명드리고, 2월 중 가능한 날짜 두 개만 달라고 요청했다.

며칠 뒤 연락이 왔다.
"2월 24일(월요일) 하루만 가능합니다."
그날 오후에는 바로 홍콩으로 복귀해야 한다는 조건도 붙었다.

월요일? 세미나 개최에는 가장 불리한 요일이다. 모든 조직에서 주간업무회의가 열리는 날이고, 출장 일정도 월요일은 피하는 게 일반적이다. 하지만 우리는 결단을 내렸다. 그날로 일정을 확정하고, 김 교수에게 확답을 받았다.

두 번째 국제 연사로는 일본의 시라사카 사장(변리사)을 섭외했다. 나와는 15년 넘는 인연의 지인이자, 사업 파트너이기도 하다. AI 기반 특허 분석 기업의 대표이자, 일본에서도 손꼽히는 유수의 특허법인을 운영하는 인물이다.

마침 해외출장 중이었지만, 페이스북 메시지 하나에 일정 조정을 하겠다고 답이 왔다. 한국에서의 강연은 그의 마케팅에도 유리한 기회였기 때문이다. 그는 은근히 "나는 일본뿐 아니라 한국에서도 인정받는 전문가"라는 이미지의 프라이드가 강한 인물이다. 나는 그걸 알기에 이번 제안이 거절당할 리 없다고 확신했다.

세 번째 연사는 한국인으로 정했다. 우리 연구회 부회장인 황차동 대표. 특허사업화의 귀신이라 불리는 인물이다. 연구회가 주최하는 세미나에 우리 멤버 연사가 한 명도 없다면 체면이 서지 않는다. 어르고 달래서 결국 연사로 참여시켰다.

2월 24일 월요일. 오전에는 이사회와 창립총회를 초고속으로 진행하고, 오후에는 본격적인 창립기념 국제 세미나를 열기로 했다. 오전 회의가 끝난 후, 강사 세 분과 축사를 하러 오신 과기부 관계자들(과장님과 사무관 세 분)을 모시고 점심 식사 겸 '워밍업 대화'를 가졌다.

오후 세미나 시간. 행사장에 도착하니 약 70명 정도가 자리를 채우고 있었다. 조금 늦게 도착한 분들까지 합치면 90여 명이 참석했다. 노쇼(No-show)도 있었지만, 예상하지 못한 분들의 방문도 있었다.

세미나는 과기부 연구성과혁신정책과장님의 축사로 시작되었다. 이어진 첫 강연은 홍콩과기대 김신철 교수님의 특강. 홍콩과기대 기술사업화 자회사의 CEO이자, 글로벌 기술사업화를 진두지휘하는 기술사업화 전문가 80여 명을 이끄시고 엄청난 성과를 내시는 리더다.

그의 발표 슬라이드는 총 40여 장. 왜 홍콩과기대가 기술사업화에 성공했는지, 무엇이 Best Practice인지, 청중 모두가 빠져들었다. ETRI에서 오신 분과 대학에서 오신 교수님 한 분은 세미나 직후 이렇게 평가했다.

"최근 5년간 들은 강의 중 최고 수준이었다."
"오늘 이 자리에 온 것은 올해 최고의 선택이었다."

미안하지만, 그 두 분은 아직 우리 연구회 정회원이 아니었다. 하지만 곧 정회원으로 들어오실 거라고 믿는다.

33. Well Dying을 위하여!

예전에 우리 집안의 큰어른이 돌아가셨다. 아버지의 5촌 당숙, 어찌보면 먼 친척이지만 그분의 삶의 방식은 나에게 깊은 인상을 남겼다. 골수 유교주의자셨고, 그분에게 최고의 가치는 '조상을 섬기는 일'이었다. 나역시 종종 그 숭조 사상에 동원되었다. 그 어르신이 노환으로 별세하셨을 때, 남기신 유산은 아주 초라하고 간단했다.

- 평소 입으시던 옷 두 벌
- 두루마기 의관
- 땅/집 문서
- 라디오 하나
- 그리고 '관혼상제 부고장' 리스트 묶음

그게 전부였다. 법정 스님의 '버리고 떠나기'보다 심했다.

그분은 생전에 나에게 큰 기대를 품으셨고, 나도 자주 찾아뵙다 보니,

그 삶의 철학을 조금은 이해하게 되었다. 그 모습을 지켜보며 문득 생각했다.

"아, 나도 나중에 세상을 떠날 때는 저렇게 떠나야겠구나."

우리 김보살(아내)이 사놓은 법정 스님의 『버리고 떠나기』라는 책이 다시 생각났다. 다시 꺼내 읽어야겠다. 버릴 수 있는 것이 진짜 자유다.

"인생 칠십 고래희(人生七十古來稀)"

말 그대로, 옛날엔 70세까지 사는 것이 드문 일이었다. 이제 나도 2025년, 칠순(七旬)을 맞이한다. 사실 나는 내 삶의 모든 재정과 계획을 80세를 기준으로 세워두었다. 이제 10년 남았다.

어떤 후배들은 이상한 저주(?)를 퍼붓는다.
"형님은 110살까지 사셔야죠~ ㅋ"

그래서 나도 이렇게 응수한다.
"니놈이나 벽에 ○칠(오줌칠) 하면서 인간 구실도 못 하면서 오래 살아봐라. 나는 그냥 조용히 갈 거다."

이제 나에게 남은 주제는 단 하나다.
"나머지 10년을 어떻게 살 것인가."

앞으로 2~3년은 지금처럼 왕성하게 활동할 수 있을 것이다.
그 이후에는, 조용한 시골로 들어가고 싶다.

- 조그마한 텃밭을 가꾸고
- 산책을 즐기며
- 책을 읽고
- 글을 쓰고
- 염불을 배우며

삶과 죽음을 함께 준비하는 나날을 보내고 싶다.

나는 불교 신자는 아니다. 그런데도 염불을 틀어놓고 잠을 청하는 일이 많다. 마음이 차분해진다. 그래서 그런지, 요즘은 장례지도에 관심이 생겼다. 지구를 떠나는 중생들에게 마지막 하직 인사를 함께 해줄 수 있다면, 그것도 또한 의미 있는 일이 아닐까? 나는 죽음 앞에서도 배우고 실천하고 싶다.

'잘 죽는 것(WELL DYING)'을 스스로 실천하고, 더 나아가 남들에게도 안내해주는 사람이 되고 싶다.

그렇다. 이제 나는 또 "Well Dying 연구회"를 만들고 싶다. 중생들이 후회 없는 이별을 할 수 있도록, 떠남의 순간을 함께 준비해 주는 따뜻한 공동체. Well Dying이 곧 극락왕생과도 통할 수 있으니...

죽음을 준비하는 것은 삶을 더 단단하게 살아내는 일일지도 모른다.

주요 저서

국제라이선싱실무가이드, 이지(理智)로얄티 등 저술 40여권

GBO실무연구소(1998)

최초의 지식재산전략 번역서(2003)

한국최초 형제간 공저(2005)

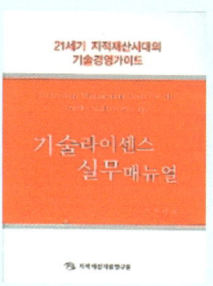

지적재산자료연구원 (2005)

高價라서 욕먹고 무한정
복사해 먹은 책(2006)

MBA 씨리즈(2007)

고가의 이북 (2013)

기술료 산정 실무(2012)

RCPI 연구보고서 1호(2024.4)

RCPI 연구보고서 2호(2024.6)

RCPI 연구보고서 3호(2024.8)

RCPI 연구보고서 3호(2025.1)

- 국내활동 -

국제공동연구 리스크관리 매뉴얼 강연

IPMS IP라이센스 전략분과 400회 기념 세미나

IPMS 연례 컨퍼런스

연구개발사업화정책연구회(RCPI) 창립총회 (2024.2)

연구개발사업화정책연구회(RCPI) 정기총회(2025.2)

연구개발사업화정책포럼 세미나(2025.2)

- 국외활동 -

일본, 지적재산중재센터 중재위원장

일본, 하토야마 전 총리

일본, Andy An

인도, Ankit

일본, 시사무라이 시라사카 대표(변리사)ㅈ

중국 특허 온라인 서비스 런칭

일본, 아침 먹기 클럽

한일 지식재산관계자 교류

남들이 가지 않는 길,
혼자 가려니 외롭더라

초판 1쇄 발행 2025년 9월 27일

*

지은이   허재관
펴낸이   노소영
펴낸곳   마지원
등록번호 제559-2016-000004
주소   서울 강서구 마곡중앙로 171

블로그   http://blog.naver.com/wolsongbook
전자우편 editgarden@naver.com

가격 15,000원

ISBN 979-11-92534-69-5 03190